Verbrechermenschen

Campus Bibliothek

Peter Strasser lehrt Philosophie und Rechtsphilosophie an der Karl-Franzens-Universität Graz.

Peter Strasser

Verbrechermenschen

Zur kriminalwissenschaftlichen Erzeugung des Bösen

Campus Verlag
Frankfurt/New York

Bibliografische Information der Deutschen Bibliothek
Die Deutsche Bibliothek verzeichnet diese Publikation in der Deutschen Nationalbibliografie. Detaillierte bibliografische Daten sind im Internet über http://dnb.ddb.de abrufbar.
ISBN 3-593-37747-0

2., erweiterte Neuauflage 2005

Umschlaggestaltung: Guido Klütsch, Köln
Druck und Bindung: KM-Druck, Groß-Umstadt
Gedruckt auf säurefreiem und chlorfrei gebleichtem Papier.
Printed in Germany

Inhalt

Vorwort zur Neuausgabe 2005

Die Erstpublikation der *Verbrechermenschen* erfolgte 1984. Damals gab es noch eine Kontroverse in der Kriminologie, basierend auf überkommenen Lagermentalitäten. Auf der einen Seite standen die konservativen Vertreter des Rechtsstaates mit ihrer Bevorzugung des Modells von Schuld und Sühne, das wie selbstverständlich einen freien Willen des Täters und dementsprechend täterzentrierte statt umweltbezogene Erklärungsweisen für das Entstehen krimineller Aktivitäten voraussetzte. Diese Position fand sich vor allem in den justiznahen Bereichen, zumal in der Gerichtspsychiatrie. Auf der anderen Seite gruppierten sich die Vertreter eines explizit humanitären, als fortschrittlich geltenden Blicks auf den abweichenden Menschen. Sie kamen vorwiegend aus der Soziologie und Psychoanalyse und hatten ein eher linkes Bewusstsein, das nicht selten zu einer marxistisch inspirierten Kritik des herrschenden staatlichen Umgangs mit Rechtsbrechern neigte.

Bald nach der Erstpublikation der *Verbrechermenschen* erreichte mich das Schreiben des prominenten, einflussreichen Direktors des Instituts für Kriminologie der Universität Tübingen, Prof. Dr. med. Dr. jur. H. Göppinger. In seinem Brief vom 22. Februar 1985 hieß es: »Freilich finde ich – wenn ich offen sein will – unter den mir geläufigen wissenschaftlichen Aspekten keinen rechten Zugang zu dem Buch, weshalb ich mich nicht näher darüber zu äußern vermag. Ein wenig erschwerend wirkt sich für mich auch die Tatsache aus, dass nicht bei allen Autoren, auf deren Ausführungen Sie sich beziehen, entsprechende Quellenhinweise gegeben werden.« Wer so eine Prosa zu lesen verstand – und das verstand ich immerhin –, der wusste, dass hier ein Vertreter des konservativen Flügels sein Vernichtungsurteil gesprochen hatte: Unter den geläufigen wissenschaftlichen Aspekten ergaben die *Verbrechermenschen* selbst für einen Fachmann keinen rechten Sinn; außerdem mangelte dem Buch formal die Schwellenqualität, denn fehlende Quellenangaben (die natürlich keineswegs-

fehlten) entzogen seine ohnedies kaum verständlichen Aussagen einer näheren Prüfung...

Man wird nicht ernsthaft glauben, dass eine derart massive Abwehr seitens eines der führenden Kriminologen innerhalb der »Gelehrtenrepublik« ohne Auswirkungen geblieben wäre. 1987 erschien eine Neuausgabe der – man darf schon sagen – Vollständigkeit anstrebenden Kriminologie von Prof. Dipl.-Psych. Dr. jur. Hans Joachim Schneider, Direktor des Instituts für Kriminalwissenschaften an der Universität Münster in Westfalen. In dem rund 1.000 Seiten umfassenden, klein bedruckten Werk mit seinen Tausenden von Literaturangaben fehlten die *Verbrechermenschen*. Als Schneider 1988 in Graz einen Vortrag hielt, gestand er, dieses Buch nicht zu kennen, versprach aber in einem mir handschriftlich dedizierten Exemplar seiner *Kriminologie*, es »mit großem Interesse und Gewinn« lesen zu wollen. Kurz gesagt: Der Mainstream der deutschen Kriminologie verwahrte sich gegen ein Buch, das schon im Untertitel die »kriminalwissenschaftliche Erzeugung des Bösen« als sein Thema nannte, durch flächendeckendes Nicht-Zur-Kenntnis-Nehmen.

Dass die *Verbrechermenschen* trotzdem gelesen wurden und langfristig Beachtung fanden, hatte seinen Grund wohl darin, dass die These des Buches über die weltanschaulichen Lager und ideologischen Animositäten hinausreichte. Die Verflechtung des angeblich streng wissenschaftlichen Denkens über den »Verbrecher« mit der schwer kontrollierbaren Neigung der Wissenschaftler, das Verbrechen zu mystifizieren, beschränkte sich weder bloß auf den Lombrosianismus noch auf die klassisch starrsinnige, weil justiznahe Haltung der Kriminalpsychiatrie. Zwar gab es seit den 1960er Jahren die Hoffnung, den gesellschaftlichen Umgang mit abweichenden Personen Schritt für Schritt zu humanisieren; und in der Tat wurden hier, im westlichen Europa, über die Jahrzehnte hinweg neue Standards etabliert, die wohl – gegen das schlechte Vorbild der USA – dauerhaft sein werden. Außerdem kam es seit den 1980er Jahren im kriminologischen Diskurs zu einer »Normalisierung«, die nur von den Hardlinern nicht recht wahrgenommen wurde. Normalisierung bedeutete, dass sich die einstigen Konfrontationslinien einzuebnen begannen, die Resozialisierung kein grundlegendes Streitthema mehr war und das Jugendstrafrecht umfassend reformiert wurde. Die Einsicht, dass die Gefängnisstrafe zuallerletzt den Einzelnen bessert, sondern in erster

Linie die Gemeinschaft vor Rechtsbrüchen abschrecken soll, motivierte zu schonenden Abschließungsformen.

Eine Zeitlang schien es, als ob die Verbrechermenschen-Offensive des Cesare Lombroso und der Seinen endgültig Geschichte sei und nun, nach all dem Hin und Her gegnerischer Standpunkte, kriminologisch zur Tagesordnung übergegangen werden könnte. Dem entsprach eine Erlahmung des sozialwissenschaftlichen Elans, soweit es die theoretische Befassung mit den verschiedenen Formen der Devianz und Asozialität betraf. War nicht bereits alles Wesentliche gesagt? Mittlerweile hat es den Anschein, dass dem nicht so ist. Ein neues Kontrolldenken befindet sich im Vormarsch, und hier fungiert, wie häufig, die US-amerikanische Dynamik als Schrittmacher. Von dort kommt nicht nur der »Krieg der Sterne«, gefolgt vom »Krieg gegen den Terrorismus« mit seiner Neo-Zweiteilung der Welt in die Unsrigen und die Anderen, die dem Reich der Finsternis zuarbeiten. Aus den USA kommen auch die Faszination für den Serienkiller, der Profiler-Kult, die paranoische Überwachungsmentalität, die Renaissance des harten Strafens, der Abbau rechtsstaatlicher Sicherungen, die partielle Aufhebung menschenrechtlicher Garantien und – last but not least – eine neue biologische Welle in der Kriminologie. Darüber soll das für die Neuauflage verfasste letzte Kapitel dieses Buches Auskunft geben.

Abgesehen von diesem Kapitel bietet die Neuausgabe der *Verbrechermenschen* den Text in der Fassung der Erstpublikation. Auf Eingriffe wurde auch dort verzichtet, wo der Verfasser heute weniger jargongebunden, einfacher und – ja, es soll nicht unerwähnt bleiben – fehlerfrei formulieren würde. Gewiss würde ich die fleischfressenden Pflanzen nicht mehr kurzerhand den Orchideen zuschlagen, aber im Kontext des Buches liegt im botanischen Malheur doch eine Art Logik: Lombroso begriff, in phantastischer Ausbeutung darwinistischer Metaphern, den Anfang des Lebens als eine Dschungelwelt des Üppigen und Gefräßigen, worin das Urverbrechen gedeiht. Auch bin ich innerlich gereift, weshalb mir ein selbstreferentieller Zitier-Jux (eingedenk des Zitationsindexes verweist mein Name im Personenregister auf nichts weiter als auf meinen Namen im Personenregister) keinesfalls mehr in den Sinn käme. Oder?

Graz, im Oktober 2004

Vorwort

Ziel der vorliegenden Studie ist es, am Modell einer der politisch einflußreichsten Ordnungs- und Disziplinierungswissenschaften unseres Jahrhunderts das Zusammenspiel von Vernunft, Mythos und Moral zu untersuchen. Dieses Zusammenspiel ist kompliziert genug, und ich muß gestehen, daß es mir nicht immer leicht fiel, mich mit klarem Blick und kühlem Kopf in die Verschlingungen des kriminologischen Denkens einzulassen. Denn dieses Denken - ich möchte es einmal so grob wie möglich sagen - repräsentiert zum Teil eine Mischung aus Dummheit und Inhumanität, die im Kosmos der Wissenschaften ihresgleichen sucht. Aber gerade deshalb schien es mir besonders wichtig zu zeigen, daß die Wissenschaft der Kriminologie, also eine Unternehmung im Dienste der Wahrheitssuche, nicht hätte entstehen können ohne Verstricktheit in den Mythos und ohne moralisierendes Engagement.

Dabei ist die vorliegende Studie, ohne daß ich dies von Anfang an gewollt hätte, der Tendenz nach durchweg destruktiv. Ich habe bloß an der Auffassung festgehalten: Eine Wissenschaft, die sich bereits im Vollzug der Erkenntnisproduktion den Ordnungsmächten anbiedert, hat trotz aller ›Praxisrelevanz‹ keine Existenzberechtigung, *insoweit* sie beansprucht, der Wahrheit zu dienen; der Konstitutionsakt einer Wissenschaft mag im Schoße der Macht vonstatten gehen - und es mag sein, daß er nur dort stattfinden kann -, aber die Fortentwicklung einer Wissenschaft als eines Unternehmens der Wahrheitssuche hängt ab von ihrer *inneren* Emanzipation gegenüber der Machtbindung. Vor dem Hintergrund dieser Auffassung scheint mir das fortdauernde Elend der Kriminologie darin zu gründen, daß sie sich von der Machtbindung-im-Innen noch immer nicht radikal genug befreit hat.

Damit das eben Gesagte nicht sogleich mißverstanden wird, ist es allerdings wichtig zu beachten, daß der Begriff ›Kriminologie‹ im folgenden primär ›täterzentrierte Ätiologie des Rechtsbruchs‹ meint. Er meint also das als Wissenschaft auftretende Unterfangen, Kriminalitätsursachen durch die empirische und theoretische Analyse der *Persönlichkeit* von Delinquenten bloßzulegen. Kriminologie in diesem Sinne ist zumeist auch eine Wissenschaft vom Bösen. Als solche ist es - gemäß der Definition Cesare Lombrosos - ihr Ziel, »das Wesen des VERBRECHERS durch und durch zu erkennen«, und nicht, unspezifisch, das Wesen des ethisch blassen oder gar ethisch neutralen Gesetzesübertreters. Unter dem Druck dieser Zielsetzung neigt der Kriminologe dazu, das Verbrecherische am Verbrecher dingfest zu machen. Dadurch trägt er bei zur *Konstitution des Verbrechermenschen* - jenes Menschen also, auf den sich der Impuls des Unschädlichmachens seit jeher richtet.

Ich danke Peter Koller für zurückhaltende Kritik, Helmut Kuzmics für wohltuendes Lob und Sepp Mitterer für eine stilkritische *tour de force*. Besonders habe ich auch Johann Lang zu danken, der mit großer Sorgfalt die Photos herstellte, von denen im folgenden leider bloß ein Bruchteil zu sehen ist. Schließlich möchte ich mich noch für die intensive und nette lektorale Betreuung bedanken, die mir und meinem Manuskript durch Adalbert Hepp, Margret Lüdemann und Benedikt Burkard zuteil wurde.

Graz, im Mai 1984 — Peter Strasser

I
Das Objekt der Kriminologie

Totalität und Transzendenz - Notiz zur Konfiguration der Motive

Weil eine Antwort auf die Frage ›Warum hat die und die Person so und so gehandelt?‹ niemals vollständig sein wird, läßt sich auf jedem Erklärungsniveau im Prinzip immer noch fragen: ›Aber warum gerade diese Handlung?‹ Heißt es zum Beispiel, der Mann habe seinen Liebesrivalen aus Eifersucht ermordet - eine Erklärung, die in Wahrheit höchstens eine Erklärungs-Skizze ist -, dann kann man, auch wenn man das Gesagte vollkommen akzeptiert, die Frage stellen: ›Aber warum denn gerade Mord?‹ Diese Frage wird selbst vor dem Hintergrund der fünfzehntausend Seiten Gesprächsniederschriften, die Norman Mailers Bericht über das Leben und Sterbenwollen des Mörders Gary Gilmore fundieren, nicht sinnlos, obwohl Mailer ausdrücklich feststellt, sein Bericht - Titel *The Executioner's Song* - sei so genau, wie eine Geschichte nach menschlichem Ermessen nur sein könne. Jede Geschichte kann immer noch genauer, immer noch tiefschürfender erzählt werden, und solange eine Geschichte die Person, deren Handeln sie erläutert, nicht auf eine Art Maschine oder unverstehbaren Mechanismus reduziert - was bisweilen der Fall ist, wenn erklärt wird, die fragliche Handlung sei Ausfluß des Wahnsinns der Person gewesen oder Ausfluß eines inneren Zwanges, unter dem die Person handelte -, solange kann sinnvoll gefragt werden, warum die Person so handelte, wie sie handelte.

Eine Erklärung, deren Gegenstand eine Tat ist, die als ethisch sehr verwerflich empfunden wird, muß, um als Erklärung zu befriedigen, über die normalen Erklärungsstandards hinausgehen, soll sie nicht nur der Legitimation eines Vergeltungsschlages gegen den Täter dienen.

Sicher, N.N. war betrunken und in sexueller Not und die Gelegenheit schien ihm günstig; aber das können doch keine ausreichenden

Gründe dafür sein, daß N.N. eine Frau vergewaltigte! In solchen Feststellungen, in denen immer auch noch eine Frage steckt, hat das Wort ›Grund‹ eine kausale und eine moralische Dimension. Wir wollen wissen, warum eine Person böse handelte, doch immer fassen wir irgendwie ins Leere. Diese mißliche Situation scheint sehr eng mit dem zusammenzuhängen, was wir wissen wollen. Wir wollen nicht bloß wissen, ob die böse Tat im Interesse des Täters lag. Lag sie in seinem Interesse, so wird dieser Umstand selbst erklärungsbedürftig als ein Teil des Komplexes, der uns als das Problem des bösen Handelns gerade beschäftigt. In dem Maße, in dem wir eine Handlung als verabscheuungswürdig empfinden, *infiziert* deren äußerster Teil - das Verhalten, das die böse Tat in Raum und Zeit vollendet und das uns als das augenfällig gewordene Böse schockiert - immer größere Bereiche der handelnden Person, bis zu dem Punkt, an dem diese sich in ein mythisches Wesen verwandelt: aus einer empirischen wird eine symbolische Gestalt, die als ganze das Böse repräsentiert. Die Person verdichtet sich zur *Totalität der Bestie* (ein Vorgang, über den in Kapitel II unter dem Titel ›Der Mythos als Wissenschaft‹ ausführlich gehandelt werden wird). Oder aber wir, die Urteilenden, gelangen zu der Evidenz, das Böse, das zur Diskussion steht, sei im Grunde unerklärbar, es sei trotz aller Bedingtheit doch auch wesentlich Ausfluß der *Transzendenz der Person,* d.h. ihrer Freiheit nicht im empirischen, sondern im metaphysischen Sinne des Wortes.

Jedoch die Kriminologie wollte seit jeher auf verwickelte Weise beides: Sie wollte sich dem Mythos entwinden und dabei doch der Leere, die die Person als Ort der Transzendenz ist, entkommen; sie wollte Wissenschaft werden. Deshalb mußte sie das Prekäre versuchen: sich einzurichten zwischen dem Mythos - der Totalität der Bestie - und der Leere - der Transzendenz der Person. Der Mythos sistiert selbst angesichts des Ungeheuerlichen noch die Frage ›Aber warum denn gerade diese Handlung?‹. Denn er erzeugt (wir werden später sehen, auf welche Weise, besonders im kriminologischen Diskurs) einen abgeschlossenen Raum des Bösen, worin die böse Handlung Moment einer Totalität von Wert-Objekten ist. Aber die Stillegung der Frage wird erkauft, indem an die Stelle empirischer Daten und Relationen archaische Konfigurationen treten. An die Stelle eines offenen Feldes von empirischen Objekten und Bezügen rückt das geschlossene Feld einer mythischen Totalität: das Feld der Bestie Lombrosos und all der Bestien, die dem Uomo delinquente, mit dem sie angeblich nichts mehr zu schaffen haben, nachfolgen. Doch weil die Kriminologie nicht Mythos sondern Wissenschaft sein möchte, empirisiert sie den Mythos. Sie versucht, die Totalität der Bestie, den Verbrecher im emphatischen Wortsinn, in empirische, mit erfahrungswissenschaftlichen Methoden bearbeitbare Blöcke auseinanderzubrechen. So entstehen eine Verbrecherbiologie, eine Verbrecherpsychologie, eine Verbrecherpathologie, eine Verbrecherphysiognomik und, aber sozusagen nur der Vollständigkeit halber, eine Verbrechersoziologie. Dadurch jedoch kann wieder die Person als der Ort der Transzendenz (= der Freiheit = der Leere), als der Ort folglich, wohin kein noch so tiefgreifendes empirisches Explanationsverfahren reicht, in Erscheinung treten. Wieder ist dann die Irritation der Frage ›Aber warum gerade diese Handlung?‹ - der Endlosfrage, durch die die Kriminologie als Wissenschaft zum Schluß nicht weniger belastet wird als durch den Mythos - unabweisbar.[1]

Freilich, die hier skizzierte Problematik ist überwindbar dadurch, daß der Kriminologe eine pragmatische Bindung eingeht. Sein Ziel ist es dann, kriminelles Handeln im Hinblick darauf zu erklären, daß mit dem Rechtsbrecher etwas Bestimmtes geschehen oder nicht geschehen soll. In gewisser Weise allerdings dankt damit die Kriminologie als Wissenschaft ab - was keineswegs bedeutet, daß sie nicht in anderer Weise Triumphe feiert -, denn ihre Verstehensbemühungen werden sich fortan am Gängelband vorgelagerter kriminalpolitischer Zielsetzungen bewegen. Der Kriminologe wird fortan von der Realität des Rechtsbrechers nur wahrnehmen, was sich vom Standpunkt der jeweiligen kriminalpolitischen Zielsetzung aus als Realität legitimiert, und alles andere wird nicht in den Blick geraten. Auf diese Weise entkommt die Kriminologie der Spannung zwischen Totalität und Transzendenz, aber der Preis, den sie dafür zu zahlen hat, ist kein geringer. Sie hat zu bezahlen mit der Gebundenheit an eine Pragmatik, die es vereitelt, auf die Frage ›Aber warum gerade diese Handlung?‹ mit Gründen zu antworten, von denen sich behaupten ließe, sie seien durch die Sache selbst legitimiert. Anders gesagt: es gibt die Sache selbst nicht mehr, es gibt bloß noch, was das pragmatische Apriori von dem, was einmal vielleicht die Sache war, zu erfahren und zu begreifen gestattet.

Verbrechenserklärungen und Strafkonzeptionen

»Giebt es in diesem Zeitalter der materialistisch-mechanischen Weltanschauung noch einen mehr angefochtenen Begriff, als den der Freiheit menschlichen Willens und einen inhaltsleereren, kraftloseren Antrieb als den ›kategorischen Imperativ‹? Die strenge Erhabenheit einer transscendentalen Ethik und der vornehme Adel hochstrebender, selbstbewußter Humanität hat sich aufgelöst in einen gefühlseligen Brei von mattherzigem, stimmungsvollen, phrasenreichen, spießbürgerlichen Moralismus und Humanismus. Die Psychologie ist zum Gespött geworden, in der Criminalpsychologie treibt längst ein abscheulicher Wust der crudesten materialistischen Vorstellungen sein Unwesen. Alles Begreifen heißt Alles Verzeihen, klingt es von allen Seiten der Halbbildung und sittlichen Lässigkeit in die Strafgerechtigkeit hinein, und da es mit dem Alles Begreifen nicht so schnell gehen will, hilft man sich vorläufig mit dem Alles Verzeihen. Böser Wille und strafbare Schuld sind eitel Phantome: Krankheit, Armuth, Unwissenheit, Zufall, Schicksal, das sind so ungefähr die positiven Elemente, aus denen sich die Subjektivität verbrecherischen Thuns im neuen Glauben zusammensetzt« (Mittelstädt 1879, S. 26).

In Otto Mittelstädts Schrift *Gegen die Freiheitsstrafen,* deren zweite Auflage 1879 erschien, wird wohl ein letztes Mal mit aller Vehemenz die Idee des Strafens als eines gegen den Körper des Delinquenten gerichteten Akts vergeltenden und rächenden Terrors verteidigt. Während der humanitäre Flügel der klassischen Schule des Strafrechts seit Beccaria nicht müde wurde, für einen menschlicheren Umgang mit dem Rechtsbrecher einzutreten, und während die positivistische Kriminologie seit Lombroso Verbrechensprophylaxe und - später - Verbrechertherapie in den Vordergrund rückt, wird bei Mittelstädt auf dem Zusammenhang zwischen der Freiheit des verbrecherischen Tuns und der terroristischen Peinigung des Verbrechers mit unbedingter Härte bestanden: »Der Strafgefangene soll harte Sklavenarbeit thun, weil er in Strafknechtschaft ist. Er soll rücksichtslos angespannt und erbarmungslos angetrieben werden im Scharwerk jeglicher Art, soweit das Mark seiner Knochen und die Sehnen seines Fleisches es ertragen. Und er soll das als grausame Pein empfinden, Körper und Seele soll darunter leiden, aufstöhnen und zusammenbrechen, und jedermann soll wissen, daß dies die gerechte Ordnung dieser Welt sei« (ebd., S. 37). Die gerechte Ordnung der Welt ist das Abbild jener göttlichen Ordnung, in der die Strafe keinen anderen Zweck hat als den eines furchtbaren Vergeltungsschlages, der denjenigen trifft, der die Ordnung stört. Die absolute Gestalt der irdischen Strafe, die als unvollkommene Nachbildung des göttlichen Wütens gegen den Ordnungsbrecher zu begreifen ist, »diese Gestalt bewährte die Todesstrafe allein« (ebd., S. 7). Die Ausmerzung des Verbrechers - und zwar dessen möglichst öffentliche und möglichst qualvolle Ausmerzung - symbolisiert das Paradigma göttlichen Strafens: der Gott, der dem Menschen die Freiheit des Wollens gab, zerstampft seine unbotmäßigen Geschöpfe in einem Akt selbstgenügsamer und demonstrativer Gerechtigkeit derart, daß »der Gedanke gar nicht aufkommen konnte, *mit der Strafe einen zeitlichen Zweck zu verbinden*« (ebd., S. 7).

Otto Mittelstädt ist eine verspätete Erscheinung. Michel Foucault referiert die Geschichte eines Landarbeiters aus dem französischen Dorf Lapcourt, der am Rande eines Feldes von einem kleinen Mädchen ein paar Zärtlichkeiten ergattert, daraufhin von den Eltern beim Bürgermeister angezeigt, vom Bürgermeister den Gendarmen übergeben, von den Gendarmen vor den Richter geführt und von diesem weitergereicht wird an einen Arzt, dann noch an weitere zwei Experten, die einen Bericht abfassen und veröffentlichen. Die Bedeutung dieser Geschichte liegt

»gerade in ihrer Kleinheit, darin, daß dieses Alltagsereignis [...] zum Gegenstand nicht bloß einer kollektiven Intoleranz, sondern einer juristischen Aktion, einer medizinischen Intervention, einer klinischen Prüfung und einer umfangreichen theoretischen Verarbeitung« werden konnte, darin, »daß man diesen Unglücklichen, der bis dahin einen festen Bestandteil des bäuerlichen Lebens gebildet hatte, auf die Maße seines Schädels und den Knochenbau seines Gesichtes hin zu untersuchen begann, daß man seine Anatomie nach möglichen Zeichen der Degeneration musterte, ihn zum Sprechen brachte und nach seinen Gedanken, Neigungen, Gewohnheiten, Gefühlen und Urteilen befragte. Und daß man am Ende [...] beschloß, ihn zu einem reinen Gegenstand der Medizin und des Wissens zu machen - zu einem Gegenstand, den man bis ans Ende seines Lebens im Hospital von Maréville begraben konnte, während man ihn durch eine detaillierte Analyse der gelehrten Welt bekannt machte« (Foucault 1977 a, S. 45).

Diese Geschichte spielte im Jahre 1867. Zwischen Mittelstädts Wahrnehmung der Kriminalität und jener, welche die von Foucault berichtete Geschichte zum Ausdruck bringt, hat sich eine tiefgreifende Wandlung vollzogen. Bei Mittelstädt ist der Kriminelle ein Wesen, das auf verhängnisvolle Weise von Autonomie durchdrungen ist, und die endlosen Qualen, denen sein Körper unterworfen werden soll, sind nichts anderes als eine spektakuläre Bestätigung dieser Autonomie. Am Körper der Verurteilten vollzieht sich ein Prozeß, der so nicht denkbar wäre ohne die maßlose Schuld, welche die Folge des metaphysischen Fundaments der Persönlichkeit, der von Gott herrührenden Freiheit ist - einer Freiheit, durch die hindurch der Mensch am Wesen Gottes teilhat. Das Problem der Erklärung des verbrecherischen Handelns, wie es sich seit den Anfängen der modernen Kriminologie stellt, konnte erst entstehen, nachdem der Gedanke der Autonomie des Einzelnen nicht bloß kraft ideologischen Dekrets, sondern durch anscheinend wissenschaftliche Einsichten fraglich geworden war. Jener Landarbeiter, den uns Foucault vorführt, ist bereits eine Existenz, deren Autonomie aufgrund des determinierenden Einflusses einer Vielzahl biologischer und psychologischer Faktoren gefährdet erscheint. Das Verbrechen ist ein problematischer Sachverhalt geworden: es ereignet sich am Schnittpunkt einer Reihe von blinden Kräften, die das Individuum in die Richtung der Delinquenz drängen. Dementsprechend wird die Rolle, die der Autonomie des Individuums im naturwüchsigen Spiel der Kräfte zukommt, immer undurchsichtiger, bis sich das Bild vom Verbrecher als des heteronomen Menschen in den Vordergrund zu schieben beginnt. Die Irritationen, die von dieser Entwicklung ausgehen, werden schließlich tief in das Feld der kriminalpolitischen Evidenzen hineinreichen. Bereits gegen Ende des 18. Jahrhunderts tritt die Strafe als Schauspiel, als Ausdruck eines die göttliche Gerechtigkeit vollziehenden staatlichen Gegenschlages gegen die Anmaßungen verbrecherisch Agierender in den Hintergrund; und so muß sich Mittelstädt im späten 19. Jahrhundert sehr beklagen über »das Unsichtbare, Heimliche, Geräuschlose im Vollzug der Freiheitsstrafen« (Mittelstädt 1879, S. 11). Doch was soll das Peinigungsspektakel, wenn der Verbrecher immer weniger als autonome Gestalt und immer mehr als ›Produkt‹ oder als ›Opfer‹ in Erscheinung tritt? Soll unter dieser Bedingung die Strafe nicht selbst als ein Anschlag gegen die Gerechtigkeit empfunden werden, so muß sie sich zunehmend des Charakters bloßer Vergeltung entledigen und mehr und mehr die Funktion einer pädagogischen oder therapeutischen Beeinflussung des Delinquenten übernehmen. Jedenfalls sind dies die Forderungen, die sich im kriminalpolitischen Diskurs seit der Jahrhundertwende auf breiter Basis durchzusetzen beginnen.

»Die Welt ist willenlos nichts weiter als ein Kreisel, den in Bewegung setzt der Leidenschaften Geißel; - die Leidenschaften selbst, sie sind Naturgesetze, ganz unabhängig von moralischem Geschwätze, und folglich ist allzeit, so man es recht erwägt, unstrafbar für sein Thun, was Menschenantlitz trägt.« Dieses Verslein zitiert A. v. Kirchenheim in seiner Einführung zur deutschen Ausgabe von Lombrosos *L'Uomo Delinquente* (1894 a, HD I, S. VIII f.)[2], und in der Tat: der Standpunkt, den die positivistische Kriminologie, ihr reaktionärer Flügel ebenso wie ihr fortschrittlicher, gegenüber dem Verbrechen einnimmt, ist deterministisch. Was sich hier in zum Teil aggressiver Distanzierung vom klassischen Strafrechtsdenken abspielt, ließe sich als Naturalisierung des Verbrechens charakterisieren. Die Hinweise Lombrosos auf die kriminellen Tatsachen nicht nur im Reich der Tiere, sondern auch in dem der Pflanzen, sind bloß das spektakulärste rhetorische Indiz für den Vorgang der Naturalisierung. Wie sich der Ablauf naturwüchsiger Phänomene nach streng deterministischen Gesetzen vollzieht, so erscheint nun auch das menschliche Handeln im allgemeinen und das verbrecherische im besonderen als durchgängig von Naturgesetzen beherrscht. Durch das Wesensmerkmal, ausschließliches und im Prinzip berechenbares Produkt kausaler Kräfte zu sein, rückt der Mensch in die unmittelbare Nähe der Naturphänomene: deren Heteronomie und die des Menschen fallen zusammen. Folglich ist - so das Argument von Enrico Ferri (1896, S. 8 f.) - die geeignete Methode der Erforschung des delinquenten Tuns und Lassens einzig die der Naturwissenschaften, d.h. die empirisch-induktive und experimentelle Erforschung der Delinquentenpersönlichkeit und der Kräfte, die auf sie einwirken. Naturalisierung des Verbrechens bedeutet also, daß der Delinquent unter dem analytischen Blick des naturwissenschaftlich eingestellten Verbrechenswissenschaftlers auf den ontologischen Rang eines Elementes im Kosmos der natürlichen Phänomene verwiesen wird - eine Platzzuweisung, mit welcher der Gedanke einhergeht, der Rechtsbrecher unterscheide sich durch bestimmte Merkmale von den anderen, den gesetzestreuen Bürgern. War das Verbrechen vordem Produkt einer autonomen bösartigen Willensregung, so wird es nunmehr als Resultante einer Reihe von Merkmalen und Faktoren begriffen, die den Rechtsbrecher - bisweilen in Zusammenhang mit dem Auftreten von Körperstigmen - als Persönlichkeit kennzeichnen und ihn im Extremfall als

Homo delinquens identifizierbar machen. Hier liegt der Ausgangspunkt des sogenannten ätiologischen Paradigmas, das auch noch in unseren Tagen zu methodischen und inhaltlichen Streitigkeiten Anlaß gibt. Das ätiologische Paradigma begreift den Rechtsbrecher als abnorme Persönlichkeit. Demgemäß finden sich unter den Grundsätzen der positivistischen Kriminologie um die Jahrhundertwende nach einer Formulierung von Ferri (1896, S. 21) als die zentralsten: »Daß der verbrecherische Mensch durch seine - ererbten oder erworbenen - Eigenschaften eine besondere Varietät der menschlichen Art ist«; und: »Daß der freie Wille nur eine subjektive Illusion ist, welche durch die wissenschaftliche Psycho-Physiologie aufgehoben wird«.

Nachdem, wie Ferri betont, die physiologische Psychologie - eine Wissenschaft, die zu Ferris Zeit mehr als Wunschtraum existierte denn als Realität - den Glauben an den freien Willen vollständig vernichtet und als Ergebnis einer Illusion der Selbstbeobachtung enthüllt hat, bedarf es einer neuen Art und Weise der Erklärung menschlichen Handelns. Ferri skizziert das dabei anzuwendende Verlaufsmodell folgendermaßen:

»Der psycho-physiologische Vorgang bei jeder individuellen Handlung läßt sich in folgendes Schema fassen: 1. ein physischer Vorgang, der sich außerhalb des Nervensystems abspielt und seinen Ausgangspunkt in der Außenwelt oder in einem Körperorgan des Individuums selbst hat: eine Schwingung der Luft oder des Äthers, eine Bewegung eines Eingeweides, etwa der Leber oder des Magens u. dgl. - 2. eine zweiteilige physiologische Phase, d.h. erst eine den Nerv, dessen Endorgan durch den physischen Vorgang gereizt worden ist, in centripetaler Richtung durchlaufende Schwingung, bis zu dem centralen Endorgan dieses Nerven, und darauf ein längs eines anderen Nerven verlaufender centrifugaler Erregungsvorgang, der die Erregung vom Centrum nach der Peripherie bringt. - 3. eine zweite physische Phase, d.h. die mechanische Wirkung der ausgelösten Muskelbewegung, die äußere Handlung, welche das Ergebnis dieses centrifugalen Nervenprocesses ist« (Ferri 1896, S. 225 ff.).

Dieses Schema abstrahiert radikal von allen Bewußtseinszuständen, allen seelischen und geistigen Elementen, also der gesamten ›Innenperspektive‹ des Subjekts. Damit werden an dem Betrachtungsgegenstand, der die Person ist, all jene Erlebnisfaktoren ausgeblendet, mit deren Hilfe man sich gewöhnlich die Autonomie des Handelns von Personen vergegenwärtigt. Was uns Ferri glauben machen will, ist die These - die auch heute noch von manchen Behavioristen vertreten wird –, daß die Tatsachen, die den Erlebnisraum eines Subjekts konstituieren, nicht die wahren Ursachen des Handelns, sondern bloß epiphänomenale Anhängsel neurophysiologischer und chemophysikalischer Prozesse sind.

Wir haben hier einen Schematismus der Erklärung menschlichen Handelns vor uns, der das kriminologische Denken für lange Zeit prägen wird, und zwar weniger aufgrund des ihm zunächst anhaftenden streng deterministischen und auf biologische Ursachen zentrierten Charakters, sondern vor allem wegen der für ihn typischen Ausblendung der Autonomiedimension von Subjekten und der damit in Zusammenhang stehenden Konstruktion des Typus der abnormen Persönlichkeit. Jenseits der deterministischen und biologistischen Prämissen im kriminologischen Positivismus des 19. Jahrhunderts erscheint die Naturalisierung menschlichen Handelns als ein Vorgang, der, indem er die Autonomie der Handlungssubjekte ausblendet, deren Aktivität zu einem ›Produkt aus Anlage und Umwelt‹ werden läßt. Auf diese Weise erscheint dann alle Delinquenz als bedingt durch einen Verursachungshintergrund, der eine Konfiguration von kriminogenen Dispositionen ist, deren Aktualisierung zwar in einem funktionalen Zusammenhang mit der Evidenz des Handelnden, *er* sei es, der handelt, stehen kann, aber von solcher Evidenz niemals kausal abhängt. Die Evidenz der Person, sie selbst sei es, die handelt, ist nach Ferris Bestimmung ein Epiphänomen. Erklärungen, die auf einer derartigen Doktrin vom menschlichen Handeln basieren, ließen sich als naturalistische Handlungserklärungen kennzeichnen.

Demgegenüber sind Handlungserklärungen, wie sie für das Denken Mittelstädts typisch gewesen sein mögen, primär moralistischer Natur. Erklärungen dieser Art zeichnen sich dadurch aus, daß sie das verbrecherische Tun verständlich machen, indem sie ein böses Feld autonomen Agierens identifizieren. Charakteristisch für ein derartiges Vorgehen ist es, daß der Aspekt der Verursachung mit dem der moralischen Zurechnung auf das engste kontaminiert wird. Weil eine solche Kontamination dem wissenschaftsmethodischen Postultat der Wertfreiheit, das im Bereich der ›empirischen‹ Humanwissenschaften weithin Anerkennung genießt, zu widersprechen scheint, liegt es nahe anzunehmen, daß moralistische Erklärungen menschlichen Handelns sich heute vor allem im außerwissenschaftlichen Gesprächsalltag und, bezogen auf Gesetzesübertretungen, in der Kriminalberichterstattung der Massenmedien finden werden. Dem aber widersprechen die Tatsachen. Es ist bekannt, daß man sich im Lager der forensischen Psychiatrie bis auf den heutigen Tag nicht vollends entschließen konnte, die paradoxe Etikettierung der sogenannten kriminellen Psychopathen als seelisch abnorme und zugleich schuldbeladene Wesen endgültig auf dem Schrottplatz psychiatrischer Theoriewracks zu deponieren. Hieraus resultiert das Kuriosum der Psychopathie-Diagnose: »Während andere psychiatrische Diagnosen vor Gericht und anderswo eher ›entschuldigend‹ wirken, hat die der ›Psychopathie‹ eher den umgekehrten Effekt. Die ›Psychopathie‹ ist Steigerung und endgültige Fixierung des Verbrechens« (Katschnig u. Steinert 1973, S. 112).

Durchkreuzen sich im Konzept des Psychopathen naturalistische und moralistische Elemente derart, daß eine Schuldzuschreibung noch immer plausibel gemacht werden kann, so hat sich in den naturalistischen Erklärungsweisen der Schluß vom Bösen auf Böses in einer bloß veräußerlichten Form erhalten. A. K. Cohen sagt hierzu:

»Was Kingsley Davis den Trugschluß des ›Böses verursacht Böses‹ genannt hat, charakterisiert die meisten Mehr-Faktoren-Ansätze, obwohl dieser Schluß weder im Wesen des Ansatzes liegt noch seine Besonderheiten ausmacht. Es handelt sich hier um die unbewußte Annahme, daß ›böse‹ Folgen ›böse‹ Ursachen haben und daß ›böse‹ Ursachen nur ›böse‹ Folgen haben können. Das führt uns zu einer hervorstechenden Besonderheit der meisten unserer Lehrbücher über soziale Pathologie: Für jedes ›soziale Problem‹ finden wir als ›Ursachen‹ vielfach die gleiche Liste übler und häßlicher Umstände angeführt, die jeder ›anständige Bürger‹ für beklagenswert halten würde« (Cohen 1974, S. 223).

Aber der Unterschied zwischen genuin moralistischen Erklärungen und solchen, die am Leitfaden der naturalistischen Intuition operieren, ist häufig der, daß letztere systematisch ›böse‹ Ursachen zutage fördern, die den sich asozial verhaltenden Personen nicht mehr moralisch zugerechnet werden können. Erklärungen dieses Typs begründen nicht mehr die konkrete Schuld desjenigen, der auf die eine oder andere Weise von einer als gültig erachteten Norm abweicht, sondern, wenn überhaupt eine Schuld, dann die der Umstände, des Milieus, der Gesellschaft. Dies allerdings ist ganz entschieden kein Blickwinkel mehr, dem der ›anständige Bürger‹ zustimmen könnte.

Daß die naturalistischen Handlungserklärungen auch unabhängig davon, was der anständige Bürger denkt, oft noch einen Restbestand an Moralismus aufweisen, hat seinen Grund vermutlich in der Wirksamkeit dessen, was David Matza (1973, S. 21 ff.) die Präventionsperspektive genannt hat. Die naturalistischen Erklärungen delinquenten Handelns formierten sich seit jeher unter dem erkenntnisleitenden Gesichtspunkt der Identifizierung von Delinquenzbereitschaft, und zwar zu dem Zweck, diese durch gezielte ›Behandlung‹ der delinquenten und zur Delinquenz disponierten Individuen auszumerzen. Zwischen der besonderen Wahrnehmung von Kriminalität, wie sie sich in der Produktion naturalistischer Verbrechenserklärungen niederschlägt, und bestimmten Vorstellungen über die adäquate Verwaltung der Rechtsbrecher besteht ein mehr als beiläufiger Zusammenhang. Das heteronome Individuum, das dem Bereich der natürlichen Objekte angenähert scheint, ist zwar häufig noch immer ein Gegenstand des Abscheus: es ist das böse Produkt böser Ursachen; aber weil die Ursachen hier stets so geartet sind, daß sie dem Individuum nicht schuldhaft zugerechnet werden können, können auch die Strafe und der mit ihr verbundene Vorwurfscharakter nicht mehr das Kernstück der gesellschaftlichen Reaktion auf das Verbrechen bilden. Der Kriminelle als abnorme Persönlichkeit bedarf, sobald er nicht mehr im moralistischen Sinne als psychopathische Persönlichkeit konzipiert wird, vorzüglich der nichtstrafenden Abschließung und der therapeutischen Manipulation. Folgerichtig muß der Verantwortlichkeitsbegriff, der jetzt zum Tragen kommt, abgekoppelt sein von der Autonomie des handelnden Subjekts.

Verantwortlich sein heißt nunmehr nichts anderes, als daß man in dem Moment legitimerweise zum Objekt der gesellschaftlichen Reaktion gemacht werden kann, in dem man gegen die gültigen Regeln der Gesellschaft verstößt. Aber selbst dieser umfassende Verantwortlichkeitsbegriff ist noch zu wenig radikal, weil noch zu sehr an die überkommene Idee der Strafrechtfertigung gebunden, derzufolge ein Delikt gesetzt worden sein muß, um die Sanktionsmaßnahme als legitim erscheinen zu lassen. Im Gegensatz dazu erzeugt der Delinquentenbegriff der Défence sociale, wird er konsequent entfaltet, den Verbrecher - um ein Wort Foucaults aufzunehmen - noch vor dem Verbrechen, und das heißt letzten Endes: unabhängig vom Verbrechen. Eine notwendige Bedingung für die Legitimität der gesellschaftlichen

Reaktion ist nun nicht mehr, daß ein Rechtsbruch tatsächlich stattgefunden hat; schon Indizien, die in keinem Zusammenhang mit begangenen Straftaten zu stehen brauchen, aber auf eine Delinquenzbereitschaft der Person hindeuten, sollen - geht es nach dem progressiven Willen der Défence sociale - ausreichen, um prädeliktische Sicherungsmaßnahmen, zeitlich unbefristete und im Extremfall sogar lebenslange Abschließungen zu rechtfertigen.

Das Problem der Willensfreiheit, wie es den kriminologischen Positivismus noch bewegte, steht als abstraktes philosophisches Problem in der Kriminologie der Gegenwart kaum noch zur Diskussion. Selbst unter den Gerichtspsychiatern, die aus ideologischen Gründen die Willensfreiheit lange Zeit nachhaltig verteidigten, mehren sich die sogenannten Agnostiker. Doch es gibt ein Nachfolgeproblem. Schon vor vielen Jahren haben sich in der Kriminologie, wie überhaupt im Bereich der Devianzforschung, Bemühungen in den Vordergrund zu schieben begonnen, deren Ziel es war, von den Eigenerfahrungen sich außerhalb der Normalität bewegender Personen Kenntnis zu erlangen, um so das Verständnis der Entstehung und Verfestigung abweichender Aktionsmuster zu befördern. Stanley Cohen und Laurie Taylor (1977, S. 7) rekapitulieren den Sinn ihrer langjährigen Beschäftigung mit verschiedenen Gruppen von Abweichenden folgendermaßen: »wir [interessierten] uns für das Bewußtsein des Abweichenden und Kriminellen. Wir fragten nach dem Sinn hinter seinem Verhalten, wir wollten wissen, wie *er* es betrachtet, wie er seine kriminelle Erfahrung mit anderen Elementen seines Denkens verbindet. Heute [1975] ist eine solche Fragestellung kaum noch originell. Aber vor zehn Jahren, als wir uns erstmals mit diesen Dingen befaßten, befanden wir uns in offenem Widerspruch zu den konventionellen Kriminologen«. Der kriminologische Positivismus, der die Eigenperspektive des Kriminellen als mehr oder weniger irrelevanten Faktor in dem großen Spiel der blinden Kräfte vernachlässigen zu können glaubte, hatte eine Verbrecherpsychologie hervorgebracht, die im wesentlichen ein Sammelsurium von Etiketten war, die der Moralität der Untersuchenden entstammten, nicht aber dem Leben der Untersuchten. Einfühlung hingegen setzt auf seiten des Forschers den Willen voraus, die Welt gleichsam mit den Augen des abweichenden Individuums zu sehen. Und dies wiederum hat zur Voraussetzung, daß der Andere nicht im Zustand der Verdinglichung, sondern als Person wahrgenommen wird.

Aus dem Desaster der positivistischen ›Verbrecherpsychologie‹ läßt sich nun aber nicht folgern, die Depersonalisierung von Subjekten sei eine überhaupt unzulässige Vorgehensweise. Trotzdem bleibt stets zu fragen, im Hinblick auf welche Problemstellung depersonalisiert wird. Bisweilen nämlich stehen auch methodische Manöver im Dienste einer Ideologie. Wenn wir soziale Sachverhalte erklären wollen, dann ist die Art und Weise, wie sich uns das Erklärungsproblem stellt, häufig abhängig von bestimmten vorgelagerten Interessengesichtspunkten. So erhält das Problem der Erklärung kriminellen Verhaltens unter dem Vorzeichen der Präventionsperspektive einen anderen Charakter als unter dem einer an einfühlendem Verstehen orientierten Perspektive. Während im einen Fall die Naturalisierung des Kriminellen einen forschungsstrategischen Vorteil bieten mag – das Delikt interessiert, soweit es ein vermittels Gesetzeshypothesen faßbares und dadurch im Prinzip instrumentell beherrschbares Phänomen ist –, kann für den anderen Fall, in dem das Delikt als subjektiv entschlüsselbares Phänomen interessiert, nichts dergleichen behauptet werden. Eine an Einfühlung orientierte Verstehensbemühung zielt auf eine Sicht des Anderen als eines Wesens, das ebenso intentional und autonom zu agieren imstande ist, wie der um Verstehen Bemühte sich als ein solches Wesen erlebt und begreift. Freilich kann auch die intentionalistische Methode in den Dienst der Beherrschung, der zielgerichteten Manipulation des Anderen treten. Die therapeutische Kriminologie bietet, wie wir später noch sehen werden, hierfür Beispiele genug. Und doch läßt sich nicht leugnen, daß immer dort, wo Einfühlung zu einem Herrschaftsinstrument verkommt, dieses Instrument sich auf *einzelne* Individuen bezieht und seinen Erfolg gerade dem Umstand verdankt, daß es den Einzelnen und dessen spezifische Konstitution zu erforschen gestattet. Demgegenüber sucht die Präventionsperspektive, wie sie sich in den Köpfen der Sozialingenieure einnistet, nach *allgemeinen* Delinquenzvermeidungsinstrumenten. Sie sucht daher auch nach einem Bild des Kriminellen oder verschiedener Kriminellengruppen, das jeweils von den Besonderheiten des einzelnen Falls und Delinquentenschicksals gerade abstrahiert; und dies bedingt ihren Hang zum Naturalismus.

Je nach der Wahl des Blickwinkels verändert sich also die Problematik der Erklärung kriminellen Verhaltens. Unter dem Aspekt einfühlenden Verstehens werden dominant naturalistische Handlungserklärungen nur in Ausnahmefällen akzeptiert; den Normalfall bilden Erklärungen intentionalistischer Art. Deren Charakteristikum ist es, daß sie Handlungen als sinnerfüllt-aktive Hervorbringungen eines Subjekts begreifen, wobei das Verstehen der Handlung eben wesentlich vom Verstehen der Perspektive, aus der heraus das Subjekt agiert, abhängt. An die Stelle blinder Kräfte treten intentionale Phänomene: Motive, Wünsche, Hoffnungen und Ängste, Wahrnehmungsweisen und Bewußtseinslagen, also Elemente eines Erlebnisraumes, in dem sich das Subjekt als Urheber seiner Entscheidungen - und nicht als die Resultierende einer Summe von Kräften - bewegt. Dabei verweist die Vorstellung der Autonomie prima facie auf nicht mehr als die schlichte Evidenz, wonach aktives Handeln vor einem Horizont bewußtseinsmäßig präsenter Wahlmöglichkeiten etwas anderes ist als zwanghaftes Getriebenwerden von einem Punkt zum anderen. Deshalb muß die Wirksamkeit von Zwängen innerer und äußerer Art nicht negiert werden; allerdings wird unterstellt, daß sich auch Rechtsbrecher nur in Ausnahmesituationen in Wesen verwandeln, die Dingen darin ähneln, daß sie sich dorthin bewegen, wohin sie von den Umständen getrieben werden.

Dies ist nicht zuletzt deshalb auch von systematischer Bedeutung, weil ein wichtiger Teil des kriminologischen Denkens sich dadurch auszeichnet, daß die Erfahrungen und Evidenzen des Kriminellen nicht als Auskunftsmittel über dessen Handlungsmotivation betrachtet werden, sondern als Symptome, die erst tiefenanalytisch entschlüsselt werden müssen, um so die wahren Ursachen des kriminellen Verhaltens freilegen zu können. Schon den positivistischen Kriminologen galt das viele menschliche Aktivitäten begleitende Gefühl der Autonomie bloß als ein trügerisches Symptom für jene objektiven, den Subjekten auf der Ebene introspektiver Einsichten uneinsehbaren Handlungsursachen, die sich allesamt auf der Ebene der »Psycho-Physiologie« formieren sollten (vgl. Ferri 1896, S. 231 f.). Die psychoanalytische Kriminologie hat dieses tiefenstrukturelle Modell, wenn auch nicht das Faible der Positivisten fürs Schwadronieren mit ›psychophysiologischen‹ Begriffen, zum Erklärungsparadigma delinquenten Verhaltens erhoben. Die Perspektive, die das kriminelle Ich als die seine erfährt und bejaht, ist demzufolge vor allem der unbegriffene Ausdruck pathogener Konstellationen, deren Ursprung in den ich-fremden Bereichen der Persönlichkeit gesucht werden muß.

Auch gegen eine solche Sichtweise des abweichenden Individuums wendet sich das intentionalistische Paradigma - wenn hier von einem Paradigma die Rede sein kann -, obwohl es natürlich nicht in Abrede stellt, daß kriminelle Taten bisweilen die Folge einer Geisteskrankheit des Täters sind. Es wendet sich dagegen, als typisch zu veranschlagen, daß die Eigenperspektive des Kriminellen vorzüglich eine Ansammlung von symptomatischen Episoden sei, deren wahrer Sinn sich immer erst einer Archäologie der kriminellen Persönlichkeit erschließe.

Wurzelt die Bereitschaft, die Delinquentenbiographie als Krankengeschichte zu lesen, nicht wesentlich darin, daß es sich hierbei um die Geschichte einer Abweichung handelt, die vom Kriminologen als ›verrückt‹ erlebt wird, *weil* sich in ihr die soziale Distanz zwischen ihm, dem Pathologisierenden, und dem pathologisierten Kriminellen spiegelt?[3] Während es den Verbrechenswissenschaftlern, zumindest denen im Westen, ohne weiteres als ideologisches Manöver einleuchtet, wenn jemand sozialschädliche Verhaltensweisen wie Kartellabsprachen, Börsenmanipulationen und Steuerhinterziehungen als Ausdruck einer krankhaften Persönlichkeitsstruktur bewertet, haben sie oft nur geringe Hemmungen, Unterschichtkriminelle als Psychopathen zu qualifizieren. Dabei mag es wohl stimmen - so jedenfalls wird der Intentionalist argumentieren -, daß die Persönlichkeit des Unterschichtkriminellen sich aufgrund schichtspezifischer Formungsbedingungen häufig von derjenigen des typischen Mittel- und Oberschichtangehörigen unterscheidet. Die psychoanalytische Literatur kennzeichnet den typischen Unterschichtkriminellen durch eine Reihe negativer Merkmale, die alle die mangelhafte Ausbildung solcher seelischer Qualitäten signalisieren, die nicht nur mittel- und oberschichttypisch sind, sondern überdies auch aus der Perspektive der Werthaltungen der Mittel- und Oberschicht wesentliche Bedingungen personaler Autonomie repräsentieren. Aber bedeutet dies nicht bloß, daß die Pathologisierenden ihre eigene Vorstellung von Autonomie am Leitfaden eines schichtspezifischen Vorurteils entwickeln? Entwickelten sie diese Vorstellung am Leitfaden der Selbstwahrnehmung jener, die so leicht zum Gegenstand der Pathologisierung werden, kämen sie dann nicht zu wesentlich anderen Ergebnissen? Die Überich-Schwächen und Überich-Lücken, die den Unterschichtkriminellen angeblich in die Heteronomie stürzen, erschienen dann womöglich als Bestandteile einer Persönlichkeit, die auf Situationen zwar zum Teil anders reagiert als Menschen mit anderer Erziehung, anderer Umwelt und anderen Lebenschancen, deren Reaktionen deswegen aber nicht zwanghaft oder defekt zu sein brauchten in einem Sinne, der über ein schichtspezifisches Werturteil hinausreicht.

Wenn man der Behauptung zustimmt, der Kriminelle sei nicht generell darstellbar als ein Produkt aus Anlage und Umwelt, dann mutet es illegitim an, mit ihm umstandslos gemäß den Grundsätzen der Défence sociale zu verfahren. Welche Form der gesellschaftlichen Reaktion auf Kriminalität ist aber dann angemessen? Die Kritik an der Verdinglichung des Kriminellen im Naturalismus war zunächst nicht so sehr von einer Idee beflügelt, wie diese Frage richtig zu beantworten sei; die Kritik richtete sich vor allem *gegen* bestimmte Maßnahmen, deren Institutionalisierung bedeutete, den Kriminellen in ein kindliches Wesen zu verwandeln, dessen Menschenwürde fortan in die Hände der Resozialisierungsagenten gelegt wäre. Die Wiederentdeckung der Autonomie nach dem ideologischen und zum Teil auch kriminalpolitischen Triumph des Naturalismus stand also nicht wie dieser im Dienste einer offensiven Strategie, sondern war eher an der Bewahrung jener Züge des überkommenen staatlichen Sanktionenkomplexes interessiert, die das Individuum davor schützen sollten, das Opfer eines ungezügelten spezialpräventiven Elans zu werden.

Zur Konstitution des Objekts

Reflexionen über den Zusammenhang zwischen verschiedenen Weisen, das delinquente Individuum hinsichtlich seiner Antriebe und Handlungsumstände zu begreifen, und verschiedenen Vorstellungen darüber, wie man mit ihm öffentlich zu verfahren habe, führen mitten hinein ins Labyrinth der Kriminologie. Dieses aber ist mehr als ein Labyrinth: nicht nur kennen wir den Weg zum Ausgang nicht, wir haben auch keine rechte Vorstellung vom Ausgang selbst; es könnte uns passieren, daß wir ihn schon durchquert haben, und wir haben es nicht bemerkt; es könnte sein, daß der Ausgang immer nur ein weiterer Torbogen im Labyrinth ist.

Was ist das Ziel des kriminologischen Diskurses? Man wird sagen: Was kann schon das Ziel der Wissenschaft vom Kriminellen und von der Kriminalität sein? Zuallererst, d.h. vor allen anderen möglichen Zielen noch, Ursachen, Wesen und Wirksamkeit der Kriminalität zu erforschen! Aber diese Antwort, mag sie auch trivial anmuten, ist ebenso richtig wie irreführend. Richtig, weil es einleuchtenderweise eine (empirische) Wissenschaft nur dort geben kann, wo es ein mögliches Objekt der Wissenschaft gibt, also einen (empirischen) Gegenstand, bezüglich dessen sich die zentralen theoretischen Fragen nach Funktionsweise, Ursachen und Wirkungen stellen lassen. Irreführend jedoch, weil das Objekt der Kriminologie nicht in derselben Weise ein Gegebenes ist, wie man von den Objekten anderer Wissenschaften, vornehmlich der Naturwissenschaften, sagen kann, sie seien gegeben.

Wir kennen einen Sinn des Begriffs ›konstituieren‹, wonach es möglicherweise wahr ist, daß alle Wissenschaften ihre Objekte konstituieren. Da viele Gründe für die Annahme sprechen, es gebe keine begrifflich unpräformierte Erfahrung und also auch keine *brute facts* im strengen Wortverständnis, scheint der Schluß zulässig zu sein, daß keine Wissenschaft etwas als gegeben vorfände, wenn sie ihren Objektbereich nicht durch die Verwendung eines Rahmenwerks aus Begriffen und grundlegenden theoretischen Annahmen immer schon miterzeugte. Demnach wären also alle Objekte aller Wissenschaften als das Gegebene immer auch schon Produkte einer begrifflichen und theoretischen Manipulation. Dies mag stimmen, aber wenn es stimmt, dann besagt es nicht mehr als: keine Wissenschaft, die Physik ebensowenig wie die Kriminologie, hat ein reines vorbegriffliches Objekt zu ihrem Gegenstand. Die spezifische Problematik der Gegenstandskonstitution in der Kriminologie wird durch eine solche Behauptung noch gar nicht berührt. Eine derartige Problematik gibt es aber, und daher wäre es irreführend, die Objekt-Problematik der Kriminologie als Wissenschaft am Leitfaden der Konstitutionsproblematik in den Wissenschaften überhaupt diskutieren zu wollen.

Man wird zugeben müssen, daß sich das Objekt der Kriminologie in entscheidender Hinsicht ändert, je nachdem, ob unser begrifflicher Rahmen und unser Erklärungsverfahren primär naturalistischer, intentionalistischer oder moralistischer Natur sind. Aber, so ließe sich vermuten, die Änderung basiere hier auf einem Wandel in unserer *in-*

terpretativen Einstellung zu den immer gleichen Objekten - den Rechtsbrechern, den Rechtsbrüchen usf. -, nicht jedoch auf einem Wandel der für die Objekte *konstitutiven* begrifflichen Elemente. Wenn dem so wäre, dann müßte sich folgende Frage sinnvoll stellen lassen: Welche der verschiedenen Interpretationen ist, gegeben die und die Bedingungen, die richtige? Tatsächlich wurde im vorangehenden Abschnitt mehrfach der Eindruck erweckt, diese Frage ließe sich sinnvoll und bisweilen definitiv beantworten. Manchmal - aber nicht immer - verhalten sich Menschen wie Organismen oder Maschinen; dann sind naturalistische Explikationsmethoden angebracht; und manchmal - aber nicht immer - sind solche Methoden ebenfalls angebracht, weil uns an Menschen, die sich nicht bloß wie Organismen oder Maschinen verhalten, nur ihre organismischen oder maschinenhaften Aspekte interessieren. Aus derlei Überlegungen scheint hervorzugehen, daß eine Sichtweise des menschlichen Handelns, die sich ausschließlich auf den naturalistischen Zugang stützte und diesen für den (wissenschaftlich) einzig zulässigen hielte, ebenso falsch wäre wie die ihr komplementäre Sichtweise, wonach jedes menschliche Verhalten adäquat bloß intentionalistisch erhellbar sei. Nun ist dies alles, wie jetzt hinzugefügt werden muß, zwar in bestimmter Hinsicht richtig, geht aber in anderer Hinsicht am eigentlichen Problem vorbei. Ferri z.B. hat ja nie bestritten, daß Menschen häufig handeln, statt sich bloß reaktiv zu verhalten; und ebensowenig hat dies in der Gegenwart B. F. Skinner je bestritten. Beide jedoch halten, um Handlungen von Reaktionen zu differenzieren, den Rückgang auf die Subjektivität des sich in bestimmter Weise verhaltenden Individuums für unzulässig, weil, wie diese Theoretiker meinen, die wahren Ursachen des Verhaltens stets objektiver Natur sind. Um deutlicher zu sehen, worum es hier geht, ist es hilfreich, die Position Skinners eingehender zu diskutieren.

Unzweifelhaft ist der Begriff der Person ein grundlegender unseres Wissenssystems. Und Peter F. Strawson (1972, Kap. 2) hat wohl recht, wenn er meint, daß die Person, so wie sie sich vom Standpunkt des Common sense aus darstellt, nicht gleichsam aus zwei Teilen besteht: einem subjektiven, psychisch-mentalen Wesen und einem objektiven, physischen Teil, dem Körper. Personen müssen im Lichte des Common sense vielmehr als genuine ›Objekte‹ begriffen werden, denen sowohl subjektive als auch objektive Merkmale zuschreibbar sind. Dies hat nicht zuletzt damit zu tun, daß wir im Alltagsleben davon ausgehen, wir könnten andere Personen verstehen, indem wir unsere eigene Subjektivität zu Rate ziehen. Dabei ist zu beobachten, daß im subjektiven Verständnis des eigenen Handelns die Erfahrung der Autonomie (*ich* tue das und das) eine Schlüsselrolle spielt - eine Erfahrung, die sich verbindet mit derjenigen der eigenen Identität ›hinter‹ dem, was man tut und ist (*ich* bin nicht einfach die Summe meiner Entäußerungen und Verhaltensbereitschaften, ich könnte vielmehr auch anders handeln und anders sein). Wenn wir also die Anderen in den Kategorien verstehen, vermittels derer wir uns selbst begreifen (und die der Common sense als für Menschen universal erachtet), dann wird die intentionalistische Perspektive und die mit ihr verkettete Idee der Autonomie einen zentralen Platz im Erklärungsgeschehen einnehmen. Aber ein radikaler Behaviorist wie Skinner (1973, S. 204) lehnt das uns vertraute Konzept der Person rundweg ab: »Die Vorstellung, die sich aus einer wissenschaftlichen Analyse ergibt, ist [...] die eines Körpers, der eine Person *ist* in dem Sinne, daß er ein komplexes Verhaltensrepertoire entfaltet«. Mit großer Akribie löst Skinner die Personvorstellung des Alltags in eine Vorstellung vom Körper, der eine Person ist, auf, so daß schließlich die Person als ein Ensemble natürlicher Sachverhalte, und als nichts weiter, in Erscheinung tritt. Natürlich sind wir geneigt, Skinner entgegenzuhalten, unsere Erfahrungen von Personen und von uns selbst stimmten mit dieser Vorstellung keineswegs überein. Auch hierauf würde Skinner erwidern, daß unsere Alltagswahrnehmungen in diesem Punkt eben unwissenschaftlich und unzutreffend seien. Es ist wichtig zu bemerken, wie hier die Diskussion darüber, was denn nun die korrekte Sicht personaler Realitäten sei, übergeht in eine ganz andere - eine Diskussion darüber, *welche Erfahrungsquellen als Auskunftsmittel über bestimmte Bereiche der Wirklichkeit legitime Erkenntnisquellen sind.* Während nämlich die meisten von uns, indem sie grundlegenden Alltagsintuitionen vertrauen, Wahrnehmungen, die die eigene Subjektivität betreffen, für ein legitimes und unverzichtbares Auskunftsmittel hinsichtlich bestimmter zentraler Aspekte der beobachtbaren menschlichen Realität halten werden, ist hier Skinner (vgl. 1973, S. 14 f.) gegenteiliger Auffassung. Er betont, wie wichtig es für den Fortschritt der Naturwissenschaften war, daß sie die Gegenstände ihrer Objektbereiche vollständig depersonalisierten und aus allen anthropomorphen Bezügen lösten; er betont, wie wichtig es war, nicht mehr so zu tun, »als hätten die Dinge einen Willen, Impulse, Empfindungen, Zielbewußtsein und andere fragmentarische Eigenschaften eines ihnen innewohnenden Agens«; und er bedauert, daß die Verhaltenswissenschaften hieraus noch immer nicht die längst fälligen Lehren gezogen haben: »aber die Verhaltenswissenschaften berufen sich immer noch auf ähnliche innere Zustände«. Hierauf ließe sich erwidern, daß zwischen Menschen als Personen und den Objekten naturwissenschaftlicher Disziplinen wie Chemie, Physik oder Biologie eben ein wesentlicher ontologischer Unterschied bestehe: Moleküle können ebensowenig Personen sein wie Steine oder Pflanzen. Doch ein solcher Einwand benützte als Argument eine Evidenz des Alltagsverstandes - ›es gibt Geschöpfe, nämlich Personen, die wesentlich mehr sind als bloß ihr Körper‹ -, eine Evidenz also, die Skinner gerade bestreitet. Was jedoch auch er nicht bestreiten kann (und will), ist, daß es Gründe für seine Ablehnung der Introspektion und der darauf aufbauenden Konzeptualisierung anderer Personen namhaft zu machen gilt. Die Gründe aber, die er in diesem Zusammenhang nennt, sind keine. Nur indem er das doch erst zu Beweisende schon als Wahrheit unterstellt - nämlich, daß sich die Objekte der Naturwissenschaften von denen der Verhaltenswissenschaften nicht wesentlich unterscheiden -, kann er die ›Entsubjektivierung‹ der Naturwissenschaften und die damit verbundenen Erkenntnisleistungen als Argument gegen die Verwendung subjektiver Erfahrungsinhalte in den Verhaltenswissenschaften zum Einsatz bringen. Die Lage, in der sich der Verteidiger des gemeinen Menschenverstandes gegenüber Skinner befindet, ist die Lage, in der sich auch Skinner gegenüber dem Verteidiger des gemeinen Menschenverstandes befindet: beide haben letzten Endes keine triftigen empirischen Argumente, mit deren Hilfe sie den Gegner zu überzeugen versuchen könnten. Aber welche Gründe sind dann für die so unterschiedlichen Intuitionen maßgebend? Skinner, so läßt sich vermuten, hat einen maßgeblichen Grund, der in der Forderung zum Ausdruck kommt: »Was wir brauchen, ist eine Technologie des Verhaltens« (1973, S. 11). Und nicht nur als Leser von *Walden Two* weiß man, daß damit gemeint ist: eine möglichst umfassende Verhaltenstechnologie. Nur wenn wir eine solche Verhaltenstechnologie entwickeln, sind wir nach Skinner in der Lage, die Überlebensprobleme zu lösen, vor denen die Menschheit der Gegenwart steht; aber wenn wir eine solche Technologie nicht bloß im Labor entwickeln, sondern auch gesamtgesellschaftlich anwenden wollen, dann werden wir - und das ist der springende Punkt - vom herkömmlichen Menschenbild Abschied nehmen müssen; wir werden erkennen müssen, daß das einzig wirklich funktionierende Gemeinwesen eine Expertokratie ist, in der jedermann sich zu seinem eigenen Besten und zum Nutzen aller dem Standpunkt unterwirft, er sei ein Körper, dessen Verhaltensrepertoire nach wissenschaftlich ausgeklügelten Konditionierungsmethoden eingerichtet, kontrolliert und verändert werden soll. Für jene wissenschaftliche Verhaltensanalyse allerdings, auf der eine umfassende Technologie des Verhaltens einzig basieren kann, ist es nach Skinners Ansicht »unnötig, herausfinden zu wollen, in welcher Ordnung Persönlichkeit, Geisteszustände, Empfindungen, Wesenszüge, Pläne, Absichten, Intentionen oder all die anderen Voraussetzungen des ›autonomen Menschen‹ wirksam sind« (1973, S. 22). Das ganze Konzept des autonomen Menschen ist kein politisch neutrales - sowenig wie die fundamentalen Lehrsätze der Skinnerschen Verhaltensanalyse -, und dies ist der tiefere Grund, warum die Sozialingenieure von *Walden Two* jenes Konzept strikt ablehnen: Menschen, die einander als autonom Handelnde begegnen, werden nach einer Gemeinschaft streben, welche die Selbstbestimmung und Selbstbestimmtheit des Einzelnen nicht nur nicht negiert, sondern sogar zur Basis der gemeinsamen Willensbildung und überhaupt des sozialen Lebens macht; sie werden nach Formen des demokratischen Zusammenlebens streben, die Skinners Held T. E. Frazier, Leiter von »Walden Two«, abscheulich, weil vollkommen unvernünftig findet: »Und ich hasse auch den Despotismus der Demokratie!«, d.h. die Abhängigkeit nicht von dem, was Frazier für die wissenschaftliche Wahrheit hält, sondern von den vielfach wahrheitsfernen Mehrheitsentscheidungen der selbstbestimmten Einzelnen (Skinner 1972, S. 238).

Aus diesem Beispiel läßt sich erkennen, daß es eine Ebene des Konflikts zwischen der intentionalistischen und der naturalistischen Sichtweise menschlicher Aktivitäten gibt, auf welcher empirische Argumente keine Entscheidung mehr herbeizuführen vermögen; die Gründe, die für die gegensätzlichen Ansichten maßgeblich sind, erweisen sich - so lautet jedenfalls die Vermutung, die sich aus einer Tiefenanalyse ergibt - als Gründe pragmatischer Natur. Wenn dem aber so ist, dann läßt sich auch der entsprechende Konflikt in der Kriminologie nicht auf einen solchen verschiedener Interpretationsweisen, die sich durch Erfahrungsmaterien stützen oder widerlegen ließen, reduzieren. Vielmehr ist dann anzunehmen, daß hier ebenfalls ein Konflikt auf der Ebene der Konstitution des Gegenstandsbereiches selbst vorliegt und daß die für den Konflikt maßgeblichen Gründe pragmatischer Natur sind: welche *Sichtweise des delinquenten Handelns* man primär für adäquat hält, ist abhängig davon, welche *Form des Reagierens auf Rechtsbrüche* man primär befürwortet oder ablehnt. Offensichtlich ist, daß das klassische Strafideal und der damit unabdingbar verbundene Schuldbegriff den Intentionalismus und dessen Begriff der Autonomie des Handelns zur Voraussetzung haben (woraus noch nicht folgt, daß jenes Ideal die Idee des liberum arbitrium im Augustinisch-Kantischen Sinne impliziert). Und ebenso offensichtlich ist, daß die naturalistische Konzeption des Verbrechens als theoretischer Unterbau einer ablehnenden Haltung zur klassischen Straftheorie und einer Befürwortung von Formen der wissenschaftlich geleiteten Manipulation des Charakters und des Verhaltensrepertoires von Rechtsbrechern dient. Die Renaissance des Autonomiegedankens, die, nach dem partiellen Triumph des Naturalismus im Resozialisierungs- und Behandlungsgedanken, den kriminologischen Diskurs unseres Jahrhunderts prägte, hatte demgegenüber weniger die Funktion, den klassischen Schuldbegriff zu rehabilitieren, sondern Front zu machen gegen die inhumanen und politisch gefährlichen Aspekte der Pathologisierung von Kriminalität.

Wenn man nun aber nicht gerade ein Befürworter der Indienstnahme der Wissenschaft durch außerwissenschaftliche Zielsetzungen ist, d.h. wenn man nicht an der Zerstörung der Wissenschaft interessiert ist, dann muß man auf das eben Gesagte mit empfindlichem Unbehagen reagieren. Einerseits ist es ein übliches Verfahren im kriminologischen Argumentationsgeschehen, Sanktionstheorien immer auch zu rechtfertigen unter Bezugnahme auf das Wesen des Täters und das Wesen seiner Taten; andererseits scheint es für den Entwurf eines Bildes vom delinquenten Menschen auf einem grundlegenden Niveau nicht mehr eigentlich empirische Gründe zu geben, sondern bloß noch Gründe pragmatischer Natur: eben Voten für bestimmte Weisen des Sanktionierens. Wie kann man hoffen, sich jemals dieser schlecht-zirkulären Situation zu entwinden? Das Problem ist, daß man nicht recht sieht, wie eine Lösung hier aussehen könnte, und das heißt: Wir sind im Labyrinth der Kriminologie.

Diese prekäre Situation läßt sich auch am Beispiel moralistischer Handlungserklärungen demonstrieren (welche man nicht ohne weiteres als eine Variante intentionalistischer Erklärungen auffassen darf, denn es gibt auch naturalistische Erklärungsweisen, die sich der moralistischen Perspektive bedienen). Daß der Moralismus überhaupt systematische Bedeutung im Erklärungsgeschehen gewinnen kann, hat damit zu tun, daß aus dem stets unüberschaubaren Feld von Ursachen, die am Zustandekommen menschlicher Handlungen beteiligt sind, stets selektiert werden muß. Das jeweilige Selektionsprinzip gehorcht jedoch niemals rein theoretischen, sondern immer auch pragmatischen Überlegungen: was will man wissen, was darf als schon bekannt vorausgesetzt werden, zu welchem Zweck findet die Untersuchung statt? - das sind die Fragen, deren Beantwortung die Wahl eines Selektionsprinzips wesentlich beeinflußt. Nun kann es aber der Fall sein, daß das Explanandum, also das Gegebene, in seiner Erscheinungsform durch die systematische und umfassende Anwendung eines derartigen Prinzips nicht unerheblich mitbestimmt wird. Wenn das explanative Prinzip lautet ›Böse Handlungen haben böse Ursachen‹ und wenn ›böse Ursachen‹ heißt ›böse Ursachen im Subjekt des Handelns‹, dann entsteht ein Objektfeld, das sich z.B. von jenem der Delinquenten-als-kranker-Menschen nicht bloß in interpretativer Hinsicht unterscheidet. Der böse Delinquent und der kranke Delinquent haben nicht gleichsam einen gemeinsamen Nenner - den Delinquenten -, dessen Erscheinung sie auf je verschiedene Weise theoretisch beleuchten; vielmehr sind beide abhängig von einem unterschiedlichen Begriff des Delinquenten (einmal davon abgesehen, daß ›Delinquent‹ in jedem Fall ›Rechtsbrecher‹ meint). Der böse Delinquent, der intentionalistisch gedacht wird, ist ein autonomes Wesen; der kranke Delinquent hingegen ist auch dann, wenn seine pathogene Struktur in psychischen und mentalen Begriffen entfaltet wird, ein heteronomes Wesen; und es gibt da nicht noch ein basales Wesen - außer dem Körper, der sich verhält -, auf das sich die beiden Delinquentengestalten als ihnen gemeinsames *personales* Fundament beziehen ließen.

Doch das ist noch nicht alles und noch nicht einmal das Entscheidende. Der böse Delinquent ist nicht einfach der intentional und autonom handelnde Delinquent. Es gibt eine Weise der Verständlichmachung des von uns als moralisch falsch empfundenen Handelns, welche uns die Perspektive des Handelnden nahebringt und hierbei vornehmlich intentionalistisch verfährt, ohne dadurch die Schuld des Handelnden, die Bösartigkeit des Delinquenten zu fixieren. Daß, wer alles verstehe, alles verzeihe, heißt nicht, wer sich bemühe, ein möglichst umfassendes, tiefreichendes und einfühlsames Bild von der Situation des ›bösen‹ Akteurs zu entwerfen, müsse dessen Taten letzten Endes als heteronom gesetzte begreifen. ›Verzeihen‹ als jener Akt der Ent-schuldung, der auf einem Verstehen basiert, welches dem um Verstehen Bemühten schließlich die Einsicht ermöglicht, er hätte an des Anderen Stelle unter Umständen wie dieser gehandelt, ist keineswegs an dessen Entautonomisierung gebunden. Sonst müßte jeder ernsthafte Versuch, sich in die Lage des Anderen zu versetzen, damit enden, diesen als ›Opfer‹ oder als ›Produkt‹ zu begreifen, während wir ihn in Wahrheit oft als einen Menschen begreifen werden, der - wie wir selbst auch - unter sehr komplexen inneren und äußeren Konditionen, die vielerlei Arten von Druck und Begrenzung erzeugen, handelt, aber eben doch handelt und nicht bloß reagiert. Wenn man das böse Handeln des Anderen auf diese Weise glaubt wirklich verstanden zu haben, dann hat man dem Anderen auch ›verziehen‹, und zwar derart, daß man dessen böses Handeln als ein mögliches eigenes erkannt und anerkannt hat. Genau so eine Situation der Entschuldung *nicht* eintreten zu lassen, ist nun allerdings die Aufgabe des Moralismus im Erklärungsverfahren. Das kann dadurch erreicht werden, daß sich die explanative Bemühung nicht auf die infrage stehende Handlung überhaupt, sondern auf die *Handlung-als-böse* richtet. Die Handlung-als-böse ist - phänomenologisch betrachtet - nicht ein aus zwei grundsätzlich verschiedenen Bestandteilen zusammengesetzter Komplex; es gibt hier nicht die Handlung einerseits und ihre Bewertung als böse andererseits. Die Handlung-als-böse bildet im Blick des Moralisten eine ontische Einheit, und diese ist es, die zur Erklärung ansteht. Daraus folgt, daß dem Moralisten, der nicht die Handlung, sondern die Handlung-als-böse auf ihre Ursachen hin befragt, viele der Umstände, die der nicht-moralistisch Operierende zum Verständnis der Handlung für wesentlich hält, als vollkommen belanglos erscheinen werden. Die Handlung-als-böse hat *böse* Ursachen als ihre *wahren* Ursachen; alles andere ist nebensächlich.

Deshalb wird, wo die moralistische Perspektive dominiert, Gezeter losbrechen, wann immer die delinquente Handlung-als-böse zur delinquenten Handlung ethisch verdünnt wird und diese nun den Gegenstand der Verständnisbemühungen bildet. Mittelstädts Klage über die »Criminalpsychologie« und über den »gefühlseligen Brei von mattherzigem, stimmungsvollen, phrasenreichen, spießbürgerlichen Moralismus und Humanismus« ist die typische, gereizte Stellungnahme des Moralisten anläßlich der ersten Versuche, den Block der Handlung-als-böser auseinanderzubrechen, um ein breiteres Feld möglichen Verstehens konstituieren zu können. Man sieht also, wie sich das Gegebene selbst ändert im Übergang von der moralistischen Erklärungsperspektive zu Perspektiven nicht-moralistischer Art: an die Stelle der Handlung-als-böser treten andere ontische Einheiten, und auch hier ist die Frage, welche der Perspektiven, insofern sie miteinander konkurrieren, denn nun die richtige sei, mit empirischen Argumenten nicht triftig zu beantworten.

Noch ein Punkt ist im Zusammenhang mit dem Komplex moralistischer Handlungserklärungen wichtig - ein Punkt, der mehr Beachtung verdiente, als ihm bisher zuteil wurde: Das moralistische Syndrom kennt nicht bloß zwei kausal miteinander verknüpfte Reihen, die Reihe der bösen Handlungen und die Reihe der bösen Ursachen *im* Subjekt. Man ist zunächst geneigt, diese zwei Reihen als für das moralistische Denken kennzeichnend zu halten. Denn das, was an einer Handlung böse ist und als böse dem Handelnden zugerechnet werden kann, muß doch wohl im Bereich von dessen autonomer intentionaler Subjektivität zu suchen sein! Aber eine solche Auffassung berücksichtigt zuwenig den archaischen Charakter des moralistischen Impulses, der auch noch tief in der Wahrnehmungsweise einer Handlung als jener ontischen Einheit wurzelt, die *Objekt-plus-Wert* ist. Die Diffusion von Sachen und Werten, die schließlich zu der Vorstellung eines prinzipiellen ontologischen und epistemischen Auseinanderklaffens von ›Sein und Sollen‹ führt, ist ein typisch postarchaisches Phänomen. Aber obwohl wir zu wissen glauben, daß den Dingen keine Werte inhärieren, *sehen* wir die Dinge doch häufig noch als Objekte-plus-Wert, und unter der Bedingung einer großen emotionalen und ideologischen Erhitzung kann es geschehen, daß sich die Objekte-plus-Wert nach den Gesetzen des Mythos organisieren. Auf diese Weise sind wir weiterhin von einer Archaik des Bösen bedroht, in welcher die grundlegende Symbolkategorie der *Unordnung*, die zugleich das Zentrum und der Quell des Bösen ist, so disparate Dinge wie die (wilde, dämonische) Natur, die Krankheit, das Weibliche, das Verbrechen - im Gegensatz zu den Ordnungskategorien: Kultur, Gesundheit, Männlichkeit, Gesetzestreue - affiziert und zu einem Symbolfeld zusammenschließt (am Beispiel der Kriminalanthropologie Lombrosos wird dieser Vorgang ausführlich analysiert werden). Weil dem aber so ist, hat die moralistische Perspektive im Bereich der Kriminologie ein viel weiteres Feld, als es die genannten beiden Reihen eröffnen. Die Frage, wie es passieren konnte, daß in der forensischen Psychiatrie des 20. Jahrhunderts sich ein Wesen konstituiert, das zugleich krank ist und böse, ein Wesen, das böse ist, *weil* es abnorm und krank ist - der sogenannte Psychopath -, findet hier eine Antwort: der Blick des forensischen Psychiaters auf den Verbrecher, genauer, auf Verbrecher eines bestimmten Typs, Verbrecher, die im Betrachter sehr intensive Abwehr- und Rache-Impulse auslösen, unterliegt der Archaik des Bösen. Diese ermöglicht es, die böse delinquente Handlung auf hochselektive Weise als Ausfluß einer bösen Krankheit, einer Abnormität der Seele oder des Gemüts, wahrzunehmen.

So also ist das Gegebene in der Kriminologie, soweit es sich dabei um den Rechtsbrecher und sein Tun handelt, keineswegs immer das, was der Kriminologe vorfindet, oder besser gesagt: das, was er vorfindet - Menschen und Handlungen, die er zunächst gemäß den Standards des Common sense erfährt und begreift -, wird im Prozeß der kriminologischen Exploration nicht bloß verschieden interpretiert, sondern in gewisser und mitunter radikaler Weise auch neukonstituiert. Wenn die bisherige Analyse naturalistischer, intentionalistischer und moralistischer Erklärungsperspektiven korrekt ist, dann besteht das Rationalitätsproblem der Kriminologie darin, daß die Gründe für die Wahl einer dieser Perspektiven niemals nur empirische sein können, sondern immer auch pragmatische sein werden, daß aber die letzteren Gründe zugleich immer die *falschen* sind im Hinblick darauf, was sie *begründen* sollen. Denn es kann doch wohl nicht mehr als ein schlechter Witz sein, daß unsere Vorliebe für eine bestimmte Weise, mit Rechtsbrechern umzugehen, ein guter Grund für die Behauptung zu sein vermöchte, eine bestimmte theoretische Konzeption des Rechtsbrechers und seines Handelns sei die richtige! Weil dies bloß ein schlechter Witz wäre, wird im kriminologischen Diskurs denn auch zumeist genau umgekehrt argumentiert; aber, wie wir gesehen haben, eine derartige Argumentation ist, wenn sie sich auf fundamentale konzeptuelle Sichtweisen bezieht, irreparabel mangelhaft.

Das Labyrinth der Kriminologie

Wir sind im Labyrinth, doch wir sind nun in der Lage, ein wenig besser zu erkennen, wodurch es sich selbst konstituiert:

Zunächst ist da das Phänomen der – juristisch gesprochen – Dispositionsfähigkeit, ein Phänomen, das uns allen aus dem Alltag unseres Tuns und Lassens gut vertraut ist. Wir haben, wenn wir ein Verhalten an den Tag legen, sehr häufig die Evidenz, der Urheber unseres Verhaltens zu sein. Aus dieser Situation ergibt sich das Grundlegende des Unterschieds zwischen naturalistischen und intentionalistischen Erklärungen: die Ursachen, die im intentionalistischen Teil einer Handlungserklärung auftreten, müssen der Bewußtseinskontrolle von mir, als dem Urheber meiner Handlung, unterliegen; nichts dergleichen gilt für die Ursachen des naturalistischen Erklärungstyps.

Es ist immer wieder behauptet worden, um das Problem von Verantwortlichkeit und Schuld zu lösen, brauchte nicht entschieden zu werden, ob der Mensch frei sei oder nicht, ob die Evidenz der Autonomie eine bloße subjektive Illusion des Handelnden sei oder einen mehr als bloß subjektiven Sachverhalt anzeige. Aber selbst wenn diese Behauptung zuträfe, bliebe es doch eine Tatsache, daß kein Diskurs, der um das Handeln des Menschen kreist, mag er das Problem der Verantwortlichkeit lösen wie er will, um das Problem der Autonomie des Handelns herumkommt. Denn solange hier überhaupt ein Diskurs stattfindet, wird er beschreibend und erklärend menschliches *Handeln* zum Gegenstand haben und dadurch eine Perspektive einnehmen, die bereits eine Entscheidung hinsichtlich der Autonomiefrage impliziert. Es gibt keine Art der Beschreibung menschlichen Handelns (es sei denn, man untersucht bloß dessen physischen Aspekt und also nicht das Handeln selbst), die sich zur Frage der Autonomie neutral verhielte. Es hat nur insofern einen Sinn zu postulieren ›Untersuchen wir diese Handlung ohne Rücksicht darauf, ob eine Person als ihr Urheber zu denken ist oder nicht!‹, insofern uns die Handlung im Augenblick nicht *als* Handlung interessiert, sondern z.B. bloß als ein körperliches Ereignis in Raum und Zeit, mit dem andere körperliche Ereignisse in Raum und Zeit auf notwendige oder kontingente Weise verbunden sind. Wenn man aber sagen wollte ›Die Körperereignisse *sind* die Handlung‹, dann hätte man sich bereits für eine bestimmte Lösung des Autonomieproblems entschieden.

Damit ist ein Teil des kriminologischen Labyrinths konstituiert: wer immer sich um ein Verständnis des delinquenten Handelns bemüht, kommt um das Autonomieproblem nicht herum; doch dessen Natur ist rätselhaft. Es gibt eine Ebene, auf der wir, jedenfalls in bestimmten eindeutigen Fällen, zwischen autonomen und heteronomen Handlungen empirisch entscheiden zu können glauben. Ist es nicht eindeutig - und zwar aus empirischen Gründen eindeutig -, daß derjenige, der unter hypnotischer Suggestion handelt, nicht autonom handelt? Aber diese empirische Fragestellung verweist beharrlich auf eine andere, die der Naturalismus im Auge hat: Ist nicht *alles* Handeln bewirktes Handeln, und ist nicht die Vorstellung, wonach die Person als selbst nicht mehr bewirkter Urheber gewisser Handlungen fungiert, eine bloß krause metaphysische Idee? Wie sollen wir uns zu dieser Frage stellen? Dürfen wir sagen, sie brauche uns auf der ersten, der empirischen Ebene noch gar nicht zu interessieren? Oder stellt sich nicht gerade auf dieser Ebene das Problem, was wir denn eigentlich meinen, wenn wir darauf beharren, eine Handlung sei *nicht* heteronom?

Zur Verdeutlichung des Rätsels, mit dem wir es hier zu tun haben, sei jener Lösungsvorschlag des Freiheitsproblems kurz bedacht, der auf Argumente von David Hume und Thiry d'Holbach zurückgeht. Demnach wären die Begriffe des autonomen und des heteronomen Handelns empirische Begriffe, die nichts weiter als einen Unterschied in der Art der Verursachung des Handelns anzeigten - einen Unterschied, der sich in jedem Fall auf empirische Ursachen bezöge und nicht auf eine unanalysierbare und im übrigen mysteriöse Instanz wie ›die Person‹, die außerhalb der Reihe der empirischen Ursachen (welch letztere ja selbst wieder Wirkungen anderer Ursachen sind) stünde. Auf die Frage, welche Eigenschaft handlungsdeterminierender Faktoren es denn sei, die die Autonomie und damit auch die Verantwortlichkeit der handelnden Person ausschließe, lautet die Antwort im Rahmen jenes Lösungsvorschlags: gewiß nicht der *Wirk*charakter der Faktoren als solcher, sondern ihr *Zwangs*charakter. Genauer gesagt und mit den späteren Proponenten des Lösungsvorschlages gesprochen: nicht jene Art des Zwangs, die vorliegt, wenn man von jemandem sagt ›Er hätte auch Widerstand leisten können, aber so etwas war von ihm nicht zu verlangen (denn sein Leben stand auf dem Spiel)‹, sondern der Zwang, der uns zu dem Urteil bewegt ›Er hätte nicht anders handeln können‹.

Aber was ist das Kriterium des Nicht-anders-handeln-Könnens? Sehr klar hat hierauf zunächst Moritz Schlick in seinem Buch *Fragen der Ethik* (1930, Kap. 7) geantwortet: Man ist nur dann berechtigt zu sagen, jemand konnte nicht anders handeln, als er handelte - wiewohl, wann immer jemand handelt, er möglicherweise mit Notwendigkeit handelt -, wenn keine vernünftige Wahrscheinlichkeit besteht, daß *moralischer* Tadel und auf moralischem Tadel basierende Sanktionen das Handlungssubjekt davon abhalten könnten, unter vergleichbaren Umständen wieder so zu handeln, wie es gehandelt hat. Wir sehen hier deutlich die schon früher bemerkbar gewordene Bewegung: Es gibt (1) ein empirisches Freiheitsproblem, das doch nicht vollends eines ist; denn es wird tangiert durch die naturalistische Herausforderung, die in der Frage gipfelt: Konstituiert nicht jede empirische Ursache, wenn sie als Handlungen mit Notwendigkeit herbeiführend *erkannt* wird, Zwang, so daß, wenn alles mit Notwendigkeit geschähe (was doch niemand ausschließen kann), die Trennung zwischen Notwendigkeit und Zwang keinen Unterschied in der Sache, sondern nur einen solchen in der Dimension des Erkennens beträfe? - eine Frage, die (2) das Freiheitsproblem in den Strudel der Metaphysik hineinzieht, aus dem es (3) erst durch eine pragmatische Überlegung (die Bindung der Freiheit der Person an deren Beeinflußbarkeit durch moralischen Tadel und darauf beruhender Strafe) wieder befreit werden kann. Nun impliziert aber die Idee der Moral und des moralischen Tadels schon immer die Idee der Freiheit, im Unterschied zu der Idee der Verhaltensmanipulation durch die Verabreichung aversiver Stimuli, die, wie elektrische Schläge usw., etwas ganz anderes sind als das Erheben von Vorwürfen. Daher erscheint es als eine petitio principii, den Freiheitsbegriff analysieren zu wollen unter Verwendung pragmatischer Argumente, die durch ihre Bezugnahme auf Sanktionen mit moralischem Anspruch das zu Analysierende - den Freiheitsbegriff - schon voraussetzen. Das Problem der Freiheit ist rätselhaft, und der kriminologische Diskurs kann sich seiner nicht entledigen, auch dann nicht, wenn er mit Metaphysik partout nichts mehr zu schaffen haben möchte.

Autonomie des Handelns spielt überall dort eine Rolle, wo menschliche Aktivitäten zur Diskussion stehen; aber nicht überall wird das damit zusammenhängende Problem der Schuld aus moralisch falschem Handeln in der Weise thematisch werden, wie es für die Kriminologie typisch ist. Obwohl sich diese seit ihrem Entstehen bemüht, nichts als Wissenschaft zu sein, unterliegt sie nicht nur der Herausforderung des Naturalismus (was für die Verhaltenswissenschaften insgesamt zutrifft), sondern auch der des Moralismus - womit das zweite Problem, das für die Entstehung des kriminologischen Labyrinths maßgeblich ist, in den Blick gerät: die Frage nach dem Wesen des Bösen. Gewiß ist nicht jedes kriminelle Handeln ein im moralischen Sinne böses; aber es läßt sich nicht leugnen, daß es keineswegs der ethisch mehr oder minder neutrale Gesetzesbrecher war, dessen Handlungen eine Wissenschaft vom Verbrechen, wie sie sich im späten 19. Jahrhundert zu formieren begann, als dringlich erscheinen ließen, sondern die Gestalt des Verbrechers im emphatischen Wortsinn, d.h. die Gestalt des böse handelnden, weil *böse seienden* Menschen. Die Kriminologie als Wissenschaft steckt derart von Anbeginn tief im Mythos, denn jene Gestalt ist ein Objekt-plus-Wert. ›Das böse Handeln hat böse Ursachen im Subjekt‹ - dies war die Lehre Lombrosos, und dies ist die Lehre vieler Kriminologen noch heute.

In der zivilisierten Welt, wo Anpassungsfähigkeit und Diskursivität zu den zentralen Werten gehören, ist das Böse definiert als das Wilde und das Unansprechbare, und die Imago des Verbrechers zeigt uns einen Menschen, der seine Impulse nicht beherrschen kann, der unbelehrbar ist durch Lob wie durch Tadel. Weil Lombrosos Kriminologie am Leitfaden dieser Imago operiert, war für sie das Ursachenfeld der Delinquenz durch ein Wert-Objekt *a priori* determiniert; andere Ursachenfelder erschienen in dem Maße, in dem sie sich der Imago des Bösen nicht einfügten, als arbiträr. Was für Lombroso galt, das gilt nun aber für den sogenannten ätiologischen Erklärungsansatz in der Kriminologie überhaupt. Indem dieser Ansatz die Ursachen der Delinquenz im delinquenten Subjekt sucht und findet, ist er, zumeist vermutlich gegen den Willen seiner Befürworter, von der Archaik des Bösen bedroht.

Die anti-ätiologische Soziologie des abweichenden Verhaltens und besonders deren radikale Vertreter (im deutschen Sprachraum z.B. Fritz Sack und Wolfgang Keckeisen) lassen sich besser verstehen, wenn man ihre Behauptungen auch als Ausdruck der Bemühungen würdigt, das kriminologische Objekt-plus-Wert, d.h. den ›Verbrecher‹, endgültig aus der Wissenschaft zu vertreiben. Demnach müßte die Kriminologie, will sie sich der Archaik des Bösen ohne Rest entschlagen, das Verbrechen ganz vom Verbrecher abziehen, die Konstitution des Verbrechers nicht auf der Seite des Verbrechers, sondern auf der Seite derer suchen, die vom Verbrecher als einem vorgegebenen Objekt reden, während sie ihn in Wahrheit stets erst erzeugen - auf der Seite der Law-and-Order-Bürokraten und ihrer Agenten. Die Idee des *labeling* ist, so gesehen, wesentlich auch die Idee der Entontologisierung des Verbrechens: wo es die Entität ›Verbrecher‹ bloß noch als Produkt einer symbolischen Etikettierung - an die sich vielerlei reale Folgen knüpfen - gibt, dort ist das Wesen des Bösen ein flatus vocis, nicht mehr. Und so ist es vielleicht nicht allzu übertrieben, wenn man die Idee des *labeling* in ihren radikalen Spielarten als Ausdruck der Bemühung charakterisiert, die Wissenschaftswerdung der Kriminologie dadurch zu betreiben, daß man sie ihres Gegenstandsbereiches entledigt.

Die ätiologische Kriminologie kennt freilich Versuche, die Wert-Gestalt des Verbrechers durch andere Gestalten zu ersetzen, die die Funktion haben, das delinquente Individuum zu entdämonisieren oder aber die gesetzestreuen Bürger mit der Möglichkeit ihrer eigenen Dämonie vertraut zu machen. In jedem Fall geht es bei solchen Versuchen um die Humanisierung von Delinquenz: der kriminelle Mensch sei ein Mensch wie jeder andere auch, Kriminalität sei normal. Aber derartige Konstruktionen entkommen der Archaik des Bösen nicht, denn ihr Wahrnehmungsinteresse ist ebenso an einem Objekt-plus-Wert orientiert wie die Konstruktionen, in denen der Verbrecher als abnorme Persönlichkeit fungiert. Das Objekt-plus-Wert der humanisierenden Entwürfe ist entwickelt am Leitfaden der Komplementarität: der Verbrecher wie du und ich ist das Gegenteil der normativen Figur des Verbrechers-aus-bösem-Wesen. So ist nicht ohne weiteres zu entscheiden, ob eine Kriminologie ohne Archaik des Bösen möglich ist, denn es läßt sich in der Tat keineswegs auf den ersten Blick ausschließen, daß eine Kriminologie ohne Objekt-plus-Wert nicht letzten Endes eine Wissenschaft ohne Gegenstandsbereich wäre. Denken wir an die zum Teil megalomanisch anmutenden Vielfaktorenuntersuchungen über Kriminelle und ihre Milieus: Von diesen Untersuchungen läßt sich sagen, daß sie, verglichen mit anderen, ›theoretischeren‹ Entwürfen über die Entstehungsbedingungen von Kriminalität, am allerwenigsten einem Selektionsprinzip, dessen Evidenz an der Wahrnehmung eines Objekts-plus-Wert hängt, verpflichtet sind; doch die Korrelationshuberei dieser Untersuchungen ist womöglich Merkmal eines Zerfallsprozesses. Da hängt vieles mit vielem zusammen und vieles mit vielem auch wieder nicht; aber was war es eigentlich, was man wissen wollte? Es scheint, als ob mit dem Objekt-plus-Wert auch der Gegenstand der Betrachtung, also das ›Gegebene‹, dasjenige, auf das einzelne Faktoren kausal bezogen werden könnten, verloren zu gehen droht; es scheint, als ob sich zum Schluß der Gegenstand selbst in eine Vielzahl von Faktoren aufzulösen beginnt und damit als Zurechnungspunkt möglicher Ursachen allmählich verschwindet. In diesem *Verlust des explanativen Kerns*, der nichts anderes ist als der Verlust des Objekts-plus-Wert, ist wohl auch der tiefere Grund für den Vorwurf der Theorielosigkeit zu erblicken, der den Mehrfaktorenuntersuchungen in der Kriminologie von deren Kritikern oft gemacht wurde. Aber das alles sind nur Vermutungen, deren Sinn sich erst durch das Folgende, und auch durch das Folgende nur zum Teil und nur mangelhaft, weiter erhellen wird.

II
Der Mythos als Wissenschaft

Homo Delinquens

Die Gewalt des Lichtes

Rückblickend schilderte Lombroso, als dessen »großes und unbestrittenes Verdienst« es gilt, »daß er – den Geistesströmungen des 19. Jahrhunderts folgend – *den Verbrecher zum Objekt wertfreier, reiner Tatsachenforschung* gemacht hat« (Herren 1973, S. 119), den Augenblick seiner entscheidenden, die Kriminalanthropologie als Wissenschaft begründenden Entdeckung folgendermaßen:

»Das war nicht nur ein Gedanke, sondern eine Offenbarung. Beim Anblick dieser Hirnschale glaubte ich ganz plötzlich, erleuchtet wie eine unermeßliche Ebene unter einem flammenden Himmel, das Problem der Natur des Verbrechers zu schauen – ein atavistisches Wesen, das in seiner Person die wilden Instinkte der primitiven Menschheit und der niederen Tiere wieder hervorbringt. So wurden anatomisch verständlich: die enormen Kiefer, die hohen Backenknochen, die hervorstehenden Augenwülste, die einzelstehenden Handlinien, die extreme Größe der Augenhöhlen, die handförmigen oder anliegenden Ohren, die bei Verbrechern, Wilden und Affen gefunden werden, die Gefühllosigkeit gegen Schmerzen, die extrem hohe Sehschärfe, die Tätowierungen, die übermäßige Trägheit, die Vorliebe für Orgien und die unwiderstehliche Begierde nach dem Bösen um seiner selbst willen, das Verlangen, nicht nur das Leben in dem Opfer auszulöschen, sondern den Körper zu verstümmeln, sein Fleisch zu zerreißen und sein Blut zu trinken«.[4]

Die Hirnschale, die Lombrosos Geist in Flammen setzte, war diejenige des berühmten Räubers Vilella. Diese Hirnschale wies, tief in ihrem Inneren verborgen, ein anatomisches Detail auf, das sich bisher vor allem bei niederen Säugern, jedoch niemals noch bei einem Menschen gefunden hatte: eine mittlere Hinterhauptsgrube, die sogenannte Fossa occipitalis media, welche bei den höheren Säugern - nach den Worten Kurellas (1893, S. 20) - »in einer durch Auseinanderweichen der crista occipitalis interna gebildeten, meist dreieckigen Grube [besteht], die den hypertrophischen unteren Wurm des Kleinhirns aufnimmt« (*Abb. 1*).

Die Offenbarung der Fossa occipitalis media, die Lombroso dank Vilellas Schädelknochen zuteil wurde, gilt heute den meisten Kommentatoren als die Geburtsstunde der wissenschaftlichen Kriminologie. Die Offenbarung hatte zum Inhalt: der Verbrecher ist kein Homo sapiens; er ist eine anthropologische Varietät, ein Homo delinquens.

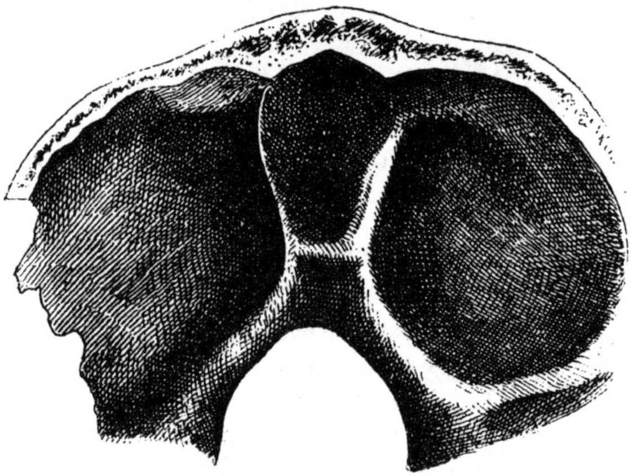

Abbildung 1
Hinterhauptsbein mit ausgeprägter Fossa occipitalis media
Quelle: Kurella, *Naturgeschichte des Verbrechers*, 1893

Delitto naturale

Was Lombroso am delinquenten Menschen zu fassen kriegen möchte, ist weder dessen Zurichtung durch ein gesellschaftliches Außen, noch die verbrechenskonstitutiven Handlungsgeflechte, innerhalb welcher aus Menschen Delinquenten werden, sondern jene abstrakte Entität ›Das Verbrecherische‹, unter deren Bann sich das

Handeln vollzieht, das *seiner Natur gemäß* verbrecherisch ist. Eine solche Stoßrichtung schließt nicht, wie manche Kritiker meinten, eine relationale Kriminalitätsanalyse vom Prinzip her aus, aber sie macht es erforderlich, das Relationale am Verbrechen entweder als dessen bloße Oberflächengestalt (deren ätiologischer Tiefenkern erst freizulegen wäre) zu begreifen oder als Anzeichen dafür, daß überhaupt kein ›echtes‹ Verbrechen vorliegt.

Lombrosos Unterscheidung (1902, S. 39) zwischen atavistischer und evolutiver Kriminalität - wobei er letztere erst erfindet, als die erstere bei seinen gelehrten Kollegen schon zunehmend in Mißkredit geraten ist - spiegelt denn auch deutlich das Bemühen wider, Echtes und Unechtes in der Gesamtmasse der Verbrechen zu sondern. Was echt am Verbrechen ist, das schafft sich Bahn im gesellschaftlichen Gefüge gleich einer kaum zu bändigenden Naturkraft; ja es gilt, »daß das Verbrechen eine Naturerscheinung, ein notwendiges (philosophisch gesprochen) Phänomen wie Geburt, Tod, Empfängnis darstellt« (ebd., S. 338). Verbrechen als Natur heißt bei Lombroso ›atavistisch‹, da es den Einbruch animalischer Triebhaftigkeit in das zivilisierte Leben bedeutet. Demgegenüber wäre eine kriminelle Verhaltensweise dann als ›evolutiv‹ zu bezeichnen, wenn ihre Motivierung der Kompliziertheit und Fragilität zivilisierter Verkehrsformen angepaßt ist. So repräsentieren denn auch die »höheren Klassen« das »wirklich moderne Element« der Kriminalität, während dieses Element bei den niederen Klassen, deren Denken und Fühlen nach dem Willen Lombrosos im Durchschnitt zurückgeblieben ist, vom Kriminologen nur selten angetroffen wird (ebd., S. 45). Das evolutive Verbrechen ist kein echtes: es hängt an Umständen, dem Milieu, woran zuallererst Kultur und Zivilisation, die veränderbar sind, ihren Anteil haben; es fällt also, strenggenommen, überhaupt nicht unter ›das Verbrechen‹, denn dieses ist notwendig wie der Tod.

Der Gebrauch der Worte ›echt‹ und ›unecht‹ möchte hier mehr sein als ein Spiel mit Worten. Er zielt darauf ab, daß Lombroso und seine Schule, die sich die positive nannte, den Verbrechensbegriff aus seiner positiv-rechtlichen Bindung zu lösen trachteten. Verbrechen soll nicht einfach sein, was der Gesetzgeber so nennt. Dies Postulat hat die positive Schule, welche alles, was ihr metaphysisch dünkte, sogleich dem finsteren Mittelalter zuschlug, mit der Naturrechtsmetaphysik gemein. Wie jene waren Lombroso und die Seinen von der

Überzeugung beseelt, es gebe eine rechtsunabhängige Erkenntnis dessen, was ein Verbrechen ist. Und wie die Naturrechtslehre, zumal die sogenannte rationale, glaubte ein gewichtiger Teil der kriminalanthropologischen Bewegung, solche Erkenntnis könne aus der Untersuchung der Natur geschöpft werden, freilich nicht mehr der Natur, wie sie dem 18. Jahrhundert als ein Kosmos des Wahren, Guten, Schönen noch einmal emphatisch vorschwebte. Lombrosos Natur ist nicht mehr die Quelle des Lichts, vielmehr »das Beispiel der unerbittlichsten Gefühllosigkeit und größter Unsittlichkeit« (HD I, S. 2). An die Stelle des natürlichen Rechts tritt nun, nach einer Prägung aus Garofalos *Criminologia* (die zuerst 1885 erschien), das *delitto naturale*, das natürliche Verbrechen. Während jedoch Garofalo meinte, eine überpositive Definition des Verbrechensbegriffes sei zu finden durch das induktive Studium der ablehnenden Gefühlsreaktionen, die sich bei den Menschen in allen Kulturen und zu allen Zeiten anläßlich bestimmter, als unmoralisch erlebter Handlungen regelmäßig einstellten (wobei er um eines möglichst einfachen Verbrechenskriteriums willen alle hier infrage kommenden Sentiments in zwei Gruppen, dem Gefühl der Unredlichkeit und dem Gefühl der Mitleidlosigkeit oder Unmenschlichkeit, zusammenfaßte)[5], basiert im Gegensatz dazu Lombrosos Verbrechensbegriff auf einer sich als darwinistisch vorführenden Dämonologie der Natur.

Der erste Teil des *Uomo delinquente* ist betitelt »Uranfang des Verbrechens« und das erste Kapitel nennt schon in der Überschrift den Zusammenhang, auf den hier alles ankommt: »Das Verbrechen und die niederen Organismen«. Lombrosos phylogenetischer Horizont reicht weit über jenen hinaus, der von heutigen Professionisten des Vergleichs tierischer Verhaltensweisen mit solchen des Menschen als legitim erachtet wird; der von Konrad Lorenz geprägte Begriff des moralanalogen Verhaltens findet vorzüglich Anwendung auf Wirbeltiere und Säuger, jedenfalls aber bleibt er auf die animalischen Erscheinungsformen des Lebens beschränkt. Eine solche Beschränkung wäre für Lombroso unannehmbar gewesen. Die Dämonologie der Natur erfordert, daß mit dem Leben selbst das Verbrechen in die Welt kommt, und so erklärt Lombroso nicht nur die Zoologie zur Grundlage der Kriminalanthropologie, sondern entnimmt auch der Botanik noch unverzichtbares kriminologisches Material. »Auf den ersten Blick scheint die Aufgabe sehr leicht; ja, wenn man mit der gewöhnlichen Kurzsichtigkeit menschlicher Urtheile einen oberflächlichen Blick auf die Naturerscheinungen wirft, so möchte man sagen, die Handlungen, die uns als die verbrecherischsten gelten, seien im Gegentheil vollkommen regelrecht, so sehr sind sie verbreitet und häufig unter den Thierarten und selbst unter den Pflanzen« (HD I, S. 2). Im Gegensatz zu dem, was der Wortlaut des Zitates vermuten läßt, geht Lombrosos Bemühen nun aber dahin, der gewöhnlichen Kurzsichtigkeit menschlicher Urteile über die Naturerscheinungen alle erdenklichen Argumente zu liefern. Betrachtet werden unter den Pflanzen vorzüglich die insektenfressenden, denn diese »verüben an den Insekten wahre Morde«, Verbrechen also, deren ausführliche Darstellung in einem Buch über den Verbrecher in anthropologischer, ärztlicher und juristischer Beziehung mit den Worten begründet wird: »Diese Thatsachen, in denen ich das erste Aufdämmern verbrecherischen Wesens zu erblicken glaube, erwähne ich so eingehend, weil man hier vielleicht, bei Unbekanntschaft mit ihrer absoluten Abhängigkeit von den histologischen Bedingungen, Vorbedacht, Hinterhalt, Tödtung aus Habsucht und gewissermaßen auch jene Freiheit der Wahl (Verschmähung kleiner Insekten und stickstoffloser Substanzen) vermuthen könnte, welche von vielen Seiten irrthümlicher- und phantastischerweise zur Grundlage der Verantwortlichkeit gemacht worden ist« (HD I, S. 4).

Was hier auf den ersten Blick gesagt zu werden scheint, nämlich: daß es unzulässig wäre, die Vorgänge im Reich der Orchideen mit anthropomorphen Attributen auszukleiden, verwandelt sich auf den zweiten Blick in ein Argument für die Ent-Anthropomorphisierung menschlicher Verhaltensweisen. Die Tatsache, daß Menschen mit Vorbedacht und »gewissermaßen« zwischen Alternativen wählend handeln, begründet demnach gerade keinen Wesensunterschied zwischen ihnen und den anderen Lebewesen. Die Idee der Verantwortlichkeit kraft der Freiheit des Wollens - jener Freiheit, die nach überkommener Meinung die wahre differentia specifica zwischen menschlichen und nichtmenschlichen Verhaltensweisen repräsentiert - ist ein Irrtum schlechthin. Das macht schließlich die Handlungen der Menschen vergleichbar mit denen der Tiere, ja sogar mit den koordinierten und teleonomen Bewegungsabläufen bei Pflanzen; zwar stimmt es, daß - zum Beispiel - die Genlisea ornata, die nach Darwins Beschreibung (1876, S. 404) kleine Tierchen in ähnlicher

Weise fängt wie die Fischer ihre Beute mit der Aalfalle, dies nicht mit Vorbedacht tut, aber sie tut es auf analoge Weise: agierend unter der Herrschaft der Naturgesetze (HD I, S. 3). »Die menschliche Willensthätigkeit«, heißt es bei Ferri (1896, S. 224), »ist nur die letzte und verwickeltste Form der animalischen Thätigkeit überhaupt; von einem niedersten Anfange, der einfachen Irritabilität der niedersten Organismen, der Amöben, bis zu der höchsten Entwickelungsstufe, der einer planmäßigen Überlegung entspringenden menschlichen Willenshandlung, führt eine zusammenhängende Reihe von Stufen und Graden, die einer freien sittlichen Willenskraft nirgends, auch nicht in der Menschenwelt, Raum läßt«. Es braucht hier wenig zu interessieren, ob - wie Ferri meinte - der metaphysische Determinismus unausweichlich die Lehre von der Epiphänomenalität des Psychischen nach sich zieht oder ob dies nicht vielmehr erst ein Dogma des Materialismus ist; wichtig scheint, daß der materialistische Determinismus, zu dem die positive Schule der Kriminologie insgesamt tendiert, den Menschen restlos in Natur aufgehen läßt. So wird es möglich, selbst noch hochkonventionelle Begriffe wie den des Verbrechens in die Betrachtung insektenfressender Pflanzen mit aufzunehmen.

Dadurch allerdings verbindet sich die Naturalisierung des Menschen kehrterhand mit einer Kulturalisierung der Natur. Dieser Vorgang wird besonders deutlich, wo Lombroso sich über die Verbrechen der Tiere ausläßt. Unter den einundzwanzig animalischen Deliktstypen, die er unterscheidet, sind viele, die weniger aus dem Affekt geboren zu sein scheinen als aus einem planvollen Kalkül (wie der Diebstahl, der Betrug, der Ehebruch). Als Anhänger der Lehren von Darwin beteuerte Lombroso gelegentlich, daß jene teleonomen Verhaltensweisen unter den Tieren, die er als verbrecherisch qualifizierte, ein Ausleseprodukt des Daseinskampfes seien. Ein Problem der darwinistischen Sichtweise des Tierverbrechens jedoch mußte sich für den Kriminalanthropologen von der Verfassung des Homo delinquens her ergeben. Dieser durfte ja nicht sein, als was ihn Nietzsche (Werke II, S. 1021) pries - »ungefähr als aus dem besten, härtesten, wertvollsten Holze geschnitzt« -; er mußte ein halbnärrischer Kretin sein, ein moralisch Schwachsinniger, eine abscheuliche Monstrosität der Natur, krank und verwerflich zugleich. Das natürliche Verbrechen kann daher nicht klaglos als eine Tugend des *fittest of sur-*

vival vorgeführt werden - ein Umstand, der Lombroso dazu zwingt, die darwinistische Perspektive auf empfindliche und tendenziell widersprüchliche Weise zu durchbrechen: viele der bestialischen Verbrechen hätten schon im Tierreich keine Funktion im Dienste der Arterhaltung, sondern richteten sich auf deren Gegenteil, obwohl die Häufigkeit ihres Auftretens den Beobachter dazu veranlassen könnte, sie als normal zu bezeichnen (HD I, S. 11). Dem Leben selbst scheint ganz unabhängig von den Erfordernissen des Daseinskampfes ein Hang zur Gewalt, zur Destruktion, zur exzessiven Verausgabung von Energien innezuwohnen. Dies zu pointieren war nicht zuletzt auch Nietzsches Absicht gegen den Darwinismus und dessen Ökonomie der Vernichtung, welche nicht ahnen lasse, »wie auf dem Gierigen, dem Unersättlichen, dem Ekelhaften, dem Erbarmungslosen, dem Mörderischen der Mensch ruht, in der Gleichgültigkeit seines Nichtswissens und gleichsam auf dem Rücken eines Tigers in Träumen hängend« (Werke III, S. 271). Während jedoch Nietzsche, der Umwerter aller Werte, den Gewaltüberschwang des Lebens als dessen höchste Gesundheit preist und zum höchsten Wert, auch dem der Moral, erhebt, wird für Lombroso und die um ihn gescharten Apologeten von Recht und Ordnung das sich verschwendende Leben mit seinem Überschuß an Wildheit und Zerstörungslust zum Ursprung des Bösen in der Welt. Lombrosos Darwinismus ist ein dämonologisch verzerrter, Produkt einer Kontamination zweier, miteinander unverträglicher Auffassungsweisen der Natur des Lebens; der evolutionistischen und der, hier vom Polizistenstandpunkt aus beurteilten, dionysischen. Beide Auffassungsweisen stecken gleichermaßen in Lombrosos zentraler Lehre vom Atavismus des Homo delinquens.

Die Lesbarkeit des Menschen

Obwohl die zeitgenössischen Gegner Lombrosos sich einigermaßen Mühe geben mußten, um dessen Lehre vom Verbrechertypus als eine Chimärenidee augenfällig zu machen - auf Kritiken pflegte Lombroso mit retusche-artigen Ad-hoc-Anpassungen seiner Theorie, vor allem aber mit der Vorlage immer neuer Verbrecherstudien zu reagieren -, bedurfte es hierzu im Grunde doch keiner übermäßigen intellektuellen Anstrengungen. Vornehmlich das Kernstück dieser Lehre, die Atavismus-Doktrin, wurde wohl von der Mehrheit der zeitgenössischen Autoritäten sogleich als Mißverständnis evolutionistisch-erbbiologischer Lehren wahrgenommen und der Kritik unterzogen. Nichtsdestotrotz versicherten Lombroso und sein Kreis, die Auffassung, wonach der Verbrecher ein in die zivilisierte Welt hineingeratener Wilder wäre, sei »nicht einfach als Metapher zu betrachten, sondern ganz streng als wissenschaftliche These im Sinne des Darwinismus und der Biologie« (Ferri 1896, S. 27). Auf dem Wege strenger empirischer Forschung sollte jetzt die Wissenschaft die überkommenen Ahnungen des gesunden Menschenverstandes der Bestätigung zuführen: Erinnerten nicht die Gestalten der Verbrecher oft an die der Angehörigen niederer Rassen, an Neger oder Mongolen? Trugen ihre Gesichter nicht häufig sogar die Züge von Affen? Waren die Augen der Mörder unter ihnen nicht blutunterlaufen wie die der wildesten unter den Tieren? Waren ihre Schädel, ihre Körper, ihre Empfindungen und Leidenschaften nicht mit den Malen der Wildheit, des Untermenschentums, des Irreseins unauslöschlich gezeichnet, so daß es nur deren Erforschung bedurfte, um die zivilisierten Gesellschaften ein für allemal vom Krebsgeschwür des Verbrechens zu befreien? Lombroso dachte, alle diese Fragen auf modern-naturwissenschaftliche Weise beantworten zu können. Indessen erlag er dem alten physiognomischen Traum.

Zu der Zeit, als Lombroso sich anschickte, die genannten Fragen mit Ja zu beantworten, war das Gall-Spurzheimsche System der Schädellehre schon in die Wissenschaftsgeschichte, die als überwunden galt, zurückgesunken.[6] Die Gallsche Phrenologie behauptete, daß den Formungen der Schädelknochen jeweils besondere Ausbildungen der Gehirnorgane zugrundelägen, denen die jeweils besondere Ausbildung spezifischer Geistes-, Seelen- und Triebkräfte (die in den Gehirnorganen ihren Sitz haben sollten) entspräche:

»*Die Form des Gehirns drückt sich in dem Schedel ab, so daß die innere Fläche des Schedels ganz durch das Gehirn geformt wird. So lange daher die äußere Fläche des Schedels der innern gleich bleibt, kann man mit Sicherheit aus der Form des Schedels, auf die Form des Gehirns schließen.* Nun ist aber bis jetzt angegeben, daß die Form des Gehirns wieder von den in ihm befindlichen Organen bestimmt werde, und daß man von der Größe und Gestalt des Gehirns auf die Stärke und Schwäche der Organe und ihrer Anlagen schließen könne. Kann es nun nur bewiesen werden, daß die Form des Schedels einen ganz sichern

Abbildung 2
Quelle: Benedikt, *Kraniometrie und Kephalometrie,* 1888

Schluß auf die Form des Gehirns erlaube, so kann man aus der Form des Schedels auf die größere und geringere Stärke der im Gehirn befindlichen Organe, und der in ihnen gegründeten Anlagen schließen; und so würde es dann möglich, die Anlagen (Fähigkeiten und Neigungen) aus der Form und aus dem Baue des Schedels zu bestimmen«; und zu dem letzten Satz heißt es in der Anmerkung: »Durch diesen Satz wird nun Galls Theorie erst Theorie der Physiognomik« ([Gall] 1802, S. 26 f.).

Die Gallsche Physiognomik jedoch war schon bald nach ihrer Verkündigung als unsinnig einsehbar gewesen, und zwar auch aus anatomischen Gründen. Denn das Wissen der Zeit ließ eine umstandslose Koordinierung der Gallschen Schädel-Anlage-Topographie mit einzelnen Gehirnpartien nicht zu.[7]

Gall aber war, als er dachte, den organischen Sitz des Mordsinnes und des Diebessinnes ausgemacht zu haben, überzeugt davon, Mörder und Diebe durch Abtasten ihres Schädels dingfest machen zu können. Um seine Überzeugung wirkungsvoll unter Beweis zu stellen, begann er seine Wanderung durch die Gefängnisse Preußens und Sachsens. Er ließ sich Hunderte von Insassen vorführen, betastete ihre Schädel und sprach das Urteil (das wunderbarerweise mit dem des Gerichtes fast immer übereingestimmt haben soll). Beim kleinen H., der wegen Diebstahls im Stadtvoigtei-Gefängnis zu Berlin einsaß, erstellte der Phrenologe eine Gefährlichkeitsdiagnose, die in vorausweisender Art die Unzulänglichkeit der traditionellen Methoden, das Strafausmaß zu bestimmen, demonstrierte: H.s Organ des Diebessinnes erwies sich beim Abtasten als derart voluminös, daß Gall die Empfehlung abgab, den Delinquenten, der sein ganzes Leben lang ein Taugenichts bleiben werde, lebenslang hinter Gittern zu halten (vgl. Baer 1893, S. 412, Anm. 2) - eine Idee, auf die bei H.s Delikt kaum ein Justizorgan von sich aus verfallen wäre. Gall hatte, die Durchschlagskraft seiner Anschauungen derart spektakulär unter Beweis stellend, viele und zum Teil enthusiastische Anhänger, und zwar noch gegen Ende des Jahrhunderts und über die Jahrhundertwende hinaus bis hin zum Wahnwitz der Physiognomik-Renaissance im Dritten Reich.

Die phrenologische Faszination (zu deren technischer Seite vgl. das auf *Abb. 2* wiedergegebene Gerät) ist die des großen physiognomischen Gedankens überhaupt, des Gedankens, daß der Körper eine Einschreibefläche der Seele, somit ein lesbares Stück Natur sei. Diese

Faszination ließ noch Ferri (1896, S. 38), trotz des Mißerfolges der Gallschen und anderer Kraniologien, die auf jener aufbauten, ohne Kautelen der Welt versichern, »daß ich im Stande bin, allein aus den organischen Erscheinungen die Diagnose des Mörders zu machen inmitten anderer Verbrecher«. Es wäre aber über die Maßen simplifizierend, wollte man das eigentümliche Mißverhältnis zwischen dem, was allgemein als wissenschaftlich vertretbar galt, und dem, woran Gall, viele nach ihm und auch die positive Schule der Kriminologie glaubten, ausschließlich dem ideologischen Sog der ordnungspolitischen Versprechen, die der physiognomische Gedanke seit jeher in sich barg, anlasten. Selbst die Nazi-Physiognomie ist so nicht einfach wissenssoziologisch erklärbar. Vielmehr scheint es der Fall zu sein, daß in Galls Denken wie in dem Lombrosos bis hin zu den Phantasmen des Dritten Reiches sich zwei miteinander unvereinbare Ebenen der Erfahrung, die voneinander zu isolieren eines der wichtigsten Ziele der Verwissenschaftlichung des Blicks auf die Welt seit dem 17. Jahrhundert ist, wieder zusammenfließen. Immer wieder bricht in den strengen, kahlen Raum der sogenannten Empirie das vielgestaltige Reich der Bilder, Fabeln und des Durcheinanders von Subjektimpulsen und Objektpräsentationen ein, und es entsteht auf diese Weise eine mythische Wissenschaft oder ein in wissenschaftliche Begriffe gehüllter Mythos. Die Gallsche Funktionenreihe ›Seelenaktivitäten - Gehirnorgane - Schädelprotuberanzen‹ ist von allem Anfang eine, in der sich poetische Erfahrungsmomente irreduzibel festgesetzt haben. Die Seele, die nach außen drängt, an die Oberfläche des Lebens, verunstaltet dieses oder verleiht ihm Schönheit, je nach der moralisch-ästhetischen Kraft der Seelenregung, die sich der Knochenform des Schädels mitteilt und so die Totalität des Menschenantlitzes, die niemals eine rein ›empirische‹, immer auch eine symbolische ist, mitbestimmt. Die Wut, welche den Kopf des Erregten aufschwellen läßt, der Paroxysmus, der das Bild des Auseinanderplatzens der vom Wutstau gepreßten Körperhülle heraufbeschwört, verknöchern im Gallschen System zu scheinhafter Empirie: der breite Hinterschädel des Fleischerhundes ist ebenso ein Wutstigma wie derjenige des Schlägers und Raufboldes unter den Menschen. Auch bei Lombroso durchsetzen sich die empirischen Elemente andauernd mit solchen symbolischer Natur: »und muß ich hier daran erinnern, daß die blutgierigsten Thiere oft eine besondere Physiognomie aufweisen, die in der That einige Ähnlichkeit mit der des Verbrechers darbietet. So ist z.B. das graue mit Blut injicirte Auge des Tigers, der Hyäne wirklich den Mördern eigen. ›Die Raubvögel,‹ sagt Brehm, ›haben einen kurzen gebogenen Schnabel; ihr Oberkiefer ist oft mit einem scharfen Zahne versehen, welchem ein Ausschnitt im Unterkiefer entspricht; *die Augenhöhle ist groß* (wie bei den Verbrechern, TAMASSIA) und der *Augapfel injicirt sich mit Blut*‹« (HD I, S. 29). Man sieht hier deutlich, wie in das empirische Feld, worin »das graue mit Blut injicirte Auge« aufscheint, sich poetische Erfahrungsmomente einmischen und derart die Hypothesenproduktion des Forschers zu steuern beginnen. Das Blut, das sich im Auge, dem Spiegel der Seele, sammelt, wird durch die Konnexion des Empirischen mit dem Symbolischen selber zum Knotenpunkt einer poetisch-symbolischen Reihe. Es wird zu einem Spiegel des Inneren – Blutrausch im Mördertier, im Mördermenschen – *und* zu einer Widerspiegelung des Außen – das Blut der Opfer, das sich im Auge des Mörders unablässig spiegelt. Dieses enge Ineinander von wissenschaftlichen und mythopoetischen Elementen bei der Verarbeitung von Erfahrungsmaterien sollte nicht vorschnell als überwunden abgetan werden. Wie der Fall der Nazi-Physiognomie lehrt, bedarf es bloß einer großen ideologischen Erhitzung oder einer übermächtigen Bereitschaft zur Regression, um die Verschmelzung der mühsam auseinandergehaltenen Erfahrungsdimensionen herbeizuführen, eine Verschmelzung, welche die Welt wieder ein Gesicht haben läßt.

Was also an der Gallschen Phrenologie und an der lombrosianischen Doktrin vom Verbrechertypus an symbolischem Überhang auffällig wird, ist nicht ein den entstehenden Wissenschaften vom Menschen nur Äußerliches: weder bloß forscherbedingte Unzulänglichkeiten noch einfach Ideologie; viel eher schon das noch nicht vollends abgeklärte Verhältnis zwischen dem ›Datum‹, seinen Konstruktionsbedingungen und seinen legitimen Funktionen im wissenschaftlichen Erkenntnisprozeß. Damit hängt eng zusammen, daß Lombroso, wenn es ihm in den Kram paßt und wenn ein autoritativer Beleg vorhanden ist, auch Berichte für bare Münze nimmt, die uns bloß noch ans Ammenmärchen gemahnen. So zum Beispiel die Geschichte von dem großen Hund in Rennes, der im Verdacht stand, Hammel zu rauben und zu fressen: »Sein Herr wollte es nicht zugeben, weil er ihn nie ohne Maulkorb gesehen hatte. Endlich beschloß er, ihn einmal in der Nacht strenger zu überwachen, und da sah er, daß, sobald es dunkel wurde, der Hund sich selbst den Maulkorb abnahm und, nachdem er seine Beute verzehrt, sich das Maul in Wasser abspülte, sich dann seinen Maulkorb wieder aufsetzte und sofort in den Hundestall zurückkam« (HD I, S. 23 f.). Die Wahrheit dieser Erzählung, die nach Lombrosos Angabe dem Buch von Rousse »Instinct des animaux«, Paris 1835, entnommen ist, wurde von Prof. Lombardini, der die Korrekturbögen zum ersten Kapitel des *Uomo delinquente* las, in Zweifel gezogen. Er hielt den Fall, mit Lombrosos Worten, »für ziemlich unwahrscheinlich«. Das wiederum veranlaßte Lombroso zu der Bemerkung: »Ich überlasse ROUSSE die Verantwortlichkeit für die Authenticität desselben; nur will ich bemerken, daß sich der Fall wirklich ereignen konnte, vermöge einer jener seltenen individuellen Befähigungen, die wie bei den Menschen, so auch bei den Hausthieren vorkommen, indem auch diese ihre Genies besitzen« (HD I, S. 24, Anm. 1). Man sieht, wie vieles hier noch in der Schwebe ist, wie gleichsam spielerisch auch noch der Umgang mit Evidenzen und Gründen, die späteren Wissenschaftlergenerationen als lachhaft erscheinen müssen. Nicht nur die von uns heute so empfindlich registrierte Kontamination von empirischen und mythopoetischen, symbolischen Erfahrungsmomenten ist also für Lombroso noch kein methodisches Fehlverhalten, auch hinsichtlich der Frage, was die legitimen methodischen Konstitutionsbedingungen eines Stücks Empirie, eines ›Datums‹ sind, ist Lombroso von den rigiden Unzulässigkeitsevidenzen späterer Forscher noch weit entfernt.

Atavismus

Man weiß nicht genau, in welchem Umfange Lombrosos Atavismus-Doktrin von der Darwinschen Lehre der Rückschlagsbildung beeinflußt war.[8] In *Die Abstammung des Menschen und die geschlechtliche Zuchtwahl* äußerte Darwin (1875, S. 179) als Vermutung: »auch beim Menschen können einige der schlechtesten Anlagen, welche gelegentlich ohne irgendwelche nachweisbare Ursache in Familien auftreten, vielleicht als Rückschlag auf einen wilden Zustand angesehen werden, von welchem wir durch nicht gar zu viele

Generationen getrennt sind«. Darwins Hypothese wurde Lombroso zur Gewißheit. Dabei meint für diesen der Ausdruck ›Atavismus‹ von Anfang an mehr, als was er in seiner Funktion als - freilich nicht streng regulierter - terminus technicus der Wissenschaften vom Leben zumeist bedeutete. Atavistisch hieß man ein Merkmal, welches, auf dem Wege der Erblichkeit von Generation zu Generation weitergetragen, ein Lebewesen mit einem Rassecharakteristikum entfernter Vorfahren ausstattete. In diesem Sinne mochte sogar ein Biotypus insgesamt als atavistisch bezeichnet werden, und zwar dann, wenn durch sorgsame Zuchtwahl darauf Bedacht genommen wurde, daß sich die Gesamtheit der ursprünglichen Typusmerkmale über viele Generationen hinweg unverfälscht reproduzierte. Der Atavismusbegriff Lombrosos weicht hiervon in dreierlei Hinsicht wesentlich ab. Erstens faßt Lombroso alle Reversionsphänomene, also auch das Wiederauftauchen von Eigenschaften beim Menschen, die, beim Menschen im allgemeinen erloschen, nur noch im Tierreich vorkommen, unter die Atavismen: Den Homo delinquens kennzeichnet sowohl eine Reihe von Körpermerkmalen, die typisch sind für die Angehörigen wilder Völker und Rassen, als auch eine Reihe von Merkmalen, die ihn in den vormenschlich-animalischen Bereich (der Lemuren und Nager zum Beispiel) hinunterverweist. Zweitens wendet Lombroso den Begriff des Atavismus nicht nur auf physiologische Merkmale, sondern auch auf psychische Funktionen und Eigentümlichkeiten an: Der geborene Verbrecher ist ein solcher ja erst in zweiter Hinsicht wegen des Körperbaus; in erster Hinsicht sind es die Wildheit der Seele und des Gemüts, die aus einem Angehörigen des Genus *homo* einen Homo delinquens machen. Drittens wirft Lombroso, was ihm von einer Autorität wie Virchow besonders angelastet wurde, Atavismus und Defektbildung zusammen: der Homo delinquens ist moralisch irrsinnig und darüber hinaus Epileptiker. Die hierauf aufbauende Idee des atavistischen Verbrechers war nach dem Wissen der Zeit nicht einmal in ihrem engeren Operationsfeld, den Reversionsphänomenen innerhalb der Menschengattung selbst, sonderlich plausibel. Der berühmte Anthropologe Paul Topinard hat die Gründe hierfür in der *Revue d'anthropologie* vom November 1887 zusammengefaßt:

»Zwischen der Gattung Mensch und ihren phylogenen Vorfahren, zwischen den gegenwärtigen und den primitiven Rassen ist jeder Zusammenhang verschwunden. Der Faden ist gerissen. Zwischen den prähistorischen Rassen und den unsrigen haben sich eine Menge von Rassen zwischengeschoben und sind verschwunden; es giebt hier eine Aufeinanderfolge und keine Vertretung. Die Umstände, Verhältnisse können es mit sich bringen, daß einige von uns den primitiven Wilden gleichen und auch thierische Instinkte haben, ohne daß man dies dem atavistischen Wiedererwachen der Erblichkeit oder einer Art verborgenen Einflusses zuzuschreiben braucht. Sicher ist, daß weder das Verbrechen noch der vermeintliche Typus des Verbrechers Erscheinungen der Reversion sind« (zit. nach Baer 1893, S. 341).

Die Idee vom geborenen Verbrecher, die derart schon in ihrem empirischen Kernbereich als eine hochproblematische erkenntlich war, geriet durch die von Lombroso vorgenommenen Erweiterungen des Atavismusbegriffes vollends ins Pseudoempirische. Wie viele Verbrecherstudien man auch machen würde, sie würden stets nur dem Scheine nach beweisen, was sie beweisen sollten: daß der Homo delinquens Wilder, Tier und Irrer in einem und daher eine anthropologische Varietät sei. Die von Lombroso und seinen Schülern herbeigeschafften Datenmassen, die das Wiederauftauchen uralter Körper- und Geistesformationen beim Verbrecher belegen sollten, hätten, selbst wenn sie zutreffend gewesen wären, Topinards Kritik nicht unterlaufen können. Aber waren sie zutreffend?

Der Leser, der den zeitgenössischen Streit verfolgt, bekommt den Eindruck, daß die meisten der Daten, auf welche sich die kriminalanthropologische Atavismus-Doktrin stützen möchte, erfunden sind. Es brauchte bloß ein Gegner dieser Doktrin die gleichen Messungen an vergleichbaren Populationen vorzunehmen, so, wie es Dr. A. Baer, Geheimer Sanitäts-Rath, Oberarzt am Strafgefängnis Plötzensee und Bezirks-Physikus in Berlin, tat, schon konnten die dabei gesicherten Daten dazu benützt werden, das Gegenteil dessen zu beweisen, was bewiesen zu haben die Kriminalanthropologen sich rühmten. Dies festzuhalten scheint hier wichtiger als die üblichen Hinweise auf die statistisch äußerst mangelhafte Arbeitsweise Lombrosos. Denn auf einer tiefliegenden Perzeptionsstufe mitentscheidend für Lombrosos Idee des Verbrechertypus und die dessen Existenz verifizierenden ›Daten‹ war ein Phänomen, das Philosophen den interpretativen Charakter der Erfahrung nennen. Wenn Baer sich dem Delinquenten zuwandte, um ihn zu vermessen, seine Physiognomie zu studieren, seinen Charakter und sein Seelenleben auszukundschaften, dann - so ist zu vermuten - sah er nicht das gleiche wie Lombroso in vergleichbaren Situationen. Baer sah die gemarterte, zerschundene Zuchthauskreatur, Lombroso die monotone Häßlichkeit der Bestie.

»Es ist ungemein erstaunlich und wunderbar«, schrieb Baer (1893, S. 205 f.), »wie sich die Gesichter der Sträflinge in den Zuchthäusern ähneln, wie sie in ihrer nackten Häßlichkeit und monotonen Fremdartigkeit den Beobachter, der an ihren Anblick nicht gewöhnt ist, abschrecken und anwidern. Wer eine große Menge von Gefangenen in den Arbeitssälen bei ihrer Arbeit zum ersten Male sieht, der findet immer denselben inhaltsleeren, denselben unheimlichen Gesichtsausdruck, er begegnet überall demselben verstohlenen, lauernden, mißtrauischen Blick, der glaubt überall dieselben Gesichtszüge, dieselbe Physiognomie wieder zu finden, und derjenige, der diese Gesichter und Köpfe mit wissenschaftlichem Auge durchmustert, der wähnt eine wahre Gallerie von anomalen Typen vor sich zu sehen. Die Gefangenen haben keine andere Kopf- und Gesichtsbildung als die anderen Menschen aus den niederen, arbeitenden Gesellschaftsklassen. Sie haben dieselbe rohe, unschöne, minderwerthige Formation; die Unvollkommenheit, Ungleichmäßigkeit tritt uns hier nur in ihrer Disharmonie überraschend starr und unverblümt entgegen, hauptsächlich aus dem Grunde, weil die einförmige, freudenlose Lebensweise jeden heiteren Ausdruck in dem Gemüth und in dem Gesicht erstickt und lähmt, weil die Gefangenschaft einen Zustand trister Resignation hervorruft, der den Wechsel der Erregung ertödtet, und das lebhafte Spiel des mimischen Apparates lahm legt und außer Thätigkeit setzt. Wir sehen überall dieselbe Leere, denselben Mangel der Abwechslung, dieselbe todte Öde im Gesicht und Blick. Die den Gefangenen bald eigenthümliche, fahle und aschgraue Gesichtsfarbe giebt allen dasselbe gemeinsame Kolorit, und die früher oder später eintretende Abmagerung läßt das knöcherne Gerüst des Gesichtsschädels bei allen scharf und ausgeprägt hervortreten. Alle diese Umstände bringen zu Wege, daß allen Sträflingen etwas Fremdartiges im Gesichtsausdruck anhaftet, und daß die Unvollkommenheiten der Kopf- und Gesichtsbildung uns mehr und schneller auffallen als dies bei anderen Menschen der Fall ist. Zu alldem kommt noch der gewichtige Umstand, daß die Gefangenen dieselbe Kleidung tragen, denselben Haarschnitt, daß auf diese Weise ein großer Theil der individuellen Eigenthümlichkeiten zu wirken aufhört«.

Zweifellos stehen hinter Lombrosos Atavismus-Doktrin Bilder, wie sie Baer beschreibt, allerdings ohne dessen Tiefenperspektive, die als Produkt einer Lebenssituation bemerkbar macht, was der Beobachterblick Lombrosos noch vor jedem Objektierungs-Abrakadabra als ›Datum‹ aufnimmt. Der Gefangene, den Baer sieht, ist immer schon der von der Mühsal des Lebens und der Strafknechtschaft zugerichtete, während für Lombroso die Uniformität des Elends, wie sie sich in den Verbrecherkreaturen spiegelt, zur phänomenologischen Basis einer Theorie der anthropologisch bedingten Ähnlichkeit zwischen den delinquenten Menschen wird.

Wie sehr diese Ähnlichkeit tatsächlich im Augenschein wurzelt, darüber belehrt Lombrosos Diktum vom fehlenden Nationalcharakter. Demnach ist ein geborener Verbrecher auch dann, wenn ihn keine Stigmata degenerationis kenntlich machen, auf empirischem Wege identifizierbar. Denn »bei Allen, auch bei Denen, die wir für normal gelten lassen, erkennt man eine seltsame Ähnlichkeit, eine Art von anthropologischer Verwandtschaft. - Der Nationaltypus fehlt so sehr, daß die italienischen Verbrecher nicht von den deutschen unterschieden werden können, gerade so, wie es bei den Kretins der Fall ist, wo der Rassentypus durch die krankhafte Degeneration verwischt wird« (HD I, S. 236). Die Rassenmerkmale, deren Fehlen es ermöglichen soll, den Homo delinquens noch jenseits des Stigmenkreises ererbter Entartungszeichen sichtbar zu machen, sind nun allerdings vorwiegend keine solchen, welche empirisch aufweisbar wären. Denn akkurat die unzweifelhaften Bestimmungselemente einer Rasse sind unberührbar davon, ob jene, denen sie natürlicherweise zukommen, als Verbrecher durchs Leben gehen oder als Leuchten der Tugend. Deshalb wohl zielte Lombroso auf den Mangel an solchen Rassenmerkmalen, die wegen der bereits lange währenden und weit gestreuten Vermischung der Rassen in den betreffenden Nationalgemeinschaften, Gemeinschaften des europäischen Raumes, am Einzelnen kaum noch (wenn überhaupt jemals) more scientifico demonstrierbar waren. Die ›Erfindung‹ fehlender Rassenmerkmale ist analog zu beurteilen wie die ›Erfindung‹ eines Verbrecherschädels, eines Verbrecherskeletts, einer Verbrecherphysiognomie, einer Verbrecherseele: alle diese ›Erfindungen‹ passieren (sie werden nicht gemacht), mit und ohne Meßgeräte, unter dem Bann der monotonen Häßlichkeit, der häßlichen Monotonie der Verbrechergestalten; immer die gleichen Bilder, selbst dort, wo einem Verbrechergesicht die fliehende Stirn, die Henkelohren, das Schielen, die krumme Nase fehlen. Selbst dort also, wo der delinquente Mensch sich Lombroso als normal geformter darbietet, rückt er mit sehr fremdländischen Wesen darin in eine Reihe, daß seltsamerweise einer so ausschaut wie der andere.

Das dokumentarische Bildermaterial, welches der älteren kriminologischen Literatur beigegeben ist, transportiert jenen Eindruck defizienten Ähnlichseins auf der Ebene, wo er sich ursprünglich und am intensivsten entfaltet: auf der Ebene des distanzierten Überblicks. Zum Beispiel die Ohren (vgl. *Abb. 3*): auf Schautafeln zu Reihen geord-

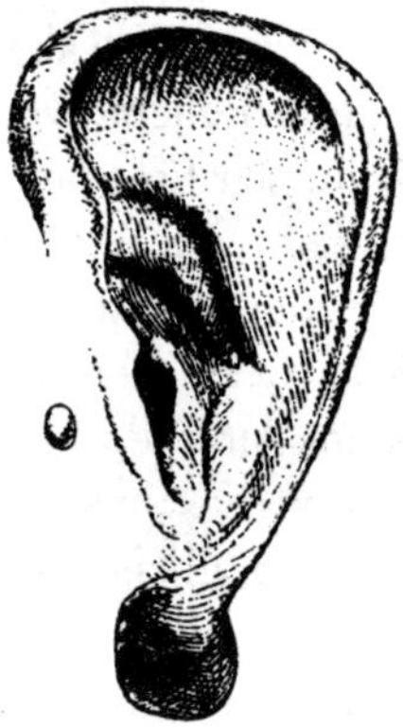

Fig. 19. Doppelter Helix bei einem Epileptiker. (Eigene Beobachtung.)

Fig. 20. Ohr mit spitzvorspringendem „Darwinschen Knötchen“ im Helix.

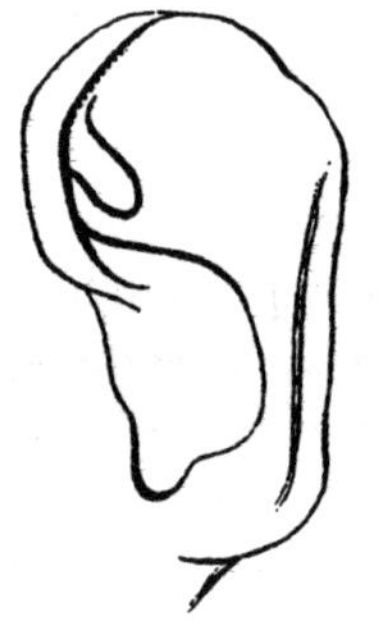

Fig. 21. Verbrecher-Ohr mit angewachsenem Läppchen, zugleich „Morelsches Ohr“ nach der mangelnden Einrollung zur Bildung des Helix.

Abbildung 3
Quelle: Kurella, *Naturgeschichte des Verbrechers*, 1893

net, das Darwinsche Ohr mit der charakteristischen Spitze am freien Rand des Ohrknorpels oben und außen, das Wildermuthsche Ohr mit der Prominenz der Anthelix und Rückwärtsbeugung des Helix, das Stahlsche Ohr mit besonderer Verbildung des Helix, das Morelsche Ohr mit Verstreichung der Falten und mangelhafter Entwicklung des Helix, darunter das Henkelohr und das lappenförmige Ohr, dann die zu weit abstehenden oder zu eng anliegenden, die zu tief oder zu hoch stehenden, die zu weit nach vorne und zu weit nach rückwärts gehefteten Ohren - sie alle bieten, in Abstufungen dem Betrachter dargeboten, ein Tableau defektmonotonen, abstoßend-fremdartigen Einerleis. Oder die Profile der Verbrecherköpfe (*Abb. 4*): auch hier durch allen Variantenreichtum physiognomischer Monstrositäten hindurch der Eindruck des Gleichklangs im Defekt, so, als ob alle Schauelemente erst durch ihre Anormalität hindurch sich als

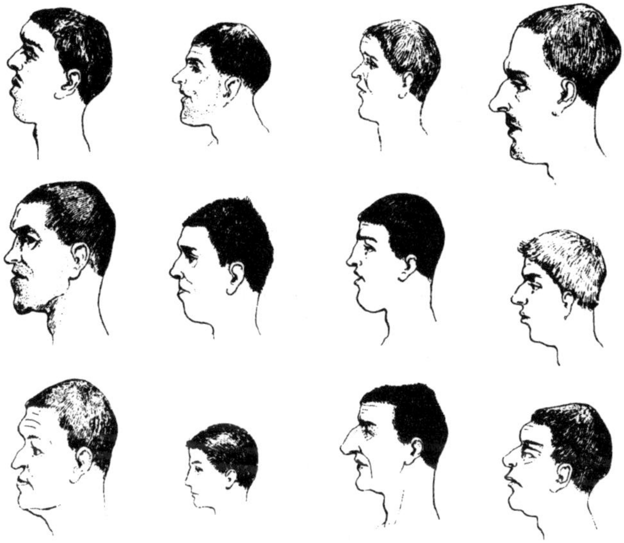

Abbildung 4
Quelle: Kurella, *Naturgeschichte des Verbrechers*, 1893

Einzelnes konstituierten. Schließlich, da die Photographie als neues Medium der Authentizität sich auch im Feld der Verbrecherstudien durchzusetzen beginnt: die nackten Gestalten der Delinquenten, abgebildet von vorne (mit den Händen über den Schamteilen), von hinten und von der Seite. Hier schaffen nun die immergleiche ›sachliche‹ Beleuchtung, die obligaten zwei Perspektiven (frontal, seitlich im Winkel von 90°), die Häßlichkeit der zur Schaustellung befohlenen Körper, die damit verbundene Demütigung für die Opfer einer solchen Inszenierung sowie deren Versuch, ihrer Erniedrigung mit Gleichmut zu begegnen, eine dichte Atmosphäre der Immergleichheit - bei allem Unterschied im Detail. Ein Menschenschlag scheint hier überall, ungeachtet des Vorliegens oder Nichtvorliegens von Stigmata hereditatis, sich kundzutun: der Homo delinquens. Dessen Wesen ist gerade in dem Maße, in welchem es das unter der Panoramaperspektive des Beobachters sich öffnende, gänzlich diffuse Feld namenloser Immergleichheit definiert (einer Immergleichheit, die später als ›fehlender Rassentypus‹ begrifflich angezeigt wird), ein vollkommen projektives. In dem Maße, in dem es nichts ist als abstoßende Diffusität, wird es zu einem ausgezeichneten Bezugsfeld der Gegenübertragung. Diese bedient sich bei Lombroso und seinen gelehrten Freunden eines terminus technicus der Wissenschaften vom Leben - ›Atavismus‹ -, um daraus ein Transportmittel für Seelenarchaik zu machen.

Was derart überströmt auf die Gestalt des Verbrechers, das wird durch die drei Erweiterungskanäle: Atavismus als Reversionsphänomen, Atavismus als Charakterphänomen, Atavismus als Defektphänomen, in eine scheinhaft von der Empirie diktierte Form gebracht. Auf der pseudoempirischen Fläche des Unbestimmten (»seltsame Ähnlichkeit, eine Art von anthropologischer Verwandtschaft«) erscheint in allen Stigmazonen die Verbrecherpositivität. So entsteht eine Verbrecherbiologie, eine Verbrecherpsychologie, eine Verbrecherpathologie. Alle diese Wissenschaften jedoch partizipieren auf intime Weise aneinander, denn sie stehen unter einem *Totalitätsdiktat*. Die Segmentierung, die ihnen obliegt und die eine normalwissenschaftliche Datenproduktion befördert - in diesem Sinne beginnt hier ›der Verbrecher‹, der in seiner Ganzheit als Objekt der Wissenschaft erscheinen soll, schon wieder zu verschwinden, und zwar zugunsten der vielen Ansichten vom Verbrecher -, dient wesentlich auch der (undurchführbaren) Empirisierung einer mythischen Ganzheit, die aus dem Beobachter aufsteigt und sich auf der Projektionsfläche der diffusen Verbrechernegativität niederläßt; niederläßt allerdings derart, daß ›der Verbrecher‹ als empirisch gestückelter sich auf allen Stückelungsebenen, wie vergeblich auch immer, retotalisiert. Die Totalität, um die es hier geht, ist die Bestie, und die Idee des Atavismus ist bei Lombroso die Idee der Bestialität.

Die Bestie als Natur

Obwohl Lombroso Wert darauf legte, der Psychologie des Verbrechers nicht weniger Gewicht beigemessen zu haben als dessen Biologie, sind die Entartungszeichen, vermittels derer die Auftretenshäufigkeit des Verbrechers von Geburt in der Gesamtmasse der Delinquenten vom Kriminalanthropologen ermittelt wurde, anatomischer und physiologischer Natur. So überprüfte Lombroso als Verbrecher und Nichtverbrecher identifizierte Personen auf das Vorkommen folgender Anomaliedimensionen: starke Kinnlade, Bartmangel, vorragende Stirnhöhlen, falscher, finsterer Blick, dichte Haarfülle, Henkelohren, vorragende Jochbeine, Schielen, fliehende Stirn, Prognathie, ungleiche Gesichtshälften, weibisches Aussehen bei Männern/männliches Aussehen bei Frauen, starres Auge, gesenkte Augenlider, Behaarung besonders der Stirn, schmale Lippen. Die Untersuchung, die, wie man sieht, mit Ausnahme des falschen, finsteren Blicks (welcher wohl unter die physiognomisch-psychologischen Stigmen zu zählen wäre) sich ausschließlich auf Eigentümlichkeiten des *Körpers* der Probanden bezieht, unternahm Lombroso vor allem, um sich vor dem Vorwurf mangelnder Kontrollgruppenstudien in Sicherheit zu bringen (vgl. HD I, S. 234). Wie nicht anders zu erwarten, fiel der Vergleich der Häufigkeit des Verbrechertypus unter Abgeurteilten und Unbescholtenen ganz und gar im Sinne Lombrosos aus: der Homo delinquens findet sich bei männlichen Verbrechern in fünfundzwanzig Prozent der Fälle, zum Unterschied von nur zwei Prozent bei den unbescholtenen Männern; bei den Frauen beträgt das gleiche Verhältnis siebenundzwanzig (beziehungsweise sechsundzwanzig[9]) zu zweikommasechs Prozent. Die Ergebnisse dieser entscheidenden Untersuchung, welcher das Vorwort Lombrosos zur deutschen Ausgabe des *Uomo delinquente* insofern widerspricht, als dort das Auftreten des Homo delinquens in der Gesamtmasse der Delinquenten mit vierzig Prozent angegeben wird[10], lauten in der Zusammenfassung:

»Es läßt sich nunmehr feststellen, daß die vorherrschenden Kennzeichen bei Verbrechern in der normalen [*sic*!] Entwickelung der Kinnlade, in der Spärlichkeit des Bartwuchses, der Fülle des Haupthaares besteht. In zweiter Linie stehen die Henkelohren, die fliehende Stirn, das Schielen und die krumme Nase« (HD I, S. 236). »Der Verbrechertypus findet sich also in 25 %, wobei die Mörder und Diebe die höchsten Procentsätze geben, jene mit 36 %, diese mit 23 %. Den kleinsten Procentsatz, 17 %, geben die Gelegenheitsverbrecher; Banquerotteure 1 auf 8; Betrüger und Bigamisten 6 %; Letztere wohl deshalb, weil derartige Menschen einen Ausdruck von Bonhommie besitzen, um die anständigen täuschen zu können« (ebd.). »Bei den Wollüstlingen kommt der Typus 4 mal unter 5 zum Ausdruck. Der Repräsentant dieser Klasse, der seine Tochter schändete und zur Prostitution zwang, hatte große, auswärts schielende Augen, gesenkte Lider und sehr dicke, große Lippen; die anderen mehr weibischen Gesichtsausdruck« (ebd.).

Daß die meisten der von Lombroso erwähnten Ergebnisse den methodischen und statistischen Anforderungen schon seiner eigenen Zeit nicht genügen konnten, sei nur der Gewissenhaftigkeit halber erwähnt. Wichtiger im vorliegenden Zusammenhang ist die Beobachtung, daß Lombrosos Quantifizierungswerk, das sich mit dem Nimbus kühler Objektivität umgeben möchte - eine Sachlichkeit, die jeden blindwütigen Verbrechergesindelhaß ausschließt -, es doch zuläßt, daß letzten Endes, wenn alle kriminalanthropologischen Argumente berücksichtigt sind, keine Verbrecherpersönlichkeit sich zum Verbrechertypus vollends negativ verhält. Denn es »zeigt sich ein ganz allmählicher Übergang von einem Merkmal zum anderen auch in der Thier- und Pflanzenwelt, ja selbst zwischen diesen beiden, um so mehr aber auf anthropologischem Gebiete, wo die individuelle Variabilität in geradem Verhältnisse mit der Vollkommenheit und dem Kulturgrade steigt und den vollständigen gemeinsamen Typus beinahe verwischt« (HD I, S. XVII). Diese Bemerkung mutet zwar eigentümlich an angesichts des Umstandes, daß Lombroso die Stigmata degenerationis (deren vier ein Individuum mindestens aufweisen muß, um dem Verbrechertypus subsumiert zu werden) allesamt auf nichtkomparative Weise einführt, eine Aussage über sie im statistischen Diskurs also nur ihr anteilsmäßiges Vorkommen/Nichtvorkommen, aber keineswegs ihr Mehr-oder-weniger-Vorkommen am Individuum betreffen kann. Doch Lombrosos Bemerkung ist gerade wegen ihres rhetorischen Charakters aufschlußreich; sie signalisiert eine das kriminalanthropologische System hintergründig determinierende Evidenz: *jeder* Verbrecher partizipiert demnach am Verbrechertypus, ist also immer auch einer von Natur aus. Die schon erwähnte Lehre vom mangelnden Rassentypus, in deren Anwendungsbereich alle (echten) Verbrecher fallen, soll wohl nicht zuletzt auch jener Evidenz den Anschein operationaler Überprüfbarkeit und Überprüftheit verleihen. Die voll ausgebildeten Stigmata degenerationis, welche der Homo delinquens am Körper trägt und welche alle Naturmale sind, bilden derart nur die augenfälligsten Zeichen einer Schrift, die den Verbrecherleibern, wenn auch auf zum Teil kaum noch sichtbar zu machende Weise, unauslöschlich eingegraben ist, und zwar allen Verbrecherleibern.

Was solcherart aus dem Reich der Natur in den Körper des Verbrechers, jedes (echten) Verbrechers mehr oder weniger, einfließt, das ist die Naturdämonie, die bei Lombroso allen Erscheinungsformen des Lebens von Anfang an innewohnt, sich durch den phylogenetischen Stufenbau hindurch fortsetzt und selbst in der Ontogenese des Menschen noch eine bedeutsame Rolle spielt. Freilich, das Drama der Entwicklung des Lebens von seinem Uranfang, der auch schon der Uranfang des Verbrechens ist, bis zum Homo sapiens in seiner Erscheinungsform als Angehöriger zivilisierter Nationen ist auch ein Drama der Emanzipation vom dämonischen Lebensgrund. Deshalb legt Lombroso Wert auf die Feststellung, daß, je höher wir die Hierarchie der Arten emporsteigen, um so mehr zu einer Ausnahme wird, was auf den unteren Rängen noch Regel war. Alles, was der irrenärztliche Polizistenblick als Ordnungswidrigkeit registriert, ist im Tierreich so verbreitet, daß man es »offenbar zu den Gewohnheiten der Art zu rechnen« hat (HD I, S. 11), während es im Reich domestizierter Wesen und erst gar dem der zivilisierten Menschen zur verabscheuungswürdigen Ausnahme wird. So treten bei den Haustieren, deren Studium Lombroso als kriminologisch bedeutsam empfiehlt, bisweilen Individuen auf, »die unter den Thieren den Typus der *brutalen Bosheit* darstellen«; zum Beispiel räuberische Hunde oder hinterlistige Pferde (die *chevaux au nez busqué*, so genannt wegen der Krümmung, die bei ihnen die Stirne gegen die Nase hin zeigt). Bei solchen Domestizierten handelt es sich, wie Lombroso betont, bereits um Ausnahmen, deren Auftreten durch das »Wiedererwachen atavistischer Triebe (wie z.B. beim Hunde aus der Erbschaft des Wolfes)« zu erklären sei (HD I, S. 30). Und schon auf dieser Stufe kündeten vom Atavismus organische Anomalien (wie die ›Adlernase‹ beim bösartigen Pferd), welche ihrerseits Ausdruck zugrunde liegender organisch-degenerativer Verhältnisse seien, deren Wirkung jeweils das atavistische Verhalten wäre.

Und so kommt es, daß selbst noch das Verbrechen in jenen Gemeinschaften, die durch ihre Kultur und ihre zivilisatorischen Errungenschaften als im Prozeß der Denaturierung des Lebens am fortgeschrittensten gelten dürfen, den Einbruch dämonischer Naturwüchsigkeit in die Ordnung bedeutet. »Der Verbrecher in diesem Sinne« – man hört fast, wie sich Bordiers Stimme überschlägt – »ist ein *Anachronismus, ein Wilder im zivilisirten Lande, eine Art Monstrum, einem Thier vergleichbar, das vom häuslichen, gewohnheitsmäßig zur Arbeit angehaltenen Thiere geboren, plötzlich in tollste Wildheit ausbricht...*«

(Bordier, *Revue d'anthropologique* 1879, zit. nach Baer 1893, S. 338). Dabei ist der Begriff des Wilden bei Bordier wie überhaupt im kriminalanthropologischen Diskurs jener Zeit kein bloß empirischer. ›Wildheit‹ war immer auch eine Chaos-Metapher, und die Gedanken, die sich der Kriminologe über den wilden Menschen machte, waren allesamt vom metaphorischen Impuls beseelt. Deshalb war jeder Wilde ein geborener Verbrecher, das heißt eine Instanz der Unordnung, und zwar in derart umfassender Weise, daß sich Lombroso genötigt glaubte, auch noch die Entstehung von Sitte und Recht aus dem Verbrechen herzuleiten. Was später zu Sitte und Recht kultiviert wurde, wäre demnach ursprünglich nichts weiter gewesen als ein verbrecherisches Handeln in einer Welt des Verbrechens. Am Anfang gab es weder Sitte noch Recht - bloß das Faustrecht des Stärkeren und die Gebote des ›Blutes‹ (Blutrache). Lombrosos Blick auf die Natur ist hier noch nicht einmal manichäisch; es ist schon eher der Blick des Monisten unter den Dämonologen, der paranoische Blick des Großen Bruders, der überall, wo sich aus dem Gewimmel des Lebens Einzelheiten herauszuschälen beginnen, diese auch schon die Große Ordnung in Frage stellen sieht, allein, wie es scheint, dadurch, daß sie als Einzelnes sind.

Daß die Bedrohung mit jedem neuen Leben von neuem sich einstellt, dafür bürgt bei Lombroso die unentwegte Repetierung des phylogenetischen Dramas auf der Bühne der Ontogenese. Jedes Menschenkind tritt ein in die Welt als geborener Verbrecher.

»Eine Thatsache, die vielleicht der Mehrzahl der Beobachter entgangen ist, gerade um ihrer Einfachheit und Häufigkeit willen [...], ist die, daß die Keime des moralischen Irreseins und der Verbrechernatur sich nicht ausnahmsweise, sondern als Norm im ersten Lebensalter des Menschen vorfinden, gerade so wie sich beim Embryo regelmäßig gewisse Formen finden, die beim Erwachsenen Mißbildungen darstellen, so daß das Kind als ein des moralischen Sinnes entbehrender Mensch das darstellen würde, was die Irrenärzte einen *moralisch Irrsinnigen*, wir aber einen *geborenen Verbrecher* nennen« (HD I, S. 97).

Derart ist die Bedrohung der gesellschaftlichen Ordnung durch die chaos-stiftende Natur permanent und unauslöschlich. Jedem neuen Erdenbürger ist erbsündengleich mitgegeben, daß er von Geburt auf ein Verbrecher sei; ob er einer bleibt, hängt davon ab, inwieweit sein Erbgut festschreibt, daß sein Reifungsprozeß als ein solcher der Haustierwerdung verläuft.

Die Psycho-Bestie

Im Kosmos der mythischen Formationen ist der Böse in der Regel auch der Fremde, derjenige, welcher wir nicht sind. Sowenig der Platz, den der Wilde im abendländischen Denken der frühen Neuzeit eingenommen hat, ein historischer war, sowenig ist der Ort, an dem sich der Homo delinquens konstituiert, ein rein empirischer. Der Wilde, wie sich ihn die Europäer des 16. Jahrhunderts erschufen, war entweder des Teufels oder aber - am Gegenpol der manichäischen Fixierung - der natürlich-gute Mensch, das Komplementärphantasma zu der Gestalt des verrotteten Zivilisationsdécadent. Der Verbrecher, den die Kriminalanthropologie dem ehrsamen Bürger vorführt, ist das Komplement zu all den Inhalten, welche die Kultur ihren Mitgliedern als ›Werte‹ diktiert. Er ist der Inbegriff der Gegenwerte, der Un-Werte: er ist die projektive Gestalt des Fremden. Als solche bedeutet er den Einbruch der Natur, allerdings einer ethisierten, weil dämonischen Natur, in die Kultur, die sich durch Vergesellschaftungsmechanismen erhält, die selbst bloß noch Natur zu sein scheinen. Vor dem Hintergrund der durch die Sozialisationsagenturen initiierten Verdrängungsprozesse, vor dem Hintergrund dessen also, was das kulturelle Unbewußte bildet, wird der Verbrecher als die manichäische Gestalt des Fremden und daher Bösen zu der Instanz, welche der Symbolisierung der verdrängten Triebregungen und asozialen Tendenzen des Einzelnen dient. Hier findet die Tatsache, daß der Verbrecher vor allem Natur ist (und erst sekundär ein Wesen der Kultur), ihren tieferen symbolischen Sinn: die Natur fungiert im archaischen Kontext des kulturellen Unbewußten als die Instanz des radikalen Nicht-Wir, alles dessen, was man wesensgemäß nicht ist.

Lombroso und seine Freunde können, wie sehr sie sich auch bemühen, empirisch zu denken, Natur in ihr Konzept nur integrieren um den Preis der Physiognomisierung von Natur. Zustimmend zitiert Lombroso (1894b, S. 110) die von einem gewissen Latyschew im »*Bulletin de la Commission internationale pénitenciaire,* St. Petersburg, 1879« berichtete Selbstdarstellung eines verkrüppelten Gauners, der eigentlich ein Philosoph gewesen sei. Dieser eröffnete Latyschew: »Die Mißbildungen meines Körpers drücken nur die Gebrechen meines Verstandes und meines moralischen Charakters aus. *Gerade so, wie mein Körper unsymmetrisch ist, so ist auch mein Geist verkrüppelt«*. Erst indem die Natur am Menschen - sein Körper, sein Skelett, seine Organe - zu einem ›Spiegel der Seele‹ wird, tritt sie ein in das Reich der mythopoetischen Symbole und in deren Funktionskreis, der sich aus den Impulsen des kulturellen Unbewußten nährt. Denn erst durch die Verwandlung der Natur in ein Medium des Physiognomischen wird sie auch zu einem Ort des Verbotenen. Das Dort-Draußen, das sie signalisiert, ist nicht bloß das Jenseits einer neutralen Grenze; es ist vielmehr ein durch und durch ethisches Jenseits: wer dort ist, hat die Stätte der Menschen bereits verlassen, ist schon wieder Natur, allerdings derart, daß er als Natur noch von der Seele des Menschen kündet, Träger physiognomischer Informationen bleibt, die alle zu sagen scheinen ›Hier ist einer, der keiner von euch ist, und doch ist das Böse, das er verkörpert, das menschliche‹. Es ist von den Kritikern Lombrosos stets dessen Hang zur Phantasterei angelastet worden, daß er in seinem Bemühen, den geborenen Verbrecher auf möglichst allen Darstellungsebenen sichtbar zu machen, auch vor den fragwürdigen Lehren der Physiognomik nicht zurückschreckte. Und doch war gerade hier eine das kriminalanthropologische System sprengende Phantasieleistung am allerwenigsten im Spiel; schon eher Anbiederung an den gesunden Menschenverstand (den Lombroso gerne über die Verschrobenheiten der Gelehrtenköpfe triumphieren ließ), aber auch dies gewiß nicht als ausschlaggebendes Motiv. Bezeichnenderweise steht am Anfang der von Lombroso selbst skizzierten »Vorgeschichte der Kriminalanthropologie« Aristoteles mit der ihm lange zugeschriebenen Abhandlung über Physiognomik, worin das äußere Erscheinungsbild gewisser Verbrecher mit dem der Affen verglichen wird (vgl. Lombroso 1907, S. 67). Nicht bloß stellt die Physiognomik keinen Fremdkörper im System der Kriminalanthropologie dar, sie ist sogar ein notwendiger Bestandteil derselben. Denn sie ist es, die den Naturdämonismus, der als Darwinismus verkleidet die positive Schule metaphysisch fundiert, über den Körper des Verbrechers in seine Seele Eingang finden läßt. Die Physiognomik leistet das zentrale Stück der Psychologisierung der

Bestie; erst durch den Akt der Physiognomisierung wird der Körper des Verbrechers wahrhaft zur Gestalt des Fremden, deren Erscheinung als Corpus der Unwerte fungiert und derart das Dort-Draußen im Gehäuse der Ordnung sichtbar werden läßt.

Es ist in diesem Zusammenhang nicht überflüssig, auf Lombrosos gemeinsam mit Ferrero verfaßte Studie *Das Weib als Verbrecherin und Prostituierte* hinzuweisen.[11] Das Weib symbolisiert in der manichäischen Perspektive des Patriarchen-Mannes, der sich selbst als Mensch und Kulturträger, als Instanz der Ordnung und des Guten setzt, Natur, Animalität, Unordnung, das Böse. Weininger (1922, S. 336) wird den globalen Unwert des Weibes in der knappen Formel zusammenfassen, es sei »weder tiefsinnig noch hochsinnig«, es sei vielmehr »überhaupt nicht ›sinnig‹«, sei »als Ganzes *Un*-sinn, *un*-sinnig«: »*Der reine Mann ist das Ebenbild Gottes, des absoluten Etwas, das Weib, auch das Weib im Manne, ist das Symbol des Nichts: das ist die Bedeutung des Weibes im Universum, und so ergänzen und bedingen sich Mann und Weib.* [...] Der *Sinn* des Weibes ist es also, *Nicht-Sinn* zu sein« (S. 393 f.), wobei das Nicht des Weibes, wie Weininger hervorhebt, das An-Sich-Böse sei (S. 395). Mit diesen Sätzen verlieh Weininger nicht nur einer persönlichen Idiosynkrasie Ausdruck, sondern operierte im Gegenteil präzise im Rahmen eines kulturellen Settings, welches der Frau im manichäischen Kräftefeld den Negativpol zuweist.[12] Schon in der Lehre des Mani ist Hummâma, der Geist der Finsternis, der dem Gott des Lichtes gegenübertritt, weiblich[13], und nicht anders verhält es sich bei dem im Kantischen Lichtreich des Noumenalen seine Bestimmung vollendenden Manne Weininger, der, indem er die Frau auf lichtlos-opake Fleischnatur herabwürdigt, in großem Umfange ›Ideen‹ Lombrosos reformuliert. Dabei ist es den Autoren des Werkes über das Weib als Verbrecherin und Prostituierte – wie sie selbst zugeben – nicht gelungen, jene ›Ideen‹ mit Hilfe der Methoden zu erhärten, welche den Kernbestand des kriminalanthropologischen Forschungsinstrumentariums ausmachen: weder die kraniometrischen Meßdaten noch die »ganze Anhäufung von Messungsergebnissen« der anthropometrischen Untersuchungen überhaupt lieferten mehr als »nur spärliche Resultate«, mehr als »nur recht wenig« (LF, S. 281, 321). Wendungen, die allesamt euphemistische Übertreibungen des Umstandes sind, daß keinerlei signifikante Ergebnisse (selbst nicht unter den abenteuerlichen Praktiken der Datenerhebung und Datenauswertung, wie sie die positive Schule der Kriminologie pflog) zustande zu bringen waren. Daß Lombroso und Ferrero dies zugeben und dann doch eine umfassende Anthropologie des normalen wie des verbrecherischen Weibes als empirisch gesicherte Doktrin vor den vielfach zustimmungsbegehrlichen Blicken der männlichen Fachkollegenschaft ausbreiten, ist ein Vorgang, der sich angemessen wohl nur begreifen läßt, wenn man sich klar macht, in welchem Ausmaße hier ›Empirie‹ als ein Reich physiognomischer Evidenzen der Forschung präexistiert. Was Lombroso und Ferrero an der Gestalt der Frau *sehen* - sehen als physiognomische Aktivität begriffen -, das wird zum Rahmenwerk, in welches sich die recherchierten Details wunderbarerweise alle einfügen. Was sie im Anblick der Frau *sehen,* das ist ein »körperlich unterentwickelter Mann«, ein Wesen, das dem Kinde, dem primitiven Menschen, dem Haustier zwar nicht eigentlich nahesteht, aber doch um vieles näher als der Mann. Was Lombroso und Ferrero *sehen,* indem sie das Weib untersuchen, ist die Persistenz der Natur als einer dämonischen, Kultur und Zivilisation und damit auch ihren Schöpfer, den Mann, immerfort bedrohenden Macht. Die These der Kriminalanthropologen, wonach die Frau ein »halbkriminaloides« Geschöpf sei - *»Das Nicht aber ist dem Nichts verwandt. Und darum besteht ein so tiefer Zusammenhang zwischen allem Verbrecherischen und allem Weiblichen«*, wird es bei Weininger (1922, S. 395) heißen -, und die These, wonach das dem Wesen des Weibes entsprechende Verbrechen die Prostitution sei, sind zugleich Ausdruck der Angst vor dem Verschlungenwerden durch das die Ordnung erodierende Weib und der symbolischen Abwehr dieser Gefahr nach Law-and-Order-Manier (weibliche Sexualität = Unordnung = Verbrechen).

Lombrosos Bücher erzählen die Geschichten von zwanghaft masturbierenden Mädchen, in denen die Lust auf verbrecherische Weise unauslöschlich brennt (HD I, S. 119 ff.; Lombroso 1894 b, S. 130 f.; LF, S. 342); man prügelt sie, man steckt sie in Zwangsjacken und taucht sie in kaltes Wasser, man verätzt ihre Klitoris, dann amputiert man sie ihnen, man quält und verstümmelt sie und steckt sie ins Irrenhaus; aber was immer man anstellen mag, die kleinen bestialischen Lustmaschinen müssen ihr Geschlecht liebkosen, es drücken und reiben, mit allerlei Instrumenten, ja selbst mit jenem, »welches zur Injektion von Anaphrodisiacis dienen sollte« (HD I, S. 120), sich Lust verschaffen und das Glück eines Orgasmus. Stets sind es Mädchen, deren Onanomanie geschildert wird, und wenn doch einmal ein Knabe in den Reigen der Perversionen des Geschlechtslebens einbezogen wird, wie jener P.R., der seit seinem sechsten Lebensjahr ein Vergnügen daran findet, nackte Männer und besonders deren Genitalien zu betrachten, dann liebt er es, »sich als Weib zu verkleiden« (HD I, S. 119 f.). Im versteinerten Blick des Irrenarztes Lombroso auf diese geschundenen Mädchen - damals zu allem auch schon Opfer einer moralisierenden Psychiatrie - ruht unbeweglich das physiognomische Phantasma des durch Faszinationsfurcht gebannten Mannes. Die masturbatorische Frauengestalt mit ihrer monologischen, vom Manne abgekapselten Lüsternheit ist der reinste Ausdruck der Verweigerung gegenüber dem Kulturdiktat: Symbol der Nicht-Gemahlin und Nicht-Mutter, ist sie die Inkarnation einer die Kultur bedrohenden Selbstgenügsamkeit des Lustfleisches, worin die Ströme der Libido in sich gekehrt zirkulieren. Doch in jenem Imaginationsraum des sich gefährdet fühlenden, faszinierten Mannes gibt es, wie man weiß, noch eine zweite Frauengestalt, furchterregender als die erste, weil direkt auf ihn, den Mann, gerichtet: die ewig bereite Hure. Lombroso und Ferrero ist es nicht gelungen, diese Gestalt widerspruchsfrei zu konzipieren. Nach dem Willen der beiden ist die Prostitution das eigentliche Abflußfeld der kriminellen Energien im Bereich der Weiblichkeit: »Die Identität zwischen der Verbrechernatur und der Dirnennatur ist auf anatomischem und psychologischem Gebiete so vollständig wie nur möglich« (LF, S. 576). Obwohl nun aber ein wichtiges Merkmal der geborenen Verbrecherin der »Erotismus« ist, das heißt, eine der normalen Frau unbekannte Gier nach Sex, übt bei Lombroso die Prostituierte ihr Geschäft nicht nur ohne erotisches Engagement aus, sie *ist* auch eine vollkommen frigide Frau.[14] Kurella hat diesen Widerspruch, ohne ihn als solchen angesprochen zu haben, dahingehend zum Ausdruck gebracht, »daß schwere Verbrecherinnen fast immer einen gesteigerten Geschlechtstrieb haben, der bei der verbrecherischen Entwicklung wesentlich mitwirkt, während sich die Prostituierte meistens durch geschlechtliche Kälte [...] bemerklich macht« (Kurella 1903, S. 81). Es ist, als ob dem kriminalanthropologischen Blick die Zusammenschau von Verbrechen und Sexualität in der Gestalt der Prostituierten, welche den Schrecken einer sich offensiv gebärdenden Vagina beherbergt, unerträglich gewesen wäre; als ob er daher die Prostituierte hätte psychologisch kastrieren müssen (indem er ihre Klitoris zu einem gefühllosen Organ depotenzierte) und den Erotismus als unentbehrliches Merkmal der antikulturellen Drohung, selbst um den Preis einer die Theorie belastenden Inkonsistenz, auf das Abstraktum der »schweren Verbrecherinnen« (unter welche die Prostituierte ihrer Natur gemäß fällt) hätte verschieben müssen. Die Onanistin und die Prostituierte, die Frau, die den Mann (und damit Kultur und Zivilisation) negiert, indem sie ihre Libido nicht entäußert, und die den Mann aggressiv bedrohende, verschlingende Vaginalfrau, sind die beiden Extrembilder der an der Gestalt der Frau dem Mann aufdämmernden Chaosängste: die sich der Bearbeitung und Indienstnahme verweigernde Lustnatur und die die Ordnung des Mannes zerstörende Schlingnatur - beide zutiefst verbrecherische Aspekte der Natur insgesamt -, müssen, koste was es wolle, in Schach gehalten werden.

So drückt die phantasmatische Gestalt der *normalen* Frau bei Lombroso und Ferrero stets die Drohung und deren Abwehr gleichzeitig aus. Die normale Frau ist eine geborene Verbrecherin; dies aber in einer Weise, daß es dem Manne nicht schwer fällt, sie im Rahmen der zivilen Institutionen zu bändigen: die Frau ist als verbrecherisches Wesen halbkriminaloid. Die Frau beherbergt zwar die Drohung. Indem sie dem Kinde nahesteht, liebt sie das Böse um des Bösen willen (LF, S. 413) - »Man kann nicht sagen, daß das Weib, ganz wie das normale Kind, dauernd Spuren moralischer Idiotie zeigt [...]. Im Grunde aber bleibt das Weib immer unmoralisch« (LF, S. 168) -, allerdings ist die Frau in allen wesentlichen Dimensionen dem Manne gegenüber inferior: intellektuell, psychisch, physisch, ja selbst die Empfindsamkeit (Lombroso und Ferrero sind sehr stolz auf diese Entdeckung) ist bei ihr nicht so ausgeprägt wie beim Mann (LF, S. IV). Der Frau ist zwar als grundlegendes Charaktermerkmal Grausamkeit zu eigen, aber diese ist der Mutterschaft »aufgepfropft«, weswegen die Frau auch durch die Fähigkeit zum Mitgefühl imponiert.[15] Die Frau, da sie am bösen Urgrund der Natur stärker partizipiert als der Mann, würde dessen Kultur, ja dessen Existenz, durch ihre Triebhaftigkeit ständig bedrohen, wäre es nicht der Fall, daß die normale Frau - das ist jede Frau, die wahrhaft Mutter zu sein vermag - geschlechtskalt ist: »die Frigidität ist die Regel, das Gegentheil findet sich nur bei den Verbrecherinnen von Geburt, die zugleich Prostituirte sind« (LF, S. 388). Obwohl auch dies eine die ganze Konstruktion belastende Ungereimtheit ist, insofern Frigidität und ›Natürlichkeit‹ (= Wildheit) einander ausschließen, so scheint sie doch erforderlich, um der Mutter/Prostituierte-Polarität Rechnung zu tragen. Daß Lombroso und Ferrero die Prostituierte ohnedies zur Frigidität verurteilen, macht es nur um so notwendiger, sie von der Gestalt der Mutter, die von allen Bezügen zur Lüsternheit vollständig gereinigt werden muß (obwohl auch sie ein halbkriminaloides Wesen ist), abzuheben. Während die geschlechtskalte Prostituierte totes Fleisch ist und als solches nicht fähig zu einem authentischen Muttergefühl, ist die Mutter, obwohl kalt, was die Lüsternheit betrifft, doch eine warme Figur mit einem quasi-erotischen Sentiment, dem Muttergefühl. Dieses verhält sich zwar zum Geschlechtstrieb antagonistisch, scheint aber nichtsdestotrotz »auf sexueller Basis zu beruhen«, »denn oft ruft das Säugen des Kindes sexuelle Lustgefühle hervor« (LF, S. 110).

Lombroso und Ferrero dachten, sie hätten ihre Lehre vom Weib, alles in allem genommen, empirisch unter Beweis gestellt. Wie man sieht, ist das, was sie derart unter Beweis stellten, ein Mythos, noch dazu einer, der voller Widersprüche steckt. Das bedeutet natürlich nicht, daß alle Informationen, auf die sie sich stützten und die sie verbreiteten, imaginär waren; die meisten Mythen beinhalten nicht-triviale wahre Behauptungen über die Welt. Es bedeutet aber, daß viele empirische Daten, die sie von der Gestalt der Frau abziehen und als gesicherte Wahrheiten archivieren zu können glaubten, von Anfang an ›physiognomisiert‹ waren: sie waren aufgeladen mit Bedeutungen, die vom Mythos als einer hinter der empirischen Anstrengung wirkenden Totalität affiziert waren und die, je mehr Informationen ihres Einbaus in eine Theorie harrten, nach einer Organisation im Sinne des Mythos verlangten. Das physiognomisierte empirische Datum verhält sich nicht gleichgültig gegenüber der Hypothese, die es bestätigen oder widerlegen wird; es trägt vielmehr, wenn auch bruchstückhaft, schon immer ein symbolisches Ganzes, eine ›Theorie‹, in sich. Wenn Lombroso und Ferrero darangehen, und sei es mit den subtilsten Instrumentarien, Daten zu erheben, die den Körper der Frau oder ihre Seele betreffen, so haben die Informationen, die sie erhalten, einen Resonanzraum in jenem Reservoir mythopoetischer Bilder, wo die Frau Natur und die Natur das Böse ist. In dem Augenblick, in dem sich Resonanz und Information überlagern, wird diese zu einem physiognomischen Partikel. Der Blick, der über die Frau gleitet und sie zu durchdringen sucht, trifft auf eine physiognomische Totalität: *das Weib*, das nicht bloß ein Insgesamt von Daten, sondern ein ganzer Mythos ist.

Verbrecherpsychologie und Verbrecherphysiognomik sind nicht zu trennen, wenn die kriminologische Konstituierung des Delinquenten am Gängelband der Archaik des Bösen erfolgt. Ihr untergründiges kategoriales Organisationszentrum ist dann der Fremde als desozialisierende Macht, d.h. die Bestie, und deren ›Psyche‹ war schon immer eine über die Oberfläche des Körpers verstreute. Daß die bestialischen Geschöpfe sich häufig durch tiergestaltige Stigmata auszeichnen, macht diesen Punkt besonders deutlich: ihre Körper sind, wie die protuberanzenstrotzenden Gehirne der Gall-Spurzheimschen Schädellehre, Ausdrucksgestalten einer monströsen Seele.

»Aus einer Unzahl von schädlichen Naturgewalten und übermächtigen Tieren«, schreibt Hans v. Hentig (1961, S. 8), »sind erst bedrohliche Dämonen geworden, die schließlich, in einer Art Monotheismus der Verderbenselemente, zum Satan wurden [...]. Furcht und Abscheu haben in den Köpfen der Menschheit das Teufelsbild zusammengebraut. Wie ein letzter Nachhall der Gefühle aus entlegensten Entwicklungsstufen, ist in der Vorstellung noch das überlegene Tier lebendig. Hörner, Hauer, der Huf, alle verraten den gleichen Ursprung wie die teriomorphen Göttergestalten der Vorzeit«.

Es ist bekannt, daß Satan seit der Renaissance ein immer mehr zivilisiertes Äußeres anzunehmen beginnt, grobschlächtig Animalisches mehr und mehr abstößt, bis er, im Zeitalter der bürgerlichen Klassik fast zur tragischen Gestalt geworden und hoch psychologisiert, bloß noch einen Hauch bestialischer Fremdheit um sich verbreitet. Vom alten Bocksfuß ist dem Goetheschen Mephistopheles nur das Hinken geblieben. Beim Homo delinquens Lombrosos schließlich ist einzig noch durch Messung nachweisbar, daß er, im Gegensatz zum Norm-Menschen, der rechtsdominant, also ›gut‹ geht, zur Linksseitigkeit neigt, der Mörder zu »ausgesprochener Linksseitigkeit«.[16] Die Feinheit dieses Details ist indes die Ausnahme. Obwohl Lombroso immer wieder betont, daß die Identifikation des geborenen Verbrechers ein sehr geübtes Auge zur Voraussetzung habe, ist dessen Physiognomie von einer geradezu Anstoß erregenden Grobschlächtigkeit. Vergegenwärtigen wir uns einige der von den Kritikern der Kriminalanthropologie gerne zitierten Beispiele (HD I, S. 229 ff.):

»Die *Diebe* haben im allgemeinen sehr bewegliche Gesichtszüge und Hände; ihr Auge ist klein, unruhig, oft schielend; die Brauen gefältelt und stoßen zusammen; die Nase ist krumm oder stumpf, der Bart spärlich, das Haar seltener dicht, die Stirn fast immer klein und fliehend, das Ohr oft henkelförmig abstehend«. »Die *Stupratoren* haben fast immer ein funkelndes Auge, feines Gesicht, schwellende Lippen und Brauen, aber einen starken Unterkiefer. Meist sind sie gracil gebaut, bisweilen jedoch bucklig«. »Die *Mörder* haben einen glasigen, eisigen, starren Blick, ihr Auge ist bisweilen blutunterlaufen. Die Nase ist groß, oft eine Adler- oder vielmehr Habichtsnase; die Kiefer starkknochig, die Ohren lang, die Wangen breit, die Haare gekräuselt, voll und dunkel, der Bart oft spärlich; die Lippen dünn, die Eckzähne groß. Nystagmus ist häufig, auch einseitiges Gesichtszucken, wobei sie die Eckzähne zeigen, gleichsam grinsend oder drohend«. »Im allgemeinen sind bei Verbrechern von Geburt die *Ohren* henkelförmig, das Haupthaar voll, der Bart spärlich, die Stirnhöhle gewölbt, die Kinnlade enorm, das Kinn viereckig oder vorragend, die Backenknochen breit, - kurz ein mongolischer und bisweilen negerähnlicher Typus vorhanden«.

Es waren derlei Details und das beigegebene Bildmaterial, die z.B. den Kriminalstatistiker Alexander v. Oettingen (1881, S. 435) anmuteten »wie eine vom irrenärztlichen Standpunkte ausgehende Diatribe, welche stark an zerrbildliche Kuriositätenmalerei erinnert«. Was aber die Kritiker der physiognomisierenden Welt-Perspektivierung zumeist unterschätzen, ist deren ordnungsstiftende Kraft auch dort, wo das Detail bloß noch zum Lachen reizt. Der Buckel des Frauenschänders wie der blutunterlaufene Blick des Mörders sind nicht bloß täppische Übernahmen aus dem Schatz lynchbegieriger Volksweisheit; sie sind darüber hinaus und im Einklang mit den vielen feineren Einzelheiten (bis hin zu der ganz verborgenen Fossa occipitalis media) Elemente einer Ordnung, in der noch das Mongolische und Negride als Indices eines viel Allgemeineren fungieren. »Ubique daemon« schrieb Salviano, Schüler des Heiligen Augustinus, und Carducci lehrte in seinem *Satanico*: »Wünscht jene arme Klosterfrau eine Staude Endivie? - in dieser Staude ist Satan. Freut sich der Mönch, daß in seiner einsamen Zelle ein Vögelchen singt? -

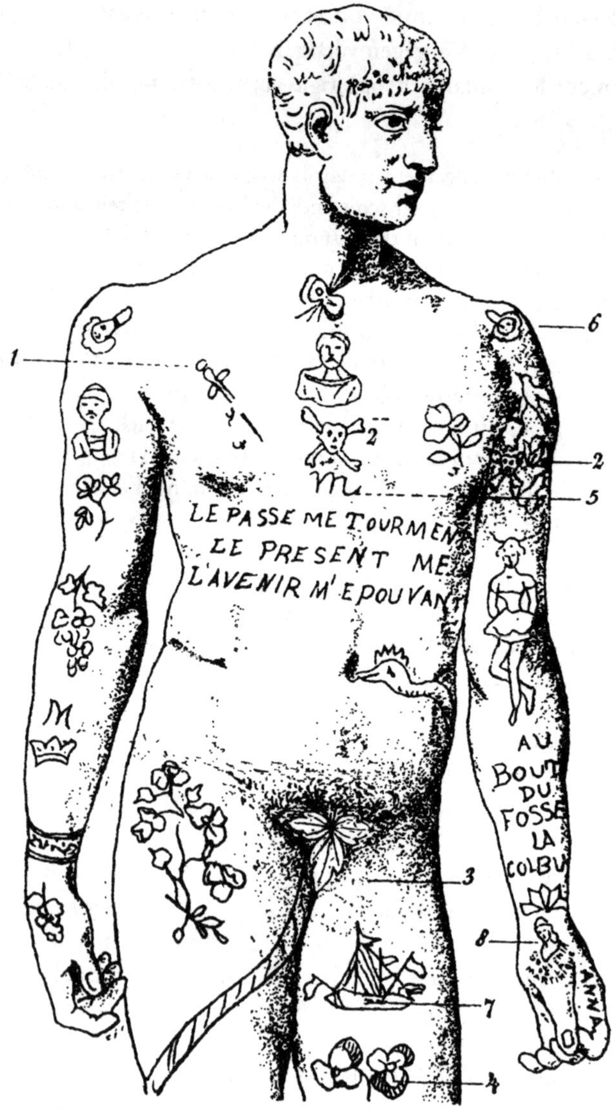

Abbildung 5
Tätowierungen eines mehrfach bestraften französischen Matrosen nach Lombroso
Quelle: Kurella, *Naturgeschichte des Verbrechers,* 1893

in diesem Gesang ist Satan« (zit. nach Papini o.J., S. 46). Es ist, als ob für jenen Menschen, dem die ganze Natur des Teufels ist (die Natur hat ja nicht teil am Erlösungswerk Christi), dadurch die Oberflächen der Dinge eine eigentümliche Schwere bekämen, wie Zeichen, deren jedes einem gewaltigen Tiefenzentrum zuläuft, - als ob unter der Bedingung, daß alles voll des Teufels ist, Zerstreuung der Flächen, des Blicks, der Zeichen nicht mehr möglich wäre. Daher die lauernde Umsicht, die noch das Banalste, das Blatt der Endivie, auf seine Neigung zu jenem Tiefenzentrum hin durchforscht, bis sich schließlich in einer kaum noch merkbaren Spur, in einer Absonderlichkeit an der Grenze des Sichtbaren, der Schlund der Hölle auftut - und immer wieder derselbe Schlund. So ist auch das Universum des Lebens bei Lombroso an jedem Punkt ein mehr oder weniger der dämonischen Tiefe, dem Gravitationszentrum des Bösen zu geneigtes. In gekrümmten Schichten, die auf immer tiefere Schichten verweisen, geht es nach unten; und ganz an der Oberfläche ist oft nichts bemerkbar als die Minimalzeichen, die Spuren, die jeder übersieht, der nicht auf der Hut ist: die mittlere Hinterhauptsgrube, der linksseitige Gang, da und dort ein Buckel, ein Blutgerinsel im Auge, manchmal nicht mehr als ein unscheinbares Äußeres. Die Psychologie des Verbrechers ist daher notwendig auch immer Physiognomik. Denn die Beziehung der Verbrechergestalt zu deren Gravitationszentrum ist keine bloß äußerliche. Das Zentrum wirkt, und seinem Wirken gemäß deformieren sich die Körper. Da aber das Zentrum ein hochverdichteter Kern mythischer Bilder ist, sind die deformierten Körper Gewebe aus bildhaften Zeichen, in denen die Seele, gespiegelt, wohnt.

Nicht zufällig spielt in der Verbrecherpsychologie Lombrosos der Tätowierte eine tragende Rolle *(Abb. 5)*. Sein Körper ist im buchstäblichen Sinne des Wortes Zeichenträger geworden, Träger von Bildern und Schriften, welche die physiognomischen Lehren unterstützen, verdoppeln, weiterführen. Lombroso stellt zwar, nach eigenem Bekunden, den Tätowierten auf die Bühne der Kriminologie, um seiner Lehre von der Unempfindlichkeit des Homo delinquens empirisch Nachdruck zu verleihen; der Umstand, daß sich so viele Verbrecher tätowieren ließen, noch dazu mehrfach und an den empfindlichsten Stellen des Körpers, sei ein Beweis für ihre Stumpfheit gegenüber physischem Schmerz. Doch ist Lombrosos ausführliches Studium der

Tätowierungsinhalte Kennzeichen einer Faszination: die Tätowierung spricht die Wahrheit des geborenen Verbrechers aus. Wenn das Kulturdiktat die eigentliche Geburtsanzeige des Menschen ist, dann ist der Tod des Homo delinquens im Reich der kultivierten Menschen im Grunde unabdingbar; von dieser Notwendigkeit des Todes künden viele Hautinschriften: »Man könnte sagen, der Verbrecher habe und schnitte in sein eigenes Fleisch das Vorgefühl seines Endes« (HD I, S. 260). Wovon die Tätowierungen aber vor allem künden, das ist die Wildheit des Homo delinquens (also etwas, das seiner Stumpfheit, deretwegen er als Tätowierter gerade gezeigt wird, grundsätzlich widerspricht), seine Vertiertheit, die sich im Pictogramm als grauenhafte Obszönität offenbart: »Einer hatte längs des Penis die Figur eines nackten Frauenzimmers; ein Anderer auf der Glans einen Frauenkopf, dessen Mund das Orificium urethrae bildete, darüber das Savoyer Wappen; Einer trug daselbst die Initialen seiner Geliebten, ein Anderer einen Blumenstrauß« (HD I, S. 261).

Die lombrosianische Psychologie des Verbrechers nennt als dessen grundlegendes seelisches Charakteristikum eine gegenüber dem normalen Menschen stark herabgesetzte allgemeine Sensibilität.

»Ein Greis z.B., der wegen Nothzucht bestraft war, ließ sich ein Glüheisen auf das Skrotum appliciren, ohne einen Schmerzensschrei auszustoßen, und fragte danach, ob man mit der Operation zu Ende sei, als ob er dabei gar nicht betheiligt gewesen. Allerdings verfiel er kurz darauf in Delirien. Ein Anderer ließ sich ohne die geringste Erregung ein Bein amputiren und scherzte nachher darüber. Ein aus dem Bagno der Insel S. entlassener Mörder zerfleischte sich die Eingeweide mittelst eines großen Messerstieles, als ihm der Anstaltsdirektor seine Bitte, noch daselbst verweilen [zu] dürfen, bis er Unterkunft und Brot gefunden habe, abgeschlagen hatte. Darauf stieg er die Treppe ruhig hinauf, legte sich in sein Bett und verschied einige Augenblicke danach, ohne auch nur einen Seufzer auszustoßen. Der Mörder *Decourbes* brachte sich absichtlich Wunden an den Beinen bei, um nicht nach Cayenne geschafft zu werden. Als erstere geheilt waren, zog er mit einer Nadel ein Haar durch seine Kniescheibe und starb infolgedessen. *Mandrin* wurde vor seiner Enthauptung an 8 verschiedenen Stellen der Arme und Beine mit Zangen gezwickt und stieß keinen Laut dabei aus. B. riß sich vermittelst gepulverten Kalkes 3 Zähne aus, um sich unkenntlich zu machen; R. zerfetzte sich die Gesichtshaut mit Glasscherben« (HD I, S. 272).

Der Leser von derlei Schilderungen hat kaum das Gefühl, einer Parade von Kaltblütigen, schon eher, den schauerlichen Paroxysmen der Verzweiflung, des Lebensüberdrusses, des gegen sich selbst gerichteten Welthasses beizuwohnen. Und auch Lombroso fügt seinem Referat über die im Zuchthaus von Chatam in den Jahren 1872 und 1873 gezählten Selbstverstümmelungen (841 »Kontusionen und Verwundungen« insgesamt; man erfährt weder die Zahl der Verwundeten noch die Anzahl der Insassen) den Satz hinzu: »Hierbei kommt aber ganz besonders die Leidenschaft ins Spiel, wodurch das Schmerzgefühl herabgesetzt wird« (HD I, S. 273). Die Idee des gefühllosen Verbrechers war eine der wirkungsreichsten Lombrosos. Immer wieder wird sie eine grundlegende Evidenz derer bilden, die sich ein an den Ordnungspostulaten der Gesellschaft orientiertes wissenschaftliches Bild vom Verbrecher machen, bis hin zu Eysencks Lehre, der ›Homo delinquens‹ sei der schwer konditionierbare, schwer erregbare, dumpfe Mensch, der gerade seiner Dumpfheit wegen nach Situationen strebt, deren Erregungspotential groß ist (Eysenck 1977). Wie sehr aber das Urteil der Gemütlosigkeit, wiewohl es auf einer Masse von ›Empirie‹ aufruht, doch vor allem Bestandteil eines Mythos ist, zeigt Lombrosos Umgang mit jenen Berichten, die gerade den gefühlvollen Verbrecher zum Gegenstand haben: dessen Feinfühligkeit, dessen noble Gesinnung hätten »doch stets einen krankhaften Anstrich und sind unbeständig und wechselnd« (HD I, S. 317). Weil die Psychologie des Verbrechers bei Lombroso unter dem Diktat steht, die Innenseite des Homo delinquens als die des Fremden zu konstituieren, bekommen alle nicht-fremden Züge an der Verbrecherseele den Status der Ausnahme, welche die Regel bestätigt, oder den Anschein des Unnatürlichen, des Krankhaften. Jede menschliche Regung, die ein Mörder an den Tag legt - »Dem Mörder *Moro* machte es Vergnügen, seine Kinder zu waschen und anzukleiden. *Féron* ging, gleich nachdem er einen Mord begangen hatte, zu den Kindern seiner Geliebten und bewirthete sie mit Leckerbissen« (HD I, S. 316) -, macht uns, die Menschen, dem Unmenschen ähnlicher; daher wohl rührt die Neigung des Mythologen, die Menschlichkeit des Homo delinquens als eine Regelwidrigkeit nicht bloß im deskriptiven, sondern auch im normativen Sinne zu betrachten. Der Fremde, um den das Denken des Kriminalanthropologen kreist, ist als Instanz der Unordnung eben nicht einfach der Andere, er ist als solcher überdies und wesentlich Gefahrenherd. Daher reicht es nicht aus, daß er ohne Gemüt sei, d.h. die Negation aller tieferen Gefühle der zivilisierten Menschen, der guten wie der schlechten. Die Macht des Fremden gründet nicht bloß in seiner Unberührbarkeit, sondern wesentlich auch in seiner Entschränktheit aufgrund des ihm fehlenden Gemüts: ohne Scham und Mitleid, »die sonst ein mächtiger Dämpfer sind«, droht er ständig, zum entfesselten Exekutor der »grausamen Instinkte des Urmenschen«, der dämonischen Naturtriebe zu werden (HD I, S. 324). Sind die Schranken der Kultur, die, in verinnerlichter Form, durch Gewissen und ›Gemüt‹ errichtet werden, durchbrochen, so fließt unentwegt die glühende Trieblava, das Blutmiasma fordert Opfer auf Opfer: »Wenn man einmal dies entsetzliche Vergnügen des Blutvergießens gekostet hat, so wird das Tödten zu einem so drängenden Bedürfniß, daß der Mensch sich nicht mehr beherrschen kann, und sonderbarerweise rühmt er sich noch seines Verbrechens, statt sich desselben zu schämen« (HD I, S. 325).

Derart basiert die ganze Psychologie des Verbrechers bei Lombroso auf einem bemerkenswerten Widerspruch. Obwohl ohne Gefühl, ist der Homo delinquens voll davon: er ist das grausame Wesen, aber seine Grausamkeit ist nicht die gleichgültig-unabsichtliche des Sangfroid, vielmehr bedeutet ihm das Leiden, das er anderen zufügt, der Anblick ihres Blutes zumal, höchste Lust. In diesem Widerspruch erreicht die Psychologisierung der Bestie ihre autonomste Gestalt. Fast nichts mehr erinnert an den mythischen Ursprung, an die archaische Wurzel der Konstruktion - außer jener Widerspruch. Die ›gefühllose, mitleidlose‹ Natur und die Natur als dämonischer Schoß der Unordnung; die Natur als das ganz Andere des Menschen, das Kalte und absolut Fremde, als die Grenze der Emphatie und des mimetischen Impulses, und die Natur als Hitze, als das, was wir, die Kulturwesen, nicht sein dürfen - das freie Fließen der Ströme des Es: beides Bilder, die für ein Draußen stehen, dessen Implosion in das Innen der Kultur Vernichtung bedeutet. Sowohl die kalte als auch die heiße Natur tötet. Die Bestie ist kalte und heiße Natur in einem, und beiden mythischen Qualifikationen entspricht in der ›Empirie‹ Lombrosos je ein psychologisches Prädikat: Gemütlosigkeit einerseits, Grausamkeit (um ihrer selbst willen) andererseits. Nur wenn man in der Verbrecherseelenlehre des Kriminalanthropologen den wie auch immer kaschierten Versuch erkennt, das Motiv der Bestie im Sinne der Inkorporation kalter und heißer Natur, das heißt als Inbegriff der archaischen Gegenbilder zu denjenigen der Kultur als Nähe, Wärme und Ordnung, erfahrungswissenschaftlich zu rationalisieren, wird man das Wesen der lombrosianischen Psychologie und ihren ›irrationalen‹ Hang zum Widerspruch verstehen: sie ist der Mythos als Wissenschaft.

Die irre Bestie

Der Homo delinquens ist bei Lombroso nicht nur biologisch und psychologisch determiniert. Der Mythos erfaßt die Erscheinungswelt derart, daß Tatsachen und Werte als ontisch gleich ursprüngliche, auch gleichwertige Aspekte Ein und Desselben, und nicht als kategorial Verschiedenes in Erscheinung treten. Im Verlauf der Rationalisierung des Mythos und seines zerstückelten Fortbestands in einzelwissenschaftlichen Diskursen (die allesamt den mythischen Hang zur Totalität konterkarieren) übernehmen die typischen Normalitäts-Wissenschaften den Weitertransport der Sein-Sollen-Archaik. Im Begriffszentrum dieser Wissenschaften findet sich immer eine Kategoriendualität - Normal/Anormal; Gesundheit/Krankheit; Durchschnitt/Abweichung -, welche in dem Maße, in dem sie die Welt nach deskriptiven Gesichtspunkten ordnet, sie auch mit dem Firnis der Normativität überzieht. Normalitäts-Spezialisten (Ärzte, Psychiater, Kriminologen), die, wie die Wissenschaftler im allgemeinen, von dem szientifischen Traum ›reiner‹ Tatsächlichkeit umsponnen sind, empfinden es häufig als Vorwurf, wenn sie auf den Wertgehalt ihrer Deskriptionen aufmerksam gemacht werden. Denn weit davon entfernt, es für ihre Aufgabe zu halten, Wertungen an die Tatsachen heranzutragen, sind sie eher schon der Auffassung, daß ihre Wertungen Tatsachen sind.[17] Wenn es also stimmt, daß Lombrosos Homo delinquens ein paramythisches Wesen ist, dann ist zu erwarten, daß seine Rationalisierung nicht bloß auf der biologischen und psychologischen Ebene erfolgt (deren Bezug zu normalitätswissenschaftlichen Fragestellungen relativ marginal ist), sondern auch auf der Ebene einer zentralen normalitätswissenschaftlichen Disziplin. Denn nur so kann, wenn auch auf prekäre Weise, wissenschaftlich geleistet werden, was dem Mythos natürlich ist: die Ethisierung des Empirischen. Und nur von hier aus kann die Ethisierung des *ganzen* Wissens über den Homo delinquens, auch des biologischen und psychologischen

Wissens, und damit die Ethisierung der Bestie *als Totalität* intendiert werden.

Lombroso genügt dieser Erwartung in mehrfacher Hinsicht. Er hat den Begriff des Atavismus ins Pathologische umgebogen und aus den Stigmata hereditatis Stigmata degenerationis gemacht. Er hat den psychologischen Befund unterdurchschnittlicher allgemeiner Sensibilität (Gemütlosigkeit) wie den, daß der geborene Verbrecher - entsprechend dem Wilden und dem Kinde - das Böse um des Bösen willen suche (Grausamkeit), mit der psychiatrischen Lehre von der *moral insanity* verknüpft: der gemütlose und grausame Verbrecher von Geburt ist moralisch irrsinnig (HD I, S. 450-478). Und schließlich hat Lombroso behauptet, der geborene Verbrecher und der moralisch Irrsinnige, die im Wesen identisch seien - deswegen »ist es schwierig, ja fast unmöglich, sie miteinander zu vergleichen, denn Dinge, die identisch sind, lassen sich eben nicht vergleichen« (HD I, S. 479) -, gehörten zur nosologisch umgrenzten Familie der Epileptiker. Um dieser Behauptung empirische Plausibilität zu verleihen, mußte Lombroso eine ganze »Naturgeschichte des Epileptikers« schreiben, die - wie sollte es anders sein - mit der Naturgeschichte des Verbrechers, und das heißt auch: des moralisch Irrsinnigen, zusammenfiel.

Zu Lombrosos Zeit wird viel über die larvierte oder »maskierte« Epilepsie geschrieben, und diese sollte durch Symptome charakterisiert sein, die für den epileptischen Anfall gerade nicht typisch sind. Während aber Autoritäten wie B.A. Morel und H. Maudsley das Feld der Symptome eng um das klinische Bild des epileptischen Krampfanfalls gruppierten, wird vereinzelt - so bei Lombroso und dem von ihm zitierten »scharfsinnigen« Psychiater Venturi - die Lehre von der larvierten Epilepsie zum Angelpunkt einer Doktrin, wonach es eine epileptoide Konstitution gibt, die - nach Venturi - »nichts anderes, als eine etwas hochgespannte Normalfunktion des Nervenlebens darstellt, so daß einige Epileptiker nichts anderes als etwas stark gefärbte impulsive Naturen zu sein scheinen, ohne daß ihre ungewöhnliche Ausdrucksweise als etwas Krankhaftes bezeichnet werden kann« (HD II, S. 339). Indem Lombroso dieser Auffassung folgt, deren Tendenz dahin geht, der psychopathologischen Erscheinungsform des Epileptikers einen normalpsychologischen Charaktertyp, den Epileptoiden, zuzuordnen, und indem er die Vorstellung des Epileptoiden als einer ›stark gefärbten impulsiven Natur‹ mit dem Klischee vom Verbrecher als einer ebensolchen Natur konnektiert, kann er nicht nur den Homo delinquens - was ohnedies schon durch dessen Etikettierung als moralisch Irrer geleistet ist - normalitätswissenschaftlich verorten; er kann darüber hinaus das drängende Problem des nichtpathologischen Verbrechers im kriminalanthropologischen Sinne lösen. Was demnach den ›normalen‹ Delinquenten mit dem Homo delinquens verbindet, ist die beiden gemeinsame epileptoide Konstitution. Diese ermöglicht es Lombroso schließlich doch noch, jedermann, der positivrechtlich delinquent handelt - gleich, ob er vom Kriminologen als geborener, als irrer, als Gewohnheitsverbrecher, als Gelegenheits- oder Leidenschaftsverbrecher klassifiziert wird -, in den Mythos von der Natur des Verbrechers einzupassen. Entscheidend ist dabei, daß unter ›Natur‹ hier nicht bloß eine Idiosynkrasie des Charakters, eine ein Einzelleben prägende und sich in ihm erschöpfende ›Veranlagung‹ zu begreifen ist, sondern eine einen Menschenschlag konstituierende Formation aus biologischen, psychologischen und physiognomischen Merkmalen: den Schlag der Epileptoiden, die allesamt kriminaloid sind, d.h. in erhöhtem Ausmaße dazu prädisponiert, unter ungünstigen äußeren Umständen gegen das Gesetz zu verstoßen. Man sieht, wie hier Lombroso Zugeständnisse an die milieutheoretischen Kritiker der Kriminalanthropologie, deren Einwendungen vor allem der zweite Band des *Uomo delinquente* Rechnung tragen sollte, in ihrer ganzen Breite wieder unterlaufen werden: Nicht die ungünstigen äußeren oder zufälligen biographischen Konstellationen machen einen Menschen letztlich zum Verbrecher; notwendig ist stets das Hinzutreten der epileptoiden Konstitution. Eine Graphik aus der fünften Auflage des *Uomo delinquente*, zweiter Band, spiegelt anschaulich Lombrosos Traum von der vollkommenen Übereinstimmung zwischen dem Kriminellen als positivrechtlich determinierter Gestalt und der ›naturrechtlich‹ determinierten Figur des Verbrechers von Geburt wider:

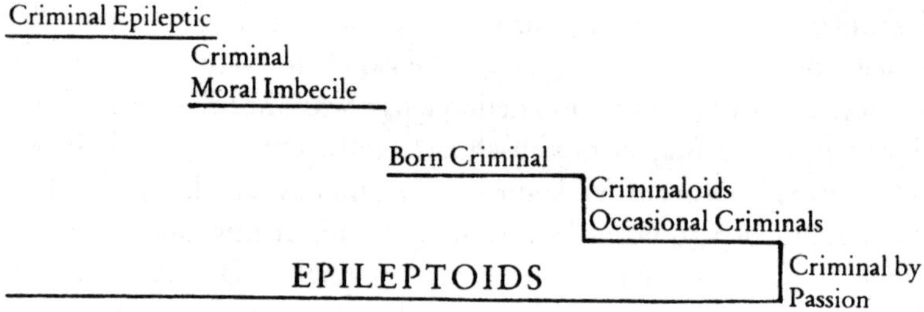

(From L'Uomo delinquente, 5th ed., 1896, Vol. II, p. 60.)
Quelle: Wolfgang 1960, S. 190.

Jede gelungene, radikal durchgeführte Medikalisierung ist ein normalitätswissenschaftliches Manöver, das die mythische Totalität *zerstört.* Denn das ›Böse‹, das durch ein solches Manöver konstituiert wird, die Pathologie und ihre Symptome, ist nichts Ethisches, nichts, was noch in irgendeiner Form die Haltung des Vorwurfs rechtfertigen könnte. Hingegen ist es ein allgemeines Kennzeichen des mythischen Denkens, alles Böse, alles Schädliche, auch die Krankheit, als ethisch denken zu müssen. Der moderne medizinische Diskurs basiert auf der Trennung von Krankheit und Schuld, und hierin gründet seine Modernität vor allem. Der lombrosianische Diskurs will diese Trennung insoweit, als sie ein unabdingbares Merkmal von ›Objektivität‹ auch im Bereich der Normalitäts-Wissenschaften ist, er möchte sie aber vermeiden, insoweit er unter Inanspruchnahme der Wissenschaft den Mythos (gleichsam traumwandlerisch) rekomponiert. Soweit das der Fall ist, wird von dem Positivisten Lombroso der Krankheitsbegriff archaisiert. Krankheit ist demnach nicht mehr bloß ein Defekt der menschlichen Bio- oder Psycho-Maschine, sie ist darüber hinaus eine Instanz mythischer Unordnung. »Wir finden«, sagte Papst Paul VI. bei einer Generalaudienz 1972, »das Böse im Bereich der Natur, wo es sich uns auf vielfältige Weise als Unordnung zu zeigen scheint«; sodann kam der Papst mit Nachdruck auf das christliche Dogma, wonach Krankheit und Tod Funktionen der Sünde sind, zu sprechen: »Wir stoßen auf die Sünde, die eine Pervertierung der menschlichen Freiheit und tiefste Ursache des Todes ist, weil sie uns von Gott, der Quelle des Lebens, trennt (Röm. 5, 12). Und die Sünde gibt ihrerseits einem dunklen, feindlichen Täter, dem Teufel, Gelegenheit zu wirksamem Eingreifen in uns und unsere Welt. Das Böse ist nicht mehr nur ein Mangel, sondern es ist eine wirkende Macht« (zit. nach Haag 1974, S. 507). Die Theologie des

Christentums hat stets größten Wert auf die Ethisierung des Leidens und der Krankheit in der Welt gelegt, darauf, daß die Sünde und der Schmerz gleichermaßen zu begreifen seien als ›Unordnung‹, die von der bösen Macht, dem Teufel, herrührten. Deshalb auch und gerade weil die moderne Kirche vor dem medizinischen Krankheitsbegriff schon lange kapituliert hat, kann sie auf die Möglichkeit des Besessenseins, also die Möglichkeit einer Krankheit kraft dämonischer Obsession, nicht verzichten. In Verkettung der geläufigen Motive heißt es bei dem Dämonologen D. Zähringer:

»Wenn das Wort διάβολος von διαβάλλειν abgeleitet wird und ›durcheinanderwerfen‹ bedeutet, dann ist der Teufel derjenige, der alles durcheinanderzuwerfen bemüht ist. Diese Kraft der Unordnung kann den einen Menchen mehr im Seelischen, den anderen mehr im Körperlichen treffen. Bosheit und Krankheit fallen im Grunde unter die gleich[e] große Kategorie der Verwirrung, wenn sie auch qualitativ verschieden sind. Es ist notwendig, diesen größeren Hintergrund zu sehen, bevor man sich mit dem Einzelphänomen der körperlichen Besessenheit befaßt. Sie ist eine besonders drastische Äußerung der Unordnung in der Welt«.[18]

Lombrosos Begriff der epileptoiden Konstitution leistet genau dies (und insofern mehr als jedes Etikett, das im medizinischen Sinne untadelig ist): er erzeugt ein Phänomen, das der archaischen Welt der Unordnung weitaus stärker verpflichtet ist als der modernen Welt der Pathologie. Dieses Phänomen ist weniger Ausdruck einer Ursachenkonstellation im Reich der reinen Kausal-Natur, sondern ein Ausdruck des Wirkens dämonischer Kräfte in einer Logos-Natur, das heißt einer solchen, worin ›Gesetz‹ Wirkungszusammenhang *und* normatives Ordnungsprinzip gleichermaßen meint. Der Epileptoide ist daher nicht einfach der im Sinne der Normalitäts-Wissenschaft ›abnorme‹ Mensch (ein Etikett, das keine ethische Qualifikation einschließen sollte), sondern der Bös-Kranke.

Das Böse des lombrosianischen Bös-Kranken ist keine exklusiv psychische Monstrosität. Es ist, in folgerechter Durchführung des kriminalanthropologischen Naturdämonismus, körperlich, physiognomisch und psychisch präsent. Und diese, alle Aspekte der Person und ihres Lebens umfassende Präsenz des Bösen erzeugt in den wissenschaftlichen Partikulardiskursen (dem physiologischen, dem psychologischen, dem psychiatrischen Diskurs) eine übergreifende Tendenz: Am Horizont des in Disziplinen zersplitterten Wissens erscheint die Totalität der Bestie. Gegen dieses *unzeitgemäß*-archaische Moment an der Figur des Homo delinquens wird sich das moderne kriminologische Denken vor allem wehren. Man wird mit großem Pathos den Tod des geborenen Verbrechers proklamieren - Prof. Kirn z.B. verkündet gegen Ende des 19. Jahrhunderts auf der 25. Versammlung südwestdeutscher Psychiater: *»Heute muß daher das Dogma vom geborenen Verbrecher als gründlich widerlegt betrachtet werden«* (Kirn 1894, S. 713) - bloß, um den Homo delinquens in psychologisierter Gestalt wieder auferstehen zu lassen: die große Zeit der erbbiologischen und persönlichkeitsdiagnostischen Verbrecherforschungen steht noch bevor; das Heer der kriminellen Psychopathen wird, in der Nachfolge der Gestalt des moralisch Irrsinnigen, Einzug halten in das Labyrinth der Kriminologie.

Zur Struktur des Mythos als Wissenschaft

Dem mythischen Denken eignet eine Abstraktionsleistung, als deren Ergebnis Begriff und Anschauungsmaterie derart ineinander verwoben sind, daß letztere zum Repräsentationsmedium des ersteren wird. Anschauungszentriertheit der Idee (= des Begriffs = des Abstrakten = des Unanschaulichen) ist denn auch die eine Seite einer Medaille, deren andere sich als das ›Semantisiertsein der Anschauung‹ charakterisieren ließe: in die Erscheinung des Einzelnen muß gleichsam der Begriff, den es repräsentiert, *hineingesehen* werden. Das Einzelne verkörpert ›seinen‹ Begriff, und insofern es dies tut, ist es ein Medium des Allgemeinen: ein Zeichen; aber eben keineswegs bloßes Zeichen, sondern immer auch Instantiierung dessen, worauf sich der Begriff richtet. Wir stoßen hier auf die Wurzel eines das mythische Denken gegenüber dem der Wissenschaften charakterisierenden Merkmals: seinen Hang, die Welt als einen *Kosmos von Zeichen-Dingen* zu strukturieren.

Der ethnographisch manifeste Ausdruck dieses Hanges ist der Symbolismus. Das Phänomen der symbolischen Weltdeutung geht freilich über das der Semantisierung von Anschauungsmaterien weit hinaus; jedoch seine Entstehung (im Gegensatz zur Entstehung dessen, was uns als wissenschaftliche Weltdeutung evident ist) muß rätselhaft bleiben, solange man nicht auf die Auswirkungen der Anschauungszentriertheit des Denkens im Rahmen von interpretativen Ordnungsbemühungen achtet. Ein Objekt, das ›seinen‹ Begriff verkörpert - repräsentiert -, wird mit anderen Objekten am Leitfaden seiner Repräsentanzinhalte (einer Menge von Wesenseigenschaften und -relationen) positiv oder negativ verknüpft: daher das endlose Spiel der Ähnlichkeiten und Komplementaritäten im Mythos. Nicht, daß die Anschauungsmaterien einander auf vielerlei Weise ähnlich oder unähnlich sind, hält dieses Spiel in Gang, sondern der Umstand, daß sich das semantisierte Objekt gegenüber allen anderen - ebenfalls semantisierten - Objekten, die ihm aufgrund seiner Repräsentanzinhalte ähnlich oder unähnlich sind, in einer semiotisch ambivalenten Situation befindet: das Objekt kann be-deuten (Signifikant sein), aber auch be-deutet werden (Signifikat sein); das sind für das Objekt, das im strengen Sinne weder Ding noch Zeichen, sondern Zeichen-Ding oder Ding-Zeichen ist, die natürlichen Weisen, mit anderen semantisierten Objekten in Beziehung zu treten.

Aber das ist noch nicht alles. Die Tatsache, daß im mythischen Denken der Begriff Anschauungsmaterien als Repräsentationsmedien benötigt, hat zur Folge, daß er sich von der kulturellen Geprägtheit dieser Materien nicht durchschlagend emanzipieren kann. Im Prozeß der Semantisierung der Anschauungssphäre mischt sich in die Sphäre der Begriffe vieles, was der jeweiligen kulturellen Besonderheit der Sinnendinge und ihres Zueinanders angehört - ein Vorgang, der vom Standpunkt des wissenschaftlichen Denkens aus als eine Trübung oder Verschmutzung der Ideen, die durch Allgemeinbegriffe repräsentiert werden, erscheinen muß. Den semantisierten Anschauungen korrespondieren anschauungszentrierte Begriffe, und so haftet das mythische Denken zwar keineswegs an konkreten sinnlichen Szenarien - es ist nicht konkretistisch -, aber die Begriffe, deren es sich bedient, sind niemals losgelöst von den geschichtlichen und gesellschaftlichen Eigenheiten der Kulturgemeinschaft, aus der sie stammen. Lévi-Strauss (1973, S. 32 f.) betont zwar, daß dies auch für das wissenschaftliche Denken gelte, insofern auch »der Gelehrte sich niemals mit der reinen Natur unterhält, sondern immer mit einem bestimmten Zustand der Beziehung zwischen der Natur und der Kultur, der definierbar ist nach der Geschichtsperiode, in der er lebt, der Zivilisation, der er angehört«: »Der Unterschied ist also nicht absolut«. Aber es gibt ihn und er ist ganz und gar nicht bedeutungslos. Betrachten wir ein Beispiel – jenes der Osage, eines Stammes der Sioux-Indianer aus dem Süden: »Die Stellung des Adlers im Klassifikationssystem der Osage wäre unverständlich, wenn man nicht den Weg des Denkens der Osage kennen würde, der den Adler mit dem Blitz verbindet, den Blitz mit dem Feuer, das Feuer mit der Kohle und die Kohle mit der Erde: Der Adler ist also, als einer der ›Herren der Kohle‹, ein ›Erd‹-Tier« (Lévi-Strauss 1973, S. 75). Dieses beliebig herausgegriffene Beispiel zeigt, in welch hohem Maße der Benützer eines mythischen Klassifikationssystems immer auch schon eine Kultur mitdenkt, z.B. eine Kultur, die im Adler ein Erdtier *sieht*, während wir geneigt sind, in ihm den Herrn der Lüfte zu sehen. ›Sehen‹ meint hier den Akt der Anschauung semantisierter Sinnendinge. Was ein Osage am Adler sieht – sein chthonisches Wesen (man sieht den Herrn der Kohle) –, ist nicht das Ergebnis des Wissens um eine Menge von zoologischen Zusammenhängen, Funktionen und Kausalrelationen, in denen der Adler als Exemplar einer biologischen Art eine wesentliche Rolle spielte. Das Typische solchen Wissens wäre – als Ideal – seine kulturelle Neutralität, d.h. die Einlösbarkeit seines transkulturellen Geltungsanspruches. Was hingegen am Adler gesehen wird, wenn man ihn als Herrn der Kohle sieht, ist durch eine noch so detaillierte und weitgespannte Beobachtung der Adler und ihrer Umwelt nicht zu rekonstruieren. Typisch an dem, was da gesehen wird, ist, daß in das Gesehene ebensosehr Beobachtungen über das Verhalten von Tieren und Dingen wie – vielleicht schon längst vergessene – *Erzählungen* eingegangen sind (die auf – vielleicht schon längst vergessenen – Erzählungen basieren usw.).[19] Ein singulärer Zusammenhang, der eine Anzahl von Dingen und Ereignissen einer bestimmten Art umfaßt (und mit einer Fülle von empirischen Kenntnissen verbunden sein kann), wird, indem er in eine Kultur eingeht und dort schließlich als *typisch* für das Verhältnis von Dingen und Ereignissen dieser Art gilt, zum Ausgangspunkt einer symbolisch-klassifikatorischen Ordnung, deren Weiterbestand nicht mehr an das Wissen um ihre narrative Anlaßsituation gebunden ist. Was demgegenüber das wissenschaftliche Denken aus den Begriffen eliminiert, das sind zuallererst die in ihnen kondensierten, auf einmaligen Konstellationen basierenden klassifikatorischen Elemente. Erst dieser Schritt ermöglicht ein Wissen, das im Vergleich zum Mythos in hohem Maße inhaltlich von kulturellen und geschichtlichen Kontingenzen gereinigt ist. Das ideale Erkenntnisinstrument der neuzeitlichen Wissenschaft ist daher auch eine Vernunft, deren Operationen zeitlos sind, und als ideale Theorie schwebt der wissenschaftlichen Geisteshaltung ein System von Erkenntnissen vor, das durch die zeitlose Vernunft jederzeit vollkommen transparent gemacht werden kann.

Es kann kaum ein Zweifel darüber bestehen, daß Lombrosos Vorstellungen über Verbrecher und Verbrechen sehr tiefreichend in einen mythischen Klassifikations- und Vorstellungskomplex eingelassen sind, und das bedeutet: Eingelassenheit in einen Komplex anschauungszentrierter Begriffe und dementsprechend auch semantisierter Anschauungsmaterien. Freilich stellt sich hier sofort die Frage, welche Funktion den so gearteten Begriffen und Materien in einer Erkenntniswelt noch zukommen kann, die sich bereits im Rahmen eines komplexen Feldes der Wissenschaften entfaltet? Handelt es sich hier um nichts weiter als ein Regressionsphänomen, das auftritt, sobald bestimmte Erkenntnisgegenstände im Betrachter sehr starke und vor allem sehr stark mißbilligte Resonanzen erzeugen? Georges Devereux (1974, S. 34) hat die Funktion der Mythen folgendermaßen beschrieben: »Sie bieten eine Art unpersönlichen ›Kühlschrank‹, in den die durch innere Konflikte hervorgerufenen Phantasien ›eingelagert‹ werden können. Diese Phantasien sind zu stark mit Affekten beladen, um verdrängt zu werden, andererseits aber zu ego-dyston, um als subjektiv, d.h. als dem Subjekt zugehörig erkannt zu werden.« Devereux mag recht haben (wenn auch wahrscheinlich nicht in bezug auf alle Mythen); was aber hier aufgezeigt und analysiert werden muß, das ist der Zusammenhang zwischen dem Doppelphänomen ›Anschauungszentriertheit des Denkens/Semantisiertheit der Anschauungsinhalte‹ und der *Archaik des Bösen*. Diese jedoch läßt sich nicht mit Begriffen erörtern, die solche der Psychologie sind. ›Archaik‹ meint ein bestimmtes lebensweltliches Verhältnis zwischen Subjekt und Objekt, nicht aber eine spezifische Verhaltensweise oder Disponiertheit des ersteren gegenüber dem letzteren.

Lebenswelt wird konstituiert durch Tradition und Symbolik einer Kultur, und die Archaik des Bösen erwächst aus den Leistungen der Symbolik und innerhalb des Rahmens einer kulturellen Tradition. Die Leistung der Symbolik, auf die es im vorliegenden Zusammenhang besonders ankommt, ist ihr Vermögen, *Totalität* zu generieren. Totalität ist möglich, wo sich ein Feld von Gegenständen im

Zustand des Semantisiertseins befindet. Unter dieser Bedingung verharrt jeder Gegenstand des Feldes in der Ambivalenz von Objekt (das Signifikat sein kann) und Zeichen. Die Herstellung eines mythischen Feldes bedeutet, daß die Objekte, die Zeichen sind und mögliches Bezeichnetes, in ein Netz von gegenseitigen und sich überkreuzenden Bedeutungs-Verhältnissen eingesponnen werden. Dadurch entsteht auf einer hohen Ebene der symbolischen Vernetzung eine spezifische Form der Geschlossenheit des semantisierten Weltbezirks. Die Archaik des Bösen basiert auf einer Ordnung, die Totalität ist, oder genauer: auf einer Reihe miteinander verkoppelter und sich zu einem Kreis zusammenschließender Totalitäten. Das Zentrum dieses Kreises ist die Bestie, und gleichsam seine Peripherie, die alle mit der Bestie verkoppelten Totalitäten umfaßt, ist die reine Aktualität der Unordnung. Das Reich dieses Kreises, dieser Universaltotalität, ist das Böse. Aber das Böse ist nur die Hälfte des Ganzen der Welt. Es gibt auch das Reich des Guten. Dieses ist das Komplementärreich zum Reich des Bösen. Die Archaik des Bösen konstituiert sich primär in einem Symbolverband, der manichäisch organisiert ist, und alles Weitere ist Ausgestaltung oder Rationalisierung unter dem Druck von vielerlei Komplikationen.

Die Bestie ist ein semantisiertes Objekt, und folglich ist Lombrosos Verbrecherbegriff anschauungszentriert. Tatsächlich ist für Lombroso und die Seinen die Macht der Bilder über den Begriff eine erkenntnisleitende Grundkonstellation: immer wieder diese Gesichter, diese Schädel, diese Körper, all diese anatomischen Details, die nicht einfach da sind in dem schlichten Sinne von ›So ist es‹, sondern in ihrer ganzen Abscheulichkeit symbolhaft über sich hinausweisen. Dieses Übersichhinausweisen ist nichts, was für die Datenproduktion und die kriminologische Theorienbildung nebensächlich wäre, sondern im Gegenteil deren Apriori. Die Bestie ist Totalität. Nichts am lombrosianischen Verbrecher, mag es auch unter dem Titel verschiedener wissenschaftlicher Disziplinen abgehandelt werden, ist bloß disparates empirisches Objekt. Deshalb auch die Faszination des Physiognomischen nicht nur am Gesicht, am Ausdruck, am Mienenspiel, sondern am ganzen Körper des Homo delinquens, vom Bau des Schädels bis zur Weise des Gangs. Was alle Elemente der Erscheinung des Verbrechers auf allen Betrachtungsebenen verbindet, läßt sich durch die Angabe funktionaler und kausaler Zusammenhänge allein nicht adäquat wiedergeben; es handelt sich hier vielmehr auch wesentlich um eine Gemeinsamkeit im Zeichenhaften. So wie die Seele des Verbrechers auf der Oberfläche seiner Gestalt sich zerstreut und ›ausspricht‹, so ist diese Gestalt selbst eine Repräsentation der Unordnung, die letzten Endes die ganze Lebens-Welt umfaßt, weil in jedem zentralen Lebensfeld semantisierte Objekte aufscheinen, die Repräsentanten der Unordnung sind gemäß dem manichäischen Formationsgesetz von Gut und Böse. Hier beginnt das Spiel der großen symbolischen Reihen und Reziprozitäten, die endlich den Kosmos umspannen und sich zu einem Kreis schließen. Der Verbrecher als Totalität unterhält symbolische Beziehungen mit allen Elementen im Reich der Unordnung, des Chaos, des Bösen, der Nacht; die Bestie ist eine kosmische Figur. Aber sie ist zugleich eine historische Figur, weil das Reich der Unordnung kein kulturell neutrales ist. Was Lombroso an der Gestalt des Verbrechers *sieht*, indem er ein semantisiertes Objekt ›wahrnimmt‹, ist bedingt durch die Art und Weise, in der die Kultur, durch die hindurch der Blick des Forschers sich seinem Gegenstand zuwendet, das Reich der Unordnung organisiert.

Lombrosos Feld der Unordnung konstituiert sich als Gegenwelt zu einer spezifischen, kulturell hochsignifikanten Auffassung von Ordnung, die freilich noch immer aus uralten Chaos-Symbolen genährt wird. Im Zentrum dieser Auffassung von Ordnung steht als kategoriales Element der Begriff ›Zivilisation‹; das, worauf er zielt, ließe sich am besten vielleicht als Komplementärimago zu ›Wildheit‹ charakterisieren. Zivilisiertsein umfaßt ein Verhaltens- und Einstellungs-Syndrom, das sich in einem Jahrhunderte währenden, gesamtgesellschaftlichen Prozeß (den Norbert Elias auf das detaillierteste beschrieben hat) herausbildete und zu *dem* Ordnungskonzept der abendländischen Welt wurde. Dabei ist natürlich nicht unmittelbar von einem bestimmten politischen Ordnungskonzept die Rede, sondern von einer viel allgemeineren Idee des guten Umgangs der Menschen miteinander. Ein solcher Umgang ist demnach nur unter den zwei folgenden Voraussetzungen möglich: Zum einen muß die seelische Zurüstung der miteinander Verkehrenden ein hohes Maß an Sublimierung und Kontrolle von Triebimpulsen gewährleisten; zum anderen hat an die Stelle des spontanen, umweglosen Auslebens von Triebimpulsen zunehmend das planende Überdenken der Wege und Mittel zu treten, welche zur Erreichung immer fernerliegenderer Ziele dienen. So kann es geschehen, daß im Prozeß der Zivilisation schließlich die alten Vorstellungen vom Leben und Überleben, worin Geburt, Stellung, Schicksal und die Nichtkalkulierbarkeit der Zukunft eine zentrale Rolle spielten, von der Idee des kalkulierbaren Lebensplanes weit in den Hintergrund gedrängt werden. Nun wird alles Ungebärdige und Affektbestimmte, alles Zufällige und Nichtberechenbare zu einem Symptom der Unordnung und kann so einrücken in den Bannkreis des Bösen.

Hier liegt der Schlüssel für Lombrosos Dämonisierung der lebenden Natur im allgemeinen und der Natur Darwins im besonderen. Die prähumanen und überhaupt prädomestizierten Formen des Lebens repräsentieren das Wilde, das im manichäischen Kontext zur dämonischen Natur wird, die gleichermaßen darwinistisch und nietzscheanisch gefärbt ist. Das Ungerichtete des Evolutionsprozesses, das dem Sozialdarwinismus zum Ideal der sozioökonomischen Entwicklung wird, fungiert im lombrosianischen Ordnungssyndrom viel eher als Chaos-Metapher: Kultur ist, wo Planung, Kontrolle, Ausschluß des Zufalls stattfinden. Hinzu tritt die Allergie des Zivilisationsagenten Lombroso gegen Nietzsches Apotheose der ihre - wenn das Wort hier erlaubt ist - Ressourcen maßlos verschwendenden Natur des Lebens: Kultur ist das Gegenteil von Verschwendung - eine verschwenderische Kultur ist eine kranke Kultur -, ist Ökonomie der Bedürfnisse und der Mittel zur Bedürfnisbefriedigung, ist vor allem auch Schutz- und Distributionsraum knapper und wertvoller Güter, ist auf alle Fälle kein Potlatsch. Eine Darwin-Nietzsche-Natur jedoch bedeutet die Herrschaft des Affekts, des Zufalls und der Verschwendung, und darüber hinaus wird diese Herrschaft, die Herrschaft des Dionysos, als der Wert aller Werte gedacht.

Von daher kommt es wohl, daß die Lombrosianer betonen, Kinder und Verbrecher und ein wenig auch die Frauen neigten nicht bloß dazu, böse zu handeln, sondern liebten das Böse um seiner selbst willen. In den Kindern, den Verbrechern, den Frauen kommt wie bei den Wilden und den fleischfressenden Pflanzen die Darwin-Nietzsche-Natur zum Durchbruch. Letzten Endes ist aber nur der Homo delinquens der entwicklungslose und nicht einmal durch das der Frau eigene Vermögen zum Mitgefühl am Leiden anderer Menschen gezügelte Repräsentant jener Natur, d.h. des antizivilisatorischen Syndroms. Der Verbrecher von Geburt ist die Bestie, weil zwischen ihm und allem Bestialischen des Lebens eine Wesensbeziehung vorliegt. Der Verbrecher als Bestie repräsentiert im Raum der Kultur die Unordnung = das Wilde = das Chaos = das Böse, und soweit er hierdurch in Beziehung tritt zu archetypischen Figurationen, gehen auch diese ein in die Alchemie des Bösen: Der Verbrecher unterhält eine Wesensbeziehung zur Nacht, zum Tod, zur Unterwelt - eine Beziehung zeichenhafter Natur, denn er ist als semantisiertes Objekt immer auch eine symbolische Größe. Aber das, worauf der Verbrecher als semantisiertes Objekt verweist, kann im Feld anschauungszentrierter Begriffe gemäß dem Gesetz des mythischen Produzierens - »die Signifikate werden zu Signifikanten und umgekehrt« (Lévi-Strauss 1973, S. 74) - auf das Wesen des Verbrechers, das Verbrecherische, zurückverweisen: die Darwin-Nietzsche-Natur, die Kinder, die Frauen (soweit es sich dabei um sexuelle, impulsbeherrschte Wesen handelt), aber auch der Tod (der Vernunft) = die Nacht (des Lebens) repräsentieren die Unordnung, die das Verbrechen *ist.* So installiert sich eine Archaik des Bösen, deren Strukturmerkmale vielleicht zeitlos, deren Inhalte aber trotz ihres Verwobenseins mit archetypischen Ängstigungsmotiven in hohem Maße kulturspezifisch sind. Der Homo delinquens ist die Bestie, diese aber als Komplementärimago zu jenem Kulturideal, das sich erst seit dem Spätmittelalter herauszubilden beginnt: dem zivilisierten Menschen.

Doch eine Lebenswelt, mag sie sich die Tatsachen auch noch so sehr durch eine mythische Optik erschließen, erschöpft sich nicht im Mythos; dieser ist stets bloß Teil der Lebenswelt, die gleichzeitig immer noch mehr ist. Weder ist der Mythos in der Lage, die Wahrnehmung von Tatsachen, die mit ihm in Konflikt stehen, vollständig zu unterbinden, noch ist er aufgrund seiner ›Normativisierung‹ zentraler Lebensbereiche in der Lage, Spannungen zu unterbinden, die aus der normativ erheblichen Komplexität dieser Bereiche resultieren. In beiden Fällen kann vielmehr die Folge das Aufbrechen von Widersprüchen im mythischen System sein:

a) Allgemein gesagt und in Wiederholung dessen, was weiter oben schon ausgeführt wurde, beruht die Repräsentationsfunktion der Dinge auf einer Idee, die von den Dingen als semantisierten Objekten verkörpert wird. Diese Funktion kann sich auf wie immer auch vermittelte Ähnlichkeiten oder Komplementaritäten stützen, sie kann sich aber überdies stützen auf kausale Auswirkungen und funktionale

Zusammenhänge, die das Ding als Objekt hat, insoweit es eine Idee kraft seiner Ähnlichkeit mit anderen oder seiner Komplementarität zu anderen Dingen repräsentiert. Bei Huizinga (1975, S. 291) lesen wir den Satz: »Der Symbolismus schuf ein Weltbild von ungleich strengerer Einheit und innigerem Zusammenhang, als das kausalnaturwissenschaftliche Denken es zu geben vermag.« Diese Feststellung, die sich auf das symbolische Denken des Mittelalters bezieht, wird durch folgende ergänzt:

»Der Symbolismus ist, vom Standpunkt des kausalen Denkens aus betrachtet, gleichsam ein geistiger Kurzschluß. Der Gedanke sucht die Verbindung zwischen zwei Dingen nicht längs der verborgenen Windungen ihres kausalen Zusammenhanges, sondern findet ihn durch ein plötzliches Überspringen, nicht als eine Verkettung von Ursache und Wirkung, sondern von Sinn und Zweck. Die Überzeugung von einem solchen Zusammenhange kann entstehen, sobald zwei Dinge eine wesenhafte Eigenschaft gemein haben, die sich auf einen allgemeinen Wert (oder Unwert) bezieht.« (Huizinga 1975, S. 288)

Der Symbolismus nun aber, wie er noch die Kriminalanthropologie Lombrosos beherrscht, ist ganz entschieden keiner mehr, der dem ›geistigen Kurzschluß‹ als systematischem Verfahren zur Herstellung einer kohärenten Vorstellungswelt über den Verbrecher und das Verbrechen huldigen könnte. Vielmehr benützt Lombroso anschauungszentrierte Begriffe, um funktionale und kausale Zusammenhänge an den diesen Begriffen korrespondierenden Objekten - semantisierten Objekten - freizulegen und zu untersuchen. Dieses Verfahren ist es, das den Mythos als Wissenschaft definiert. Und dieses Verfahren ist es auch, das die hohe interne Dichte des Mythos - Ergebnis des Spiels der Verweisungen und Repräsentationen im Kreis der Totalitäten - aufzulösen droht. Wiewohl der Blick des Kriminologen in der Gestalt des Verbrechers ein semantisiertes Objekt par excellence - die Totalität der Bestie - fixiert und wiewohl diese Fixierung die Datenproduktion tiefgreifend mitbestimmt, erzwingen die Methoden des Kriminologen, die auf die Feststellung funktionaler und kausaler Zusammenhänge gerichtet sind (und nicht auf die Installierung eines Symbolsystems, das auf Ähnlichkeits- und Komplementaritätsbeziehungen basiert), die zunehmende Entsemantisierung: Der Verbrecher hört auf, ein symbolisches Verweisungszentrum zu sein, und tritt damit ein in das Reich empirisch disparater Figuren, denen zunächst bloß ein formales Merkmal gemeinsam ist, nämlich, ein in Kraft befindliches Gesetz übertreten zu haben oder übertreten zu wollen oder wahrscheinlich übertreten zu werden. Die Aufhellung funktionaler und kausaler Komplexe führt zur Erosion des mythischen Komplexes - der Totalität des Verbrechers - zugunsten einer Reihe von Delinquentengestalten (geborener Verbrecher, Gewohnheitsverbrecher, Gelegenheitsverbrecher u.a.m.); und sie führt überdies zur Zersplitterung der Betrachtungsebenen, deren empirisch disparate Felder (Kriminalbiologie, Kriminalpsychologie, Kriminalsoziologie usw.) sich nur mehr um den Preis mythischer Regressionen zu einem Analogon der alten Totalitäten formieren lassen.

b) Das semantisierte Objekt ist ein Objekt-plus-Wert. Die Unordnung ist eine Kategorie des Bös-Falschen, und der Verbrecher ist eines der zentralen Chaos-Symbole. Als solches unterliegt er zunächst der manichäischen Aufspaltung der Welt: Der ethische Binarismus erfordert im Hinblick auf jede Objekt-plus-Wert-Kategorie, daß sie im Gut-Böse-Kosmos einer Hemisphäre zurechenbar ist. Gleichzeitig aber sind die kategorialen Elemente einer manichäisch strukturierten Ordnung zumeist *Ambivalenz-Objekte*. Die große Bedeutsamkeit für das Leben der Gemeinschaft zusammen mit der Komplexität der Funktionen - beides Eigenschaften, die in hohem Maße kulturell grundlegende Objektgruppen auszeichnen - falsifizieren fortwährend deren manichäische Kodierung.

Ein besonders illustratives Beispiel für diesen Vorgang bietet der kriminalanthropologische Diskurs über die Frau, der im wesentlichen Widerspiegelung und Rationalisierung des im christlich-patriarchalischen Abendland tiefverwurzelten Bildes von der Komplementarität der Geschlechter ist. Da der Mann auf der Seite des Lichtes, der Vernunft, der Moral und der Kultur steht, ist der Platz der Frauen auf der Seite der Nacht, der Unvernunft, der Unmoral: das ist die Forderung des Binarismus. Aber obwohl dem so ist, ist die Frau doch zugleich auch Mutter und als solche eine gute Gestalt. Hierdurch wird die Frau als Objekt-plus-Wert zum Ambivalenz-Objekt: Ihre Fixierung am Böse-Pol muß soweit gelockert werden, daß ihr Wertfeld, wenn sie in ihrer Funktion als Mutter in das Blickfeld gerät, bis zum Gut-Pol reichen kann. Dies ist unter dem Druck des Binarismus eine sehr kritische, weil Inkohärenzen heraufbeschwörende Situation. Die

Mutter muß entsexualisiert werden, allerdings darf dieser Vorgang nicht dazu führen, daß die Frau, indem sie Mutter ist, ein vollkommen a-sexuelles Wesen wird. Weiningers Lösung, die vor dem Hintergrund der Überzeugung vorgetragen wird, es bestehe ein tiefer Zusammenhang zwischen allem Verbrecherischen und allem Weiblichen, lautet folgendermaßen:

»Die Mutter empfindet den Koitus nicht *weniger*, sondern *anders* als die Prostituierte. Das Verhalten der Mutter ist mehr annehmend, hinnehmend, die Dirne fühlt, schlürft bis aufs Äußerste den Genuß. Die Mutter (und so jede Frau, wenn sie schwanger wird) empfindet das Sperma des Mannes gleichsam als *Depositum*: bereits im Gefühle des Koitus findet sich bei ihr das Moment des Aufnehmens und Bewahrens; denn sie ist die Hüterin des Lebens. Die Dirne hingegen will nicht wie die Mutter das Dasein überhaupt erhöht und gesteigert fühlen, wenn sie vom Koitus sich erhebt; *sie will vielmehr im Koitus als Realität verschwinden, zermalmt, zernichtet, zu nichts, bewußtlos werden vor Wollust.* Für die Mutter ist der Koitus der *Anfang einer Reihe*; die Dirne will in ihm ihr *Ende*, sie will *vergehen* in ihm. Der Schrei der Mutter ist darum ein kurzer, mit schnellem Schluß; der der Prostituierten langgezogen, denn alles Leben, das sie hat, will sie in diesen Moment *konzentriert, zusammengedrängt* wissen. Weil dies nie gelingen kann, darum wird die Prostituierte in ihrem ganzen Leben *nie* befriedigt, von allen Männern der Welt nicht.« (Weininger 1922, S. 299)

Während also Weininger die Entsexualisierung der Mutter über die phantastische Sexualisierung der Prostituierten betreibt - diese ist reine, ungezügelte Lustnatur, indessen die Sexualität der Mutter viel Sparmeisterliches an sich hat (das Sperma des Mannes empfindet sie als Depositum) -, betreiben Lombroso und Ferrero die Entsexualisierung der Mutter auf direktem Wege: Frauen im allgemeinen sind frigide (aber vollkommen frigide ist nur die Prostituierte), während die Verbrecherin von Geburt oft unablässig nach geschlechtlicher Befriedigung giert, ohne sie - ebenso wie Weiningers Dirne - doch jemals wirklich zu erreichen. Derart geraten die beiden Kriminalanthropologen in die prekäre Lage, die Wildheit der Frau, das Kriminaloide des weiblichen Wesens, unter weitgehender Absehung vom Topos der Lustnatur definieren zu müssen, obwohl doch gerade er für die Konstitution der Verbrecherin von Geburt, die sexuell enthemmt ist und das Böse um des Bösen willen liebt, zentral ist.

Ein grundlegender und den ethischen Binarismus letztlich überhaupt sprengender Widerspruch ist im Homo delinquens selbst angelegt, insofern dieser der Bös-Kranke ist. Unter dem Druck des Binarismus lädt sich die Krankheit ethisch auf und tritt zum Bösen in eine intime Beziehung: Sowohl das Verbrechen als auch die Sünde als auch die Krankheit als auch der Tod sind in der Hemisphäre der Unordnung angesiedelt. Freilich, hier ist von einem Bösen und einer Ethik die Rede, die noch nicht das Böse und die Ethik sind, die wir meinen, wenn wir uns schon jenseits des Symbolkreises der Unordnung befinden, wenn wir also die Krankheit bereits ent-ethisiert und die Ethik schon ent-naturalisiert haben. Daß der Homo delinquens eine Ambivalenzgestalt ist, heißt demnach: er als der Bös-Kranke partizipiert bereits an der Vorstellung einer natürlichen Unordnung, an der Idee der Krankheit als des Produkts einer wertirrationalen Naturgesetzlichkeit; diese spannt das Individuum, das krank ist, nicht mehr in das Kraftfeld des Bösen ein, und folglich unterliegt auch das aus der ›Unordnung‹ heraus sich Ereignende - die Krankheit - keiner ethischen Verurteilung mehr - das Individuum, das in der ›Unordnung‹ lebt und aus ihr heraus handelt, kann unschuldig sein. Derart ist der Bös-Kranke immer noch semantisiertes Objekt-plus-Wert in einem manichäischen Kräftefeld, ein Objekt, dessen empirische Erforschung unter dem Symbol-Apriori steht, allerdings unter einem, das schon so recht keines mehr ist. Und derart entsteht dann die Spannung und regt sich der latente Widerspruch, denen das Reden über die sogenannten kriminellen Psychopathen auch heute noch unterliegt.

Der Logos des Bösen

Aber warum wird die Kriminologie nicht einfach Wissenschaft? Warum bleibt sie dem Mythos verfallen, obwohl sie nicht schlechthin Mythos ist? Warum speisen sich der lombrosianische Diskurs und der kriminalanthropologische nach ihm aus einem phänomenologischen Feld von semantisierten Objekten, zumal aus Objekten-plus-Wert unter dem Diktat des ethischen Binarismus? Warum läßt sich die Totalität der Bestie so schwer zerstören und damit der Zwang, dem Lombroso und seine Schule in hohem Maße unterlagen

- der Zwang, die empirisch zerstückelte Totalität auf allen empirischen Stückelungsebenen wieder zu retotalisieren - endgültig brechen? Es ist keineswegs sicher, ob es auf diese akkuraten Fragen überhaupt eine akkurate Antwort gibt. Wenn es aber eine gibt, dann muß man sie in der Erfahrung des Verbrechens als des Ausdrucks einer die Ordnung bedrohenden Macht suchen, ohne dabei die Gefahr eines möglichen Zirkels in der Antwort zu unterschätzen: Möglicherweise ist jene Erfahrung schon das Produkt einer mythischen Sichtweise des Verbrechens. Aber selbst wenn dem so ist, bleibt der Umstand zu berücksichtigen, daß es im vorliegenden Zusammenhang nicht um Ursprungsdiskussionen in einer menschheitsgeschichtlichen Perspektive, nicht um die Klärung anthropologischer Grundfragen geht. Es mag sein, daß die Erfahrung des Verbrechens als einer die gesellschaftliche Ordnung grundlegend bedrohenden Macht eine durch eine lange mythische Tradition des Reagierens auf gravierende Formen des Bösen induzierte und verhärtete Sichtweise ist; doch gerade dies erklärte dann nicht zuletzt auch den Mythotropismus des Kriminologen: die Erfahrung des Verbrechens verhielte sich dann nämlich zum Verbrechens-Mythos wie das Schloß zum Schlüssel; nur der Mythos könnte uns das mit jener Erfahrung Intendierte erschließen.

Das Studium des *Uomo Delinquente* macht uns hinlänglich klar, daß Lombroso den Verbrecher als eine Gestalt konzipiert, welche die antikulturelle Drohung darstellt, die sich als die Chaosdrohung der Darwin-Nietzsche-Natur charakterisieren läßt. Was also die Ordnung bedroht, ist nicht der Verbrecher und auch nicht dessen gehäuftes Auftreten, sondern dasjenige, was er repräsentiert: etwas Abstraktes - die dämonische Macht, deren ›Funktion‹ das Verbrechen ist -, aber dieses Abstrakte ist nicht einfach ein Gesetz im Sinne der modernen Naturwissenschaften, sondern ›eingesenkt‹ in die Gestalt des Verbrechers und von dieser nicht ablösbar. Doch was bedeutet hier Macht? Jedenfalls nicht den Zwang, der eine Folge des Wirkens von Naturgesetzen ist. ›Macht‹ meint hier also nicht jene Macht, die der strenge kriminologische Naturalismus am Delinquenten und seiner Weise, der Umwelt zu begegnen, theoretisch zu fassen versucht, und damit die phänomenologische Basis der Macht-Idee Lombrosos geradezu negiert. Diese hängt an der Idee der Totalität, wie sie durch einen *Logos des Bösen* gestiftet wird, welcher nicht Naturgesetz, sondern das ›Strukturprinzip‹ eines Symbolkreises ist, in dessen Gestaltenzentrum die Totalität der Bestie - Lombrosos Homo delinquens - steht. Die Macht der Unordnung, die der Verbrecher repräsentiert, basiert auf der Gewalt, die ein System von Objekten inauguriert, welche Bestandteile eines symbolischen Feldes sind, das zu betreten heißt, dem Logos des Feldes unterworfen zu werden. Dies ist ein phänomenologischer Tatbestand, der in der uralten Angst vor der Ansteckung durch das Böse zum Ausdruck kommt, einer Ansteckung, die demjenigen droht, der sich ungeschützt in den Symbolkreis des Bösen hineinziehen läßt und derart der Gravitationskraft der Totalität zu verfallen, ja selbst böse zu werden beginnt (vgl. hierzu Kap. IV, »Phänomenologisches«).

Man darf also vermuten, daß überall dort, wo die Erfahrung des Verbrechers als Repräsentanten einer die kulturelle Ordnung bedrohenden Macht den kriminologischen Blick prägt, eine Bindung an den Mythos entsteht, die durch die Bemühung, wissenschaftlich zu verfahren, nicht umstandslos gelöst werden kann. Man hat die Attraktivität des Gedankens der Défence sociale, wie er von den Begründern der Kriminologie entwickelt wurde und wie er bis weit in unser Jahrhundert hinein machtvoll wirkte, auf die darin enthaltene Absicht, mit dem Gesetzesbrecher wissenschaftlich zu verfahren, zurückführen wollen. Aber schon das von den Proponenten der Sozialverteidigung, und zwar der alten wie der sogenannten neuen (vgl. Gramatica 1965; Ancel 1970), heftig angepriesene Konzept der Gefährlichkeit oder Antisozialität des Delinquenten - ein Konzept, das nach Ancels Angabe (1970, S. 74) in Garofalos Begriff der *pericolosità* zum ersten Mal klar gedacht ist -, konfrontiert uns mit einer Idee, hinter der ursprünglich keinerlei wissenschaftliche Erkenntnisse standen und hinter der auch heute noch kaum welche stehen, sieht man einmal von den eindeutigen und seltenen Fällen geisteskranker und zwangsneurotischer Rechtsbrecher ab, für die überhaupt eine Theorie der Verursachung ihres delinquenten Handelns vorliegt. Dieser Umstand läßt den Verdacht aufkeimen, daß im Begriff der Gefährlichkeit oder Antisozialität der Person sich die alte Vorstellung, wonach der Verbrecher Repräsentant einer die kulturelle Ordnung bedrohenden Macht sei, in modernistischer Verkleidung eingenistet hat.

Es ist an diesem Punkt hilfreich, die Sichtweise der kriminologischen Lehrbücher einmal umzukehren. Statt der klassischen Straftheorie Verfallensein an eine Reihe von Mystifikationen - allen voran an das Dogma vom freien Willen und die damit verbundene Auffassung der Strafe als einer Vergeltungsmaßnahme - vorzuhalten, läßt sich im Gegenteil ihre entarchaisierende Funktion herausarbeiten. Gerade dadurch, daß sie nicht den Täter, sondern dessen Tat in den Mittelpunkt der Urteilspraxis rückt, daß sie die Freiheit des Täters als das Normale (hingegen dessen innere Unfreiheit als die Ausnahme, die bewiesen werden muß) postuliert, und vor allem auch dadurch, daß sie Täter und Tat nur im Rahmen streng regulierter Verfahrensprozeduren dem Blick derer ausgeliefert wissen will, die anzuklagen, zu untersuchen und zu urteilen haben, trägt sie entscheidend dazu bei, den Bann des Mythos zu brechen. (1) Dadurch, daß sie die Schulderwägung von der Persönlichkeit des Täters auf dessen Tat verschiebt - wohingegen die Brutalität und Willkür im Umgang mit den Delinquenten noch zu Beccarias Zeit ihr gutes Gewissen wesentlich auch aus der Wahrnehmung der Verbrechergestalt als einer untermenschlichen, bestialischen Figur hergeleitet haben dürften -, entphysiognomisiert sie das Verbrechen und blockiert damit einen zentralen Aktivierungsmechanismus der mythotropen Neigung zur Bestialisierung desjenigen, der Unordnung stiftet. (2) Im Dienste der Hemmung des Mythotropismus steht aber auch - und darauf wird viel zu wenig hingewiesen - die Doktrin von der Willensfreiheit des Delinquenten. Gerade Denker, die sich der Aufklärung und einer wissenschaftlichen Geisteshaltung zutiefst verbunden fühlen, werden nicht müde, den metaphysischen und ideologischen Charakter der Lehre vom freien Willen hervorzuheben, ohne dabei zu bemerken, daß es die Freiheit des Menschen ist, die ihn aus dem Zauberkreis der mythischen Totalitäten und der Objekte-plus-Wert heraustreten läßt. Der Logos des Bösen schafft ein mythisches Feld der Unordnung, in dem die Dinge Repräsentanten sind und als solche unfrei; jedes Element in einem solchen Feld der Ding-Zeichen unterliegt, zumal unter dem Diktat des Binarismus, dem Strukturgesetz des Bösen, wie es für eine historische oder gesellschaftliche Formation Geltung hat, und daraus resultiert der Platz, die Stellung des Elementes im Ganzen. Der willensfreie Mensch ist vor diesem Hintergrund eine antimythische Gestalt: seine Taten sind nicht mehr begreifbar als ›Funktionen‹ eines Logos des Bösen; sie sind vielmehr Manifestationen einer Person, die auch hätte anders handeln können, und das bedeutet, daß sich im willensfreien Menschen der Bruch zwischen Natur und Ethik ebenso vollzieht wie der zwischen Natur und Bedeutsamkeit bzw. symbolischem Gehalt. Solche Autonomie kündet vom Tod der Archaik des Bösen. (3) Schließlich aber hat auch das Postulat der strengen Bindung der über ein Delikt zu Urteil Sitzenden an genau formulierte Regeln der Beweisaufnahme und Beweiswürdigung eine klar erkennbare entarchaisierende Funktion: die Verfahrensprozeduren sollen nicht zuletzt verhindern, daß Mythisches am Datenmaterial und Mythisches im Blick der Urteilenden auf den Verbrecher eine urteilsrelevante Wirkung entfalten kann.

Verglichen mit diesen Postulaten und Errungenschaften des klassischen Strafideals wirken die Postulate der Défence sociale zum Teil wie Ermunterungen, das mythische Potential im Blick auf den Verbrecher zu reaktivieren. Die Forderung, alle rechtlichen Reaktionen gegen das Verbrechen zu ›individualisieren‹, normiert die Verlagerung der Blickperspektive von der Tat auf den Täter. Auf denselben Effekt zielt die Forderung ab, dem Richter im Beweisverfahren den humanwissenschaftlichen Experten, den Kriminologen und vor allem den Psychiater zur Seite zu stellen, um dem urteilenden Organ zu ermöglichen, sich ein umfassendes und tiefreichendes Bild von der Person des Angeklagten zu machen. Und schließlich bereitet die Forderung, die Frage der Verantwortlichkeit des Täters abzulösen von der Frage nach seiner inneren Freiheit, die Ethisierung des bloß Natürlichen wieder vor. Es wird hier nicht behauptet, die Postulate der Défence sociale intendierten eine Remythisierung der Delinquentenproblematik; behauptet wird nur, daß sie vor einer solchen keineswegs den Schutz bieten, den zu bieten sie beanspruchen, indem sie darauf pochen, wissenschaftlich fundiert zu sein. Und behauptet wird auch, daß die Wissenschaft, in der sie fundiert sind, von Anfang an der Mythos als Wissenschaft war, so daß die hohe Plausibilität der Défence sociale vielleicht wesentlich noch immer darin gründet, daß der Kriminelle esoterisch als Repräsentant einer Macht *erfahren* wird, die den Logos des Bösen verkörpert.

Aber sollte es denn so schwer sein, diese Erfahrung, die Sinn immer nur hat im Rahmen einer Archaik des Bösen, aus der Kriminologie zu verbannen? Und ist sie nicht schon längst aus ihr verbannt? Lombroso hat betont, sein Ziel und das Ziel seiner Schule sei es, »das Wesen des Verbrechers durch und durch zu erkennen« (HD I, S. XIX); und man kann wohl, ohne sonderlich zu übertreiben, sagen, daß dies das Ideal der ätiologischen Bemühungen seit jeher war. Aber wenn das Wesen des Verbrechers von dem der Menschen nicht grundsätzlich verschieden ist, dann hat es teil an der Transzendenz der Person und dann gibt es nichts, was sich ›durch und durch‹ erkennen ließe in dem vom Ätiologen gemeinten Sinn. Könnte es also sein, daß das kriminologische *Erklärungsideal* - und zwar unabhängig davon, ob der Verbrechenswissenschaftler sich zum Determinismus bekennt - plausibel erscheint, *weil* sich die kriminologische Aktivität noch immer unter dem, wenn auch esoterischen, Druck des Mythotropismus bewegt? Wenn dem so wäre, dann freilich bestünde zwischen der Vorstellung des Verbrechers als einer antikulturellen Macht und dem kriminologischen Erklärungsideal ein mehr als beiläufiger Zusammenhang.

Richard Langes 1970 erschienenes Alterswerk trägt den Titel *Das Rätsel Kriminalität*, und gleich eingangs wird unter der Überschrift »Unbequeme Tatsachen« darauf bestanden, die Tatsachen seien unbequem, weil sie den hergebrachten Kriminalitätstheorien »ins Gesicht« schlügen, sie widerlegten (S. 9 ff.), so daß man sich die radikale Frage stellen müsse, »was wir denn wirklich vom Verbrechen wissen« (S. 20). Diese Frage sagt etwas über methodische Erwartungen aus, und nicht zuletzt über Langes eigene: Das Wesen der Kriminalität hätte man demnach erst erfaßt, wenn man über eine Theorie verfügte, die, auf das Handeln des delinquenten Individuums angewandt, die Frage ›Aber warum denn gerade dieses Handeln?‹ als sinnlos erscheinen ließe. Eine solche Theorie jedoch, das ist Langes Antwort, kann es nicht geben, denn der Mensch ist frei: er ist nicht bloß das, was die Bedingungen, die auf ihn einwirken, aus ihm machen, er ist immer auch das, was *er* aus den Bedingungen, die auf ihn einwirken, macht. Dieses Diktum nun aber versteht Lange ganz traditionell im Sinne einer prinzipiellen Grenze der Erklärbarkeit menschlichen Handelns, weswegen er die Frage, was wir vom Verbrechen wüßten, zu jener ganz anderen vertiefen möchte: »was *können* wir vom Verbrechen wissen?« (S. 23). Um diese Frage zu beantworten und um endlich allen kriminologischen Einseitigkeiten und Hypertrophien Einhalt zu gebieten, fordert Lange eine anthropologische Fundierung der Kriminologie, was bedeutet: Lange glaubt die Frage nach dem Wesen des Verbrechers doch noch stellen zu sollen (S. 284 ff.) Aber die Antwort, die Langes Wissenschaft vom Wesen über dasjenige des

Verbrechers erteilt, lautet immer nur: Er hat keines. Für Langes Anthropologie gilt, was Adorno (1973, S. 130) an einem Teil der modernen deutschen bemängelte: »Die These arrivierter Anthropologie, der Mensch sei offen - selten fehlt ihr der hämische Seitenblick aufs Tier -, ist leer; sie gaukelt ihre eigene Unbestimmtheit, ihr Fallissement, als Bestimmtes und Positives vor. [...] Daß nicht sich sagen läßt, was der Mensch sei, ist keine besonders erhabene Anthropologie, sondern ein Veto gegen jegliche.« Warum aber inszeniert Lange den kriminalanthropologischen Hokuspokus rund um seine schlichte Eingangsbehauptung, der Mensch sei das unerklärbare Wesen? Bei der Lektüre des Langeschen Buches, worin häufig von der Notwendigkeit die Rede ist, Sollens- und Seinswissenschaften gegenseitig fruchtbar zu machen, legt sich die Vermutung nahe, hier ginge es doch zuletzt noch um die Naturalisierung des Ethischen, und zwar auf dem Wege der Ethisierung von Natur. Weil das Wesen des Verbrechers, wie das des Menschen überhaupt, Transzendenz (= Freiheit = Leere = Wesenlosigkeit) ist, ist der Verbrecher schuldfähig; das, was an ihm böse ist, ist der Ausfluß seines Wesens, seiner Transzendenz. In diesem Zusammenhang hat die Kriminalanthropologie die Funktion - die freilich prekäre Funktion -, das Wesen, das Leere ist, zu naturalisieren, und zwar im Kern dadurch, daß sie die Leere, die sie anders nennt - zum Beispiel »die Gefährdetheit des Menschen« (Lange 1970, S. 290 f.) -, zu einer anthropologischen Tatsache positiviert und als empirischen Tatbestand, der wissenschaftlicher Erforschung zugänglich sei, ausstellt.[20] So konstituiert sich eine Verbrecherposivität als Natur, in der das Böse und die Schuld wurzeln können. Zwar ist das Wesen des Verbrechers nun nicht mehr die antikulturelle Macht, die er, der Verbrecher, repräsentiert, nicht mehr der Logos des Bösen; aber es ist auch nicht eine Naturtatsache jenseits von Gut und Böse, sondern der Ort, an dem das Böse *entspringen* kann, der Ort als Potentialität des Bösen. Man sieht, wie hier die Freiheit des Menschen, von der wir vorhin sagten, sie sei ein Vehikel, den Bann des Mythos zu brechen, schon wieder in den Dienst des Mythos gezwungen wird: Von neuem taucht ein Feld auf, in dem Natur und Ethik verschmelzen - das kriminalanthropologische Feld der Pseudoempirie des Leeren, der Transzendenz der Person -, und damit erscheint auch der Verbrecher wieder als Objekt-plus-Wert. Die Frage nach dem Wesen des Verbrechers ist abermals die Frage nach dem Wesen des Bösen.

III
Schattenspiele der Freiheit

»Lombroso wurde bewundert und verehrt, und er wurde geschmäht und verlacht. Als er im Jahre 1909 starb, schien er trotz vieler äußerer Ehrungen wissenschaftlich überwunden. Zum mindesten außerhalb Italiens begann man, ihn allmählich zu vergessen. Die Strafrechtsprofessoren widmeten ihm in ihren Vorlesungen und Lehrbüchern zumeist nur noch eine kurze Randbemerkung, in der seine Lehre als ein längst widerlegtes Kuriosum abgetan wurde. [...] In unserer Zeit hat der halbvergessene Lombroso eine Wiedergeburt erlebt. Die von ihm inspirierte Kriminalanthropologie, aber auch die moderne Konstitutionsforschung und Vererbungswissenschaft haben einen raschen Siegeszug begonnen und die Irrtümer und Mängel vieler überkommener Vorstellungen deutlich gemacht. Niemand vermag mehr zu bestreiten, daß die angeborene Anlage eines Menschen von tiefer Bedeutung für die Begehung von Verbrechen sein kann, und diese Erkenntnis ist überall im Begriff, das Strafrecht zu beeinflussen und umzugestalten.« (Simson 1960, S. 54 f.)

Mythische Revivals

Kriminologisches Denken im Ursprung ist nicht zuletzt der Versuch, Archaik des Bösen durch Wissenschaft zu bannen.

Dies übersehen die Kritiker der Kriminologie, wenn sie ihr vorwerfen, noch dem archaischsten Rachebedürfnis ideologisch an die Hand zu gehen. Daß der Kriminologe als Geistesbüttel der Strafrechtsideologie und ihres bürokratischen Unterbaus solche Handlangerdienste bisher immer wieder verrichtete, erfuhr er selbst auch oft genug als Abirrung von dem, was er eigentlich wollte: dem Verbrechen wissenschaftlich zu begegnen. Die Dynamik des kriminologischen Prozesses kündet deutlich von dieser Irritation. Der immer wieder nachdrücklich geäußerte Wille zur Wissenschaftlichkeit ist nicht bloß Fassade, auch dort nicht, wo der Kriminologe seine Wissenschaft aufs Dienstleistungsgewerbe herabbringt. Der forensische Psychiater konventioneller Prägung zum Beispiel, der partout nicht möchte, daß der Psychoanalytiker zum Begutachtungsverfahren im Strafprozeß zugelassen wird - weil dieser die das Schuldrecht fundierende Metaphysik der Willensfreiheit nicht akzeptiere -, will sich, auch und gerade indem er solches ausspricht, als Wissenschaftler in Sicherheit bringen: nachdem er dem Staat gegeben hat, was des Staates ist (Straflegitimation durch Freiheitsunterstellung), möchte er nun aber von Spekulation nichts mehr hören. Ebenso ist nur dem Scheine nach ungereimt, daß diejenigen Gerichtspsychiater, die der Freiheitsunterstellung des Strafrechts beflissen das Wort reden, der Psychoanalyse gerne attestieren, sie sei im Strafrechtsverfahren unbrauchbar, weil allzu spekulativ. Der Psychiater, der als forensischer augustinische Metaphysik reklamiert, möchte dabei doch häufig bloß Wissenschaftler sein und als solcher am liebsten nur noch die Tatsachen selber sprechen lassen. Freilich, daß die größte Empiriehuberei und das strengste Methodenbewußtsein nichts helfen, wenn sie der Dingfestmachung von erfahrungswissenschaftlich Transzendentem - der Willensfreiheit des Delinquenten zur Zeit der Tat - dienen sollen, bleibt ein nicht auflösbarer Rest an Irrationalität im instrumentalisierten kriminologischen Denkgetriebe, und zwar nicht unerheblich auch dort, wo es sich als reine Gelehrtenaktivität zu entfalten glaubt.

Aber die Not der Kriminologie als Wissenschaft gründet nicht bloß in ihrer Rolle als ancilla iuris; sie gründet ebensosehr in ihrem bislang prekären Verhältnis zur Archaik des Bösen. Gravierend ist schon, wenn der Kriminologe, zumal hinter dem Schutzschild seines Expertenimages, sich Archaik dadurch vom Halse schaffen möchte, daß er Bekennermut demonstriert. Denn indem er die Idee der Schuldstrafe im allgemeinen und die Existenz des liberum arbitrium im besonderen zu seinen ›Anliegen‹ macht, revoziert er in Wahrheit die archaischen Instinkte, und zwar so, daß er deren zwanghaftes Weiterwirken im strafrechtstheoretischen Diskurs mit Hilfe der Parole des Dezisionisten, man sei disponibel und müsse sich deshalb entscheiden, bemäntelt. Gravierender aber noch als solches Selbstmißverständnis ist das falsche Kriminologenbewußtsein, demzufolge der Wille zur Ausmerzung von Archaik im wissenschaftlichen Begriffsgefüge auch schon auf die Sistierung von deren Macht im Erkenntnisprozeß hinausliefe. Bereits die Kriminalanthropologie des 19. Jahrhunderts, an der uns heute so vieles so archaisch anmutet, gab vor, an die Stelle ideologiegegängelter Spekulation nichts als Empirie und daraus resultierende Verallgemeinerung zu setzen, sang das Lob der experimentellen und induktiven Methode. Dabei war es gemäß dem Diktum Lombrosos ihr Ziel, »das Wesen des Verbrechers durch und durch zu erkennen«. Daß dieses Wesen, wie es Lombroso entfaltete, in seiner szientifischen Darstellungsform zu einem wesentlichen Teil die der modernen Mentalität erträgliche Wiederkehr des Alten war, welches als barbarisch zu verurteilen besonders der Kriminalanthropologe nicht müde wurde, ist unterdessen augenfällig. Lehrreich am Beispiel der Positiven Schule der Kriminologie ist jedoch nicht bloß, was deren Kritiker monieren: ihr mythischer Hang zur Hypostase, zur Konstruktion von Wesen, wo einzig Beziehungsanalyse am Platz gewesen wäre. Lehrreich ist vor allem auch, wie gerade dort, wo man sich alles Mythischen energisch entledigt zu haben glaubte, dieses im wissenschaftlichen Denkgefüge selbst unerkannt weiterwirkte, sich also nicht bloß in der Sphäre des Außerwissenschaftlichen und daher - nach der Logik des Szientismus - Arationalen als Modern-Bekenntnishaftes festsetzte. Weit davon entfernt, einen rationalen Umgang mit der Archaik des Bösen zu ermöglichen, hat der kriminologische Diskurs deren naturwüchsige Macht an einigen zentralen Theoriepunkten schon eher verstärkt: Das eitle Bewußtsein, mit dem Mythos nun endlich aufgeräumt, ihn aus dem Prozeß der Erkenntnis ausgesperrt zu haben, machte den Blick stumpf für die Wiederkehr des scheinhaft Exilierten und dieses damit erst recht unkontrollierbar.

Daß das Gesagte nur für die alte Kriminologie gelte, nicht aber für die, welche sich heute selbst jung und kritisch nennt, wäre wohl ein kurzsichtiges Urteil. Gewiß, die kritische Kriminologie heute hat mit dem Mythos auch dort gebrochen, wo er sich einst als Wissenschaft gerierte. Aber sie hat das auf eine Weise getan, daß sich an der Bruchebene des neuen Denkens nicht selten die Faserung des alten detailgetreu abbildet. Die Punkt-für-Punkt-Entgegensetzung (wie sie sich ja schon im milieutheoretischen Radikalismus des 19. Jahrhunderts findet) schafft neue Diskursreihen, die ihrem Wesen nach oft

Negativmythen sind. Wenn der alte Mythos den Blick auf den Rechtsbrecher verstellt hat, weil er aus einem Menschen eine Bestie werden ließ, so humanisiert der neue Mythos das Verbrechen, indem er noch die wahnsinnigste Bluttat als eine erscheinen läßt, die in uns allen stecke wie irgendeine x-beliebige Neigung; oder aber er dehumanisiert: eine Tat, deren menschliche Qualität selbst durch die Zuschreibung des Attributs ›bestialisch‹ nicht völlig negiert wurde, wird zu einer Art Naturereignis (einem Ereignis, das unter dem Blickwinkel einer dafür womöglich eigens geschaffenen Nosologie sich schließlich als Symptom einer Geisteskrankheit-zum-Verbrechen entpuppt); oder ›der Täter‹, dieser Einfallsort des Mythos, verschwindet, um in der Gestalt des durch die Ausübung von Labelingmacht Verderben bringenden Justiz-Unmenschen wiederzukehren.

Doch nicht über die Rolle des Komplementarismus im kriminologischen Diskurs wird nachfolgend gehandelt, sondern über die Verwicklungen von Freiheit und Mythos, also über das aus - wie auch immer verhohlener - Affirmation stammende Erbe der ›alten‹ Kriminologie. Die Gestalt, an der diese Verwicklungen darzustellen sind, hat man sich angewöhnt, wertfrei mit dem Schimpfwort ›Psychopath‹ zu belegen. Der Psychopath läßt sich im Gegensatz zur Bestie - die als ein Wesen, das Totalität ist, der Transzendenz (= der Freiheit = der Leere) entbehrt - definieren als *die Bestie mit Transzendenz*. Der Psychopath ist eine, wenn schon nicht unmögliche, so doch paradoxe Gestalt: er ist der Bös-Kranke des Mythos, aber sein Bösesein ist gegründet auf seiner Freiheit - und eben dies ist die Pointe einer Motivkonstellation, die es verdiente, betitelt zu werden: Der gedoppelte Mythos als Wissenschaft... Gemäß dem Urteil des Bundesgerichtshofes der Bundesrepublik Deutschland vom 7.6.1966 hatte die Spruchpraxis davon auszugehen, daß ein Angeklagter für seine Straftaten voll verantwortlich ist, wenn diese auf einer »Hemmungslosigkeit« fußten, die nicht die Folge einer »Bewußtseinsstörung oder krankhaften Störung der Geistestätigkeit«, sondern »in erster Linie Ausfluß« von »*Charaktermängeln*« war (NJW 1966, S. 1871). Sein Urteil begründete der BGH wie folgt: An einen Menschen, dessen reduziertes Hemmungsvermögen im wesentlichen bloß das Resultat von Charaktermängeln ist, kann die Rechtsordnung »keine geringeren Anforderungen stellen als an Menschen, die in jeder Beziehung normal sind«. Schon Jahre vorher hatte der BGH in einem Urteil erkannt: Von einem Psychopathen - und tun wir von nun an so, als ob dieses Schimpfwort zum terminus technicus brauchbar wäre -, also einem Menschen, dessen psychische Abnormität vornehmlich aus Charaktermängeln besteht, verlangt die Strafrechtsordnung genauso wie von einem normalen Menschen, »daß er sich beherrscht« (NJW 1958, S. 2123). Nun ist es aber gewiß nur dann sinnvoll, von jemandem Beherrschung zu fordern, wenn er auch tatsächlich in der Lage ist, sich zu beherrschen. Sollen - davon zumindest wird man ausgehen dürfen - impliziert Können. Demnach ist es unsinnig, von einem Tauben zu verlangen, er solle dem Gesang der Vögel lauschen; denn dazu ist er unfähig. Was also der BGH in seinem berühmt-berüchtigten Urteil unterstellen mußte, war folgendes: Eine Person, die strafbar handelte, weil sie aufgrund von Charaktermängeln zur Tatzeit hemmungslos war, hätte auch rechtskonform handeln können. Mit anderen Worten: die Person handelte frei.

Was ist von einer solchen Unterstellung zu halten? Man weiß, daß Philosophen wie Theoretiker der Schuldstrafe hier gerne sogleich zum Grundsätzlichen kommen. Damit jedoch verschließen sie sich vom Ansatz her einer adäquaten Wahrnehmung dessen, was uns bisher bereits als das Labyrinth der Kriminologie auffällig wurde. Dieses ist nicht einfach - neben den anderen Momenten, die es konstituieren - ein Produkt des abstrakten Problems der Willensfreiheit. Das Problem der Willensfreiheit stellt sich nicht am Anfang der Frage, ob jemand auch hätte anders handeln können, sondern ist Index des beständig mißlingenden Versuchs, zwischen den empirischen Verwicklungen der Freiheitsfrage und der Leere, als welche sich die Freiheit, streng metaphysisch gedacht, darstellt, eine dogmatische Vermittlung zu finden. Indessen betritt man das Labyrinth der Kriminologie, sobald man die Evidenzen des sogenannten gesunden Menschenverstandes - im folgenden Common sense genannt - beim Wort nimmt und zu erkennen beginnt, wie sie den Fragenden dort im Stich lassen, wo er zunächst vermeinte, ihnen blindlings vertrauen zu können. Denn zweifellos sind beim Kriminologen sowohl seine Verlegenheit angesichts der Problematik des Anders-handeln-Könnens als auch seine Bereitschaft, die Problematik auf ideologisch-regressive Weise zu ›entscheiden‹, bedingt durch die Verankerung aller Kriminologenweisheit in den Evidenzen des Common sense. Diese legen zwingend nahe, Schuld gebe es nur, wo das Anders-handeln-Können als Tatsache existiere. Das paßt zwar trefflich in den Kram der herrschenden - noch immer herrschenden - Lehre von der Legitimität staatlichen Strafens. Aber ist es auch wahr? Die Frage bleibt bestehen, ganz gleich, ob der Gesetzgeber zubilligt - wie nunmehr in den neuen Strafrechtsordnungen der Bundesrepublik Deutschland und Österreichs -, daß schwere Charaktermängel die strafrechtliche Verantwortlichkeit erheblich mindern, oder ob er darauf beharrt, der Psychopath sei frei in seinem Tun und Lassen und daher für dieses voll verantwortlich. Die Frage bleibt schon deshalb bestehen, weil man nicht genau weiß, was für eine Frage das überhaupt ist; und bei Antworten, die auf derartige Fragen gegeben werden, weiß man nie mit Bestimmtheit, ob es sich überhaupt um Antworten handelt.

Es wird uns also nicht erspart bleiben, uns um die Aufhellung der Struktur der Frage, die da gestellt ist, zu bemühen. Erst dann wird es möglich sein, den Sinn dessen, was wir vorhin mittels der Wendung ›der gedoppelte Mythos als Wissenschaft‹ anzudeuten versuchten, voll ins Blickfeld treten zu lassen.

Liberum Arbitrium Fugitivum

Der Gedanke, daß sich Leute unter bestimmten Umständen beherrschen können, nicht aber unter bestimmten anderen Umständen, ist dem Alltagswissen durchaus vertraut. Ich versuche, mir das Rauchen abzugewöhnen, doch eines Tages werde ich rückfällig; dabei habe ich den Eindruck, daß ich mich nicht mehr länger beherrschen konnte. Indem ich auf den Verlust meines Beherrschungsvermögens hinweise, will ich nun aber mein Verhalten nicht bloß erklären; ich will es auch als entschuldbar ausweisen. Denn wenn es stimmt, daß ich mich nicht mehr beherrschen konnte, dann stand ich, als ich erneut zur Zigarette griff, unter innerem Zwang. Wenn hingegen eine Person, die handelt, dabei keinem inneren Zwang gehorcht und darüber hinaus auch keinen äußeren Zwängen unterliegt, dann werden wir, dem Leitfaden unserer Alltagsintuition folgend, urteilen: ›die Person könnte auch anders handeln‹; trifft es nun außerdem zu, daß die handelnde Person Einsicht in die moralische oder rechtliche Qualität ihres Tuns besitzt, so werden wir überdies urteilen: ›die Person ist verantwortlich für das, was sie tut‹. Welche Gründe aber sind es, die uns zu einem solchen Urteil berechtigen? Ich behaupte, ich konnte mich nicht mehr beherrschen, mußte vielmehr wieder zur Zigarette greifen. Woher weiß ich das? Und wie können sich die anderen davon überzeugen, daß ich recht habe?

Wenn ich verständnisvollen Freunden von meiner mißglückten Nikotin-Abstinenz erzähle, werden sie mir in der Regel sehr viel zugestehen: man wird mir, dem Opfer einer Sucht, einer allzumenschlichen Gier, hinsichtlich der korrekten Darstellung meiner subjektiven Notlage eine Art *Interpretationsmonopol* einräumen. Das bedeutet, daß man mir glauben wird, falls ich ernsthaft versichere, ich hätte mich nicht mehr beherrschen können. Ganz anders jedoch wird unter Umständen mein Hausarzt reagieren: statt auf meine kleine traurige Geschichte über den Verlust meines Beherrschungsvermögens mit verständnisvollem Kopfnicken einzugehen, wird er womöglich kalte Ablehnung demonstrieren und mich dafür tadeln, daß ich mich nicht stärker zusammengenommen oder, falls der Arzt eine militante Redeweise bevorzugt, ›zusammengerissen‹ habe. Der Arzt weiß, daß ich an Kreislaufbeschwerden leide, und also geht er davon aus, daß ein nachsichtiges Verhalten auf seiner Seite mir nur zum Schaden gereichen könnte. Das heißt aber: der Arzt entscheidet über die Glaubwürdigkeit meiner Geschichte nicht aufgrund irgendwelcher Sachhinweise, wonach ich mich doch hätte beherrschen können, sondern im wesentlichen aufgrund einer *pragmatischen* Überlegung. – Betrachten wir ein anderes, juristisch bedeutsames Beispiel: Der Sozialarbeiter Kenneth J. Herrmann erzählt von einem Vater der Mittelschicht, der seinen vier Jahre alten Sohn brutal zusammenschlägt, so daß das Kind ins Spital gebracht werden muß; der Mann ist offensichtlich weder geisteskrank noch bewußtseinsgestört; dennoch beschreibt ihn seine Frau als »einen im Grunde guten Menschen, der jedoch Hilfe braucht. Er hat das nicht tun wollen, aber er kann sich doch auch nicht immer kontrollieren« (zit. nach Chesler 1979, S. 300 f.). Die Frau, die das von ihrem Mann sagt, spricht augenscheinlich von einem Menschen, der ihr so nahesteht, daß sie angesichts ihres schwer mißhandelten Kindes bereit ist, eine Erklärung für das Zustandekommen der Mißhandlungen zu geben, die gleichzeitig einen Entschuldigungsversuch darstellt. Vermutlich glaubt die Frau, was sie sagt; dennoch ist es offenkundig, daß sich kaum ein Gericht ihrer Meinung anschließen würde. Die Gerichte hätten nämlich sehr wohl davon auszugehen, daß der Mann zur Tatzeit ›dispositionsfähig‹ war, d.h. auch hätte anders handeln können. Worin aber gründet diese voraussehbare Divergenz der Meinungen? Darin, daß eine der Parteien, Ehefrau oder Gericht, die Tatsachen falsch einschätzt? Doch so zu fragen hat einen Sinn nur, wenn es sich hier primär um eine Tatsachenfrage handelt und nicht primär um eine der Lebenspragmatik, also nicht um eine Frage, die in erster Linie gemäß den augenblicklichen und antizipierten Erfordernissen und Wünschbarkeiten des sozialen Lebens entschieden werden muß.

Wir haben ziemlich genaue Vorstellungen über die Bedingungen, unter denen jemand seiner inneren Freiheit verlustig geht. Ein gutes Beispiel für Handlungen, die unter innerem Zwang zustande kommen, sind gewisse sich stereotyp wiederholende Aktivitäten bei Personen, die wir uns angewöhnt haben, Neurotiker zu nennen. Betrachten wir die Situation eines sogenannten Kleptomanen: immer wieder begeht er Diebstähle, obgleich er nicht stehlen will; die Diebstähle sind in keiner einsehbaren Weise vernünftig oder - schwächer ausgedrückt - funktional; und schließlich: der Kleptomane leidet gewöhnlich unter seinen Handlungen stärker als ein ›normaler‹ Dieb, denn dieser glaubt wenigstens, funktional zu handeln. Angesichts der strafbaren Aktivitäten eines Kleptomanen kommt jeder ›vernünftige‹ Mensch zu dem Ergebnis, niemand, der Herr (oder Dame) über sich selbst und bei Verstand ist, wird so handeln; da der Kleptomane bei Verstand ist - er erkennt ja die Unsinnigkeit seines Tuns und leidet darunter -, muß es wohl der Fall sein, daß er unter innerem Zwang handelt. Angenommen nun aber, auch ich habe schon mehrfach versucht, nicht zu tun, was ich dann doch immer wieder tat (Zigaretten rauchen); auch ich leide unter meinem Tun, und zwar nicht zuletzt deshalb, weil ich es für unvernünftig halte: bin ich unter diesen Bedingungen berechtigt zu sagen, ich stünde unter innerem Zwang? Hier, im Vergleich des Kleptomanen mit dem Nikotinsüchtigen, stoßen wir auf ein charakteristisches Element des Common-sense-Sprachspiels über Selbstbeherrschung, inneren Zwang und Verantwortlichkeit: *das Postulat der Elastizität des Wollens.* Zweifellos wollte ich nicht tun, was ich tat. Aber war mein Wille, die verabscheute Handlung zu unterlassen, auch stark und intensiv genug? Stand es mir denn nicht frei, mich noch mehr zusammenzunehmen? Jean-Paul Sartre behauptet in seinem Buch *L'Etre et le Néant*, selbst unter den gräßlichsten Qualen sei es dem Gefolterten möglich, noch zwei Sekunden standzuhalten; und dann noch zwei Sekunden; und dann... Hat der freiheitspathetische Sartre recht? Das Postulat der Elastizität des Wollens besagt, es stehe uns in gewissen Grenzen frei, ein Ziel mehr oder weniger intensiv anzustreben. Ich will den Genuß von Zigaretten meiden, aber mein Wille kann sehr lax sein und gerade hinreichen, mich eine Stunde lang nikotinabstinent zu halten; ich kann mich jedoch auch ermannen und verbissen, Stunde um Stunde gegen meine Gier ankämpfend, eine Woche durchhalten. Und wenn ich nach einer Woche rückfällig werde? Ich habe vermutlich die Überzeugung, meine Willenskraft sei an ihre äußerste Grenze gestoßen. Aber die *Anderen* teilen diese Überzeugung womöglich nicht; vielmehr sind sie der Ansicht, ich sei mir selbst gegenüber zu nachsichtig gewesen, andere hätten es ja auch geschafft. Die Folge solcher Einwendungen kann sein, daß ich in meiner Überzeugung wankend werde. Hätte ich nicht z.B. noch fünf Minuten durchhalten können; und dann noch fünf Minuten; und dann...? Es ist möglich, daß ich derart schließlich zu einer Überzeugung gelange, die meiner ursprünglichen entgegengesetzt ist. Aber gibt es für diesen Überzeugungswandel gute Gründe? Indem ich bemerke, daß mir ›Introspektion‹ jetzt nicht mehr aus der Verlegenheit helfen kann, bin ich gezwungen zuzugeben, daß auch den anderen (die mir oft nur in Form der Tyrannei meines Gewissens präsent sind) nicht zugemutet werden kann, meinen Freiheits- oder Unfreiheitsevidenzen zu vertrauen. Das heißt nun aber keineswegs, daß die Anderen für ihre Überzeugung gute Gründe hätten.

Wenn sich aus dem Gesagten ein Ergebnis gewinnen läßt, dann wohl das folgende: Welche Evidenz man hinsichtlich seiner Willenskraft (seiner Kraft, sich zu beherrschen) letzten Endes haben wird, hängt weniger von Sachmomenten als vielmehr von pragmatisch geleiteten Situationsdefinitionen ab. Es gibt im Lebensalltag typische ›Du hättest noch durchhalten können‹-Situationen; bezüglich solcher Situationen wird meine Freiheitsevidenz durch die normierende Stimme der Anderen (die auch die Stimme meines Gewissens ist) auf spezifische Weise manipuliert. Aber es kann auch kleine pragmatische Revolutionen im Alltag geben: Um so mehr Menschen es natürlich anmutet, die Seelenkämpfe der Mitmenschen als ein psychoanalytisches Spektakel aufzufassen, um so bereitwilliger wird man auch mir zugestehen, daß ich das Opfer eines sich in mir naturwüchsig abspielenden Psychodramas bin, als Raucher z.B. das Opfer einer durch frühkindliche Traumata bedingten oralen Fixierung. Die normative Kraft einer solchen, gesellschaftlich bedeutsamen Perspektivierung von Subjektivität bleibt gewiß nicht ohne Einfluß auf meine mich selbst betreffenden Freiheitsevidenzen: So antiquierten Parolen wie der vom Durchhalten-Können werde ich wohl nur noch mit sanfter Ironie begegnen. Dies ist keine Frage der guten Gründe (denn solche habe ich nicht, ich bin bestenfalls in der Lage, mit einigen, der Psychoanalyse entlehnten Begriffen rationalisierend zu hantieren), sondern eine Frage der Lebenspragmatik. Zum Beispiel sind die Menschen ihrer Autonomie überdrüssig; sie fühlen sich schlecht und sie wollen behandelt werden; sie sind lieber Opfer der Verhältnisse als Herren (oder Damen) ihres Schicksals.

Doch das gibt es noch ein Argument: *Andere haben es auch geschafft!* Von diesem Argument brauche ich mich allerdings nur unter der Voraussetzung angesprochen zu fühlen, daß ich zumindest einem von denen, die es geschafft haben, in allen relevanten Aspekten hinreichend ähnlich bin. Wie aber kann ich (oder irgendein Fremdbeobachter) herausfinden, ob dem so ist? Angenommen, mein Freund Wolfgang habe das Rauchen erfolgreich aufgegeben, und nun frage ich mich: wieso er und wieso ich nicht? Ich habe zunächst den Eindruck, daß wir beide so verschieden nicht sind, aber dann frage ich ihn, wie er es geschafft hat. Und er erzählt mir eine Geschichte, doch weder er noch ich (noch sonst jemand) kann schließlich begründetermaßen feststellen, ob gewisse Elemente seiner Geschichte, die sich von meiner selbstverständlich unterscheidet, meinen Eindruck, daß wir beide so verschieden nicht sind, bestätigen oder widerlegen. Wolfgang erzählt mir, daß er immer dann, wenn er in Versuchung geriet, eine Zigarette zu rauchen, sich darauf versteifte, er könne es noch fünf Minuten aushalten. Hätte er nicht so agiert, wäre er dann rückfällig geworden? Und hätte ich agiert wie er, wäre es mir dann endgültig gelungen, nikotinabstinent zu leben? Wir wissen es nicht: es ist durchaus möglich, daß mein Freund auch ohne existentialistisches Freiheitspathos sein Ziel erreicht hätte; und zwar unter Umständen deshalb, weil er über mehr Willenskraft verfügt als ich. Man muß wohl zugeben, daß sich bezüglich der hier interessierenden Fragestellung im Regelfall nicht sagen läßt, ob zwei Personen einander in den relevanten Aspekten hinreichend ähnlich sind; denn gewöhnlich wissen wir nicht, genau welche Aspekte relevant sind.

Aber, so könnte eingewendet werden, beruht diese Unwissenheit nicht einzig auf dem Umstand, daß die Beteiligten im Alltag der Fragestellung viel zu wenig wissenschaftlich zu Leibe rücken? Möglicherweise läßt sich die Autonomiefrage im Rahmen von Alltagsdiskursen nicht klären. Aber das heißt doch nicht, daß sie prinzipiell unbeantwortbar ist! Mit Hilfe wissenschaftlicher Methoden (kontrollierten Tests, statistischen Verfahren usw.) ist es vielleicht möglich festzustellen, daß z.B. Personen, die bestimmte (Persönlichkeits-) Merkmale aufweisen, *in der Regel* bestimmte Verhaltensweisen an den Tag legen, obwohl sie sich lieber anders verhielten und obwohl sie unter ihren Aktivitäten leiden, weil sie sie für unvernünftig halten (also die typischen Bedingungen für das Vorliegen inneren Zwangs erfüllen). Um dieses Problem erörtern zu können, analysieren wir kurz das folgende Beispiel: Die Ergebnisse der Untersuchungen an ein- und zweieiigen Zwillingspaaren zur Feststellung der kriminellen Konkordanzquote sind - zumindest gemäß der Darstellung der Kriminalbiologen - sehr stark, wenn man sie an denen vergleichbarer statistischer Untersuchungen mißt. So lesen wir bei Hans Jürgen Eysenck (1977, S. 87): »Bis heute sind etwa 750 [genau: 766] Zwillingspaare untersucht worden, bei denen jeweils einer kriminell war. Unter ihnen waren halb so viele monozygotisch [231] wie gleichgeschlechtlich dizygotisch [535]. Insgesamt sind knapp viermal so viele monozygotische [128 von 231] wie dizygotische Zwillinge [68 von 535] konkordant in bezug auf Kriminalität (55 Prozent *vs.* 13 Prozent)« (die Zahlen in eckigen Klammern sind zit. nach Eysenck 1975, S. 171). Solche Ergebnisse kann man sich, salopp ausgedrückt, als empirischer Psychologe oder Sozialwissenschaftler nur wünschen, handelt es sich hierbei ja um einen »Befund, der die These *außer Zweifel stellt*, daß die Vererbung eine *äußerst wichtige Rolle* in der Genese kriminellen Verhaltens spielt« (Eysenck 1975, S. 172). Und doch: Selbst wenn man davon ausgeht, daß alle Untersuchungen, auf die sich Eysenck bezieht, methodisch akzeptabel sind - eine Annahme, die, gelinde gesagt, umstritten ist -, selbst dann sind diese Untersuchungen in ihrer Gesamtheit völlig ungeeignet, Aufschluß darüber zu geben, ob beliebige eineiige Zwillinge, die kriminell handeln, dies unter innerem, nämlich genetisch bedingtem Zwang tun. Hierfür gibt es wenigstens zwei Gründe: *a)* Aufgrund von Korrelationsanalysen der genannten Art (es wird untersucht, ob bestimmte, genetisch determinierte Persönlichkeitsmerkmale mit bestimmten Verhaltensweisen in einem signifikanten Zusammenhang stehen) läßt sich bestenfalls sagen, daß die Probanden *irgendwann* im Laufe ihres Lebens oder bestimmter Lebensabschnitte mit einer gewissen Wahrscheinlichkeit gewisse Handlungen, z.B. Straftaten, setzen. Daß sie gerade zu dem und dem Zeitpunkt so und so handeln müssen - dieser Befund läßt sich keinesfalls erstellen. *b)* Wenn von 231 erbgleichen Zwillingspaaren 128 kriminell konkordant sind, während von 535 dizygotischen Zwillingspaaren derartiges bloß für 68 behauptet werden kann, dann ist dies zwar, falls keine methodischen Einwände bestehen, ein äußerst beeindruckendes Ergebnis. Doch es gestattet höchstens die Folgerung (falls man sich als ›exakter‹ Wissenschaftler überhaupt auf solche umgangssprachlichen Konstatierungen einlassen will), daß ein eineiiger Zwilling, dessen Geschwisterteil kriminell ist, *es schwerer hat,* nicht kriminell zu werden, als ein zweieiiger Zwilling. Aber daß sich A schwerer beherrschen kann als B, sagt eben keineswegs, daß A sich nicht beherrschen kann, d.h. unter innerem Zwang steht. Kurz gesagt: Aufgrund der am besten überprüfbaren, weil maximal objektivierbaren Ergebnisse, die in den Humanwissenschaften hinsichtlich des Zusammenhangs zwischen Persönlichkeitsmerkmalen (als genetisch bedingten Prädispositionen) und der Ausführung bestimmter Handlungen bislang erzielt wurden, läßt sich die Frage des Anders-handeln-Könnens jedenfalls nicht negativ entscheiden.

Worüber belehrt uns dieses Beispiel? Gewiß nicht darüber, daß es so etwas wie inneren Zwang nicht gibt. Es hilft uns aber, das weiterreichende Problem zu verstehen, warum die Wissenschaft keineswegs der Königsweg zur Ausschaltung der Diffusitätszonen des Alltagsverstandes ist, sofern das Ziel, um das es dabei letzten Endes geht, lautet: Feststellung der strafrechtlichen Zurechnungsfähigkeit bzw. des Grades der Zurechnungsunfähigkeit. Wohlwollender Freund - Hausarzt - Strafrichter: das sind, wie die Beispiele hier gewählt wurden, Steigerungsstufen pragmatischer Ernsthaftigkeit, denen Stufen des Objektivierungsdrucks korrelieren. Das Interpretationsmonopol hinsichtlich der subjektiven Befindlichkeiten, welches der Freund dem Freunde zugesteht und welches der Hausarzt bereits infrage stellt, hat für den Wissenschaftler-im-Dienste-des-Rechts höchstens noch die Funktion, sich über Symptome Klarheit zu verschaffen. Daß einer aussagt, er habe sich nicht mehr beherrschen können, ist für den forensischen Psychiater gerade das, was er zu beweisen oder zu widerlegen trachtet, und zwar mit Hilfe von Daten, unter denen jene Aussage gar nicht mehr oder höchstens noch als Indikator für eine bestimmte Geistes- oder Gemütsverfassung des Probanden aufscheint. Die Stufen der Objektivierung sind zugleich auch Stufen der Entsubjektivierung: beweiskräftig sind schließlich nur noch objektive Daten, subjektive aber nur als interpretierte (das Subjektive wird objektiv, indem es vor dem Hintergrund einer intersubjektiv überprüfbaren Theorie interpretiert wird). Die Stärke des Drucks in Richtung Objektivierung steht hier in engstem Zusammenhang mit den Folgen, die das Wissenschaftlerurteil für den Beurteilten hat. Das Urteil des forensischen Psychiaters, an dem sich das Urteil des Richters orientiert, kann ein Menschenleben sozial und seelisch zerstören oder retten helfen; auf alle Fälle fungiert es als Expertise, die für die zukünftige Existenz des Begutachteten von wesentlicher Bedeutung ist. Hinzu kommt, daß es bei derartigen Begutachtungen zumeist nicht um das Schicksal des Täters allein geht, sondern – auch wenn dies gar nicht unmittelbar Gegenstand des Gutachtens ist – um die Gerechtigkeit überdies und überdies um das mögliche Schicksal möglicher weiterer Opfer des Täters. Objektivierung unter solchen Bedingungen heißt: weitestmögliche Autonomisierung der als beweiskräftig geltenden Daten von den subjektiven Ansichten des jeweiligen Probanden (wiewohl diese als zu interpretierende ›Belege‹, als ›Symptome‹ zumeist unverzichtbar sein werden). Damit jedoch gerät man in die Situation, das Konzept des Anders-handeln-Könnens *veräußerlichen*, d.h. an ausschließlich intersubjektiv überprüfbare Informationen binden zu müssen. Welchen Zusammenhang aber gibt es zwischen solchen Informationen und dem Vorliegen oder Nichtvorliegen von innerem Zwang?

Das Beispiel der Zwillingsuntersuchungen läßt uns indirekt erkennen, worin das Objektivierungsproblem hier besteht. Die Ergebnisse, die der Wissenschaftler erhält, sind in der Regel viel zu schwach, um die Frage des inneren Zwangs definitiv entscheiden zu können. Denn diese Frage, wie sie aus dem Common sense in den Bereich der Wissenschaften vom bösen Handeln hineinragt, ist ohne Bezug auf subjektive Daten *überhaupt nicht sinnvoll stellbar.* Ein wesentliches Moment der Idee, daß Menschen unter innerem Zwang handeln, basiert auf der Erfahrung des Sich-selbst-Entgleitens trotz intensivster Beherrschungsanstrengung; diese Erfahrung aber ist ein subjektives ›Datum‹, das durch Daten objektiver Natur nicht vollends ›nachbildbar‹ ist. Selbst der zwangsneurotische Mechanismus macht hier keine Ausnahme. Daß jemand an Kleptomanie leidet, d.h. ein bestimmtes Verhalten immer wieder an den Tag legt, obwohl es in seinem Lebenskontext als dysfunktional, als unvernünftig erscheint, ist kein hinreichender Grund für die Feststellung, dieser Mensch sei nicht imstande, seine Diebstahlshandlungen zu unterlassen; nur wenn er uns glaubhaft zu schildern vermag, wie er, der nicht stehlen will, sich trotz äußerster Willensanspannung immer wieder selbst entgleitet, ist das ein wirklich guter Grund für die Annahme, hier handle jemand unter innerem Zwang. Und wenn wir einen Menschen einen ›Kleptomanen‹ nennen und daher sein Tun als zwangsneurotisch qualifizieren, dann *unterstellen* wir, daß er in der Lage wäre, uns im Hinblick auf die von ihm gesetzten Diebstahlshandlungen eine glaubwürdige Schilderung seines Sich-selbst-Entgleitens zu geben, d.h. wir unterstellen die Glaubwürdigkeit eines wesentlich subjektiven Datums. Mit zunehmendem Objektivierungsdruck allerdings erscheint gerade auch diese Unterstellung als zentraler Teil dessen, was *unabhängig* zu überprüfen ist. Die Glaubwürdigkeit jedweder Schilderung des Sich-selbst-Entgleitens wird dann zunehmend von der Verfügung über Daten abhängig gemacht, deren Korrektheit nicht eine Funktion der Korrektheit der Schilderung des Sich-selbst-Entgleitens ist. Damit jedoch wird es zunehmend unmöglich, eine Frage der Art ›Hätte N.N. etwas anderes tun können?‹ empirisch und theoretisch definitiv zu beantworten. Das heißt - um diesen Punkt noch einmal zu betonen - keineswegs, daß es nicht typische objektive Indikatoren des Nicht-anders-handeln-Könnens gibt; aber daß es sie gibt, ist abhängig von einer Unterstellung, die wir machen müssen und deren Inhalt selbst nicht objektivierbar ist. In dem Augenblick jedoch, in dem diese Unterstellung wegen der mit ihr verbundenen pragmatischen Folgen nicht mehr gemacht werden darf, entleert sich das Feld der Indikatoren von möglichen objektiven des Nicht-anders-handeln-Könnens.

Es mag nun allerdings scheinen, als ob bestimmte, in der Literatur gerne diskutierte spektakuläre Fälle von Dispositionsunfähigkeit durch das soeben Gesagte nicht berührt würden. Eine Person, der in Hypnose am 27. Mai befohlen wurde, am 28. Mai für sich selbst eine Geburtstagsfeier zu veranstalten, veranstaltet für sich am 28. Mai eine

Geburtstagsfeier, obwohl sie nicht vergessen hat, daß sie im November geboren worden ist. Aufgrund vergleichbarer Fälle weiß man, daß posthypnotische Befehle, die nicht stark überich-dyston sind, häufig befolgt werden, und zwar auch dann, wenn die Ausführung des Befehls der Person abverlangt, etwas in ihrem Lebenszusammenhang Unvernünftiges zu tun. Man weiß, daß die unter posthypnotischem Zwang handelnde Person, gerade weil sie den Grund ihres unvernünftigen oder lächerlichen Handlungsplanes nicht kennt, zumeist wenig tut, um den Handlungsimpuls zu unterdrücken; hingegen gibt sie sich Mühe, diesen Impuls mit ihrem Selbstbild in Übereinstimmung zu bringen, d.h. sie sucht nach einer harmonisierenden Deutung der sie kognitiv belastenden Situation. Vermutlich ist es ein bestimmendes Merkmal des posthypnotischen Handeln-Müssens, daß die Person, die Anstalten macht, unvernünftig oder lächerlich zu handeln, den Grund des Defekts ihrer Situation auf zwanghaft zentrierte Weise nicht in ihrem Handlungsimpuls, sondern in ihrer mangelhaften Deutung dessen, ›was zu tun ist‹, sucht. Die Person befindet sich demnach in einer Art Trance: was zu tun ist, das ist zu tun. Aber warum ist gerade *das* zu tun? Wer so fragt, dessen Problem ist es nicht, Widerstand gegen das zu leisten, was zu tun ist und was zu tun er sich deshalb anschickt. Daß posthypnotische Befehle oft befolgt werden, ist also nur dann ein hinreichendes Indiz für die Annahme, das Befohlene würde unter innerem Zwang getan, wenn man unterstellt, der Hypnotisierte könnte glaubwürdig versichern, er sei auch bei größter Willensanstrengung nicht in der Lage, eine *Vermeidungsintention* aufzubauen, die ausreichte, um die Handlung, ›die zu tun ist‹, zu unterlassen. Und so gelangt man also auch hier zu einer Bestätigung der Ansicht, daß, wann immer über die Frage des Nicht-anders-handeln-Könnens in einem konkreten Fall entschieden werden soll, es nicht möglich ist, das Problem des Sich-selbst-Entgleitens zu ignorieren. Bloß betrifft dieses Problem zumeist die Nichtunterdrückbarkeit eines Handlungsimpulses, der im Zentrum einer Vermeidungsintention steht, während der posthypnotische Zwang gerade aus dem Scheitern der Bemühung resultiert, eine Vermeidungsintention aufzubauen.

Wenn wir das bisher Gesagte überdenken, dann werden wir die Behauptung, derzufolge die divergenten Urteile in unseren Beispielen hinsichtlich der Frage des Nicht-anders-handeln-Könnens wesentlich pragmatisch bedingt sind, nicht mehr sehr anstößig finden. Wenn wir allerdings diese Behauptung in den Kontext bestimmter, institutionell verankerter Rechfertigungsfiguren stellen, dann muß sie zweifellos irritieren. Denn sie zerstört den Anschein von Rationalität und strenger Sachfundiertheit, auf welchem der Legitimitätsanspruch der fraglichen institutionellen Komplexe basiert. Betrachten wir doch noch ausführlicher das Beispiel jenes Mannes, der, wie angenommen, weder geistes- noch bewußtseinsgestört war, als er sein Kind auf brutale Weise mißhandelte: Wir können davon ausgehen, daß der Mann nach der Tat das Gefühl hat, er sei zur Tatzeit nicht mehr er selbst gewesen, und daß er in seinem Furor nachträglich keinen Sinn erblicken kann. Der Mann behauptet also z.B.: ›Ich war außer mir, ansonsten hätte ich mich anders verhalten‹, und er will damit auch sagen: ›deshalb bin ich für das, was ich getan habe, im Grunde nicht verantwortlich‹. Ein Gericht, das die Tatumstände zu würdigen hat, kommt hingegen zu einem kontroversen Ergebnis: Es behauptet, die Mißhandlungen seien nicht Ausfluß einer Geisteskrankheit oder Bewußtseinsstörung, sondern wesentlich bedingt durch bestimmte Charaktereigenschaften des Angeklagten: Jähzorn, Gefühlskälte, Egozentrik, Rücksichtslosigkeit. Das Gericht spricht von ›Charaktermängeln‹, und es behauptet, bei einem Menschen, dessen strafbare Handlungen das Produkt von Charaktermängeln seien, liege keine Beeinträchtigung der Dispositionsfähigkeit vor. Wenn wir uns fragen, nicht auf welche juristischen, sondern auf welche Sachargumente sich das Gericht bei seinem Urteil stützen kann, dann allerdings wird die Antwort ziemlich deprimierend ausfallen. Das einzige Sachargument, das dem BGH am 7.6.1966 bezüglich eines Falles einfiel, der dem hier zur Diskussion stehenden analog geartet war, ist keines: »An einen Angeklagten kann in bezug auf derartige Delikte die Rechtsordnung keine geringeren Anforderungen stellen als an Menschen, die in jeder Beziehung normal sind.« Nun wird die Situation noch dadurch wesentlich kompliziert, daß die Gerichte schon seit langem dazu übergegangen sind, zur Entscheidung der Frage, ob der Angeklagte zur Tatzeit dispositionsfähig war, in kritischen Fällen einen gerichtspsychiatrischen Experten heranzuziehen. Dieser ist dann für die Sachargumente zuständig. Aber wenn das bisher Gesagte stimmt, dann können die Sachargumente niemals beweisen, was sie letzten Endes beweisen sollen: ob und in welchem Umfang z.B. der

Vater, der sein Kind krankenhausreif prügelte, sich auch hätte beherrschen können. Ist dem jedoch so, dann stellt sich natürlich die Frage: Wenn wir, schlicht gesagt, nicht wissen, ob sich bestimmte Leute hätten beherrschen können (wiewohl sie selbst oft häufig behaupten, sie hätten sich nicht beherrschen können), was eigentlich berechtigt uns - ihre Richter -, sie mit einer Sanktion zu belegen, die auf einem Schuldvorwurf, d.h. einer *moralischen* Mißbilligung ihres Tuns oder Lassens beruht?

Zur Pragmatisierung der Freiheitsfrage

Um das Problem der Freiheit des menschlichen Handelns in seiner Verwickeltheit zu begreifen (was nicht schon heißt, es einer Lösung zuzuführen), muß man einmal klar gesehen haben, warum es auf dieses Problem nicht nur keine befriedigende theoretisch-empirische, sondern überdies auch keine befriedigende pragmatische Antwort gibt, d.h. auch keine Antwort von den angestrebten Effekten des Schuldvorwurfs und der Schuldstrafe her. Es existiert ja eine lange philosophische und eine einflußreiche strafrechtstheoretische Diskussion, die genau dies leisten zu können glaubt: den gordischen Knoten des Rätsels, das der liberum arbitrium ist, zu durchschlagen, indem die Freiheit des Wollens und Tuns nicht mehr aufgefaßt wird als ein metaphysischer oder empirischer Tatbestand, dem unabhängig von praktischen Folgenerwägungen überhaupt ein Sinn zukäme.

›Wenn es stimmt‹, so lautet das Argument, ›daß der Zweck des staatlichen Strafens im Hinblick auf den einzelnen Rechtsbrecher darin besteht, diesen so zu beeinflussen, daß er keine Straftaten mehr setzt, dann sollte die Frage des Vorliegens von Verantwortlichkeit und Schuld im rechtlichen Sinne abhängig gemacht werden davon, ob der Delinquent durch Vorwurf und Strafe in der gewünschten Weise beeinflußbar ist oder nicht. Ist er es, dann ist er zurechnungsfähig und damit schuldig; ist er es nicht, dann ist er zurechnungsunfähig und damit kein geeignetes Objekt strafender Repression.‹ Wo immer ein derartiges Argument verwendet wird, wandelt sich unter der Hand die Bedeutung der in ihm auftretenden moralischen Begriffe: Freiheit, Verantwortlichkeit, Schuld, Strafe - sie alle verlieren ihren spezifisch moralischen Sinn und verwandeln sich in manipulationstechnische Termini. Dabei allerdings geht die Argumentation davon aus, daß ein wichtiges Moment der Beeinflussungsprozedur darin besteht, dem Delinquenten gegenüber das moralische Spiel *als moralisches* zu spielen. Der Delinquent soll glauben, er sei ein Subjekt rechtlicher Zurechnung, weil er ein moralisches Subjekt ist, d.h. aber auch: über personale Autonomie und Wahlfreiheit verfügt. Er soll dies glauben, obwohl jeder derartige Glaube gemäß derselben Argumentation ›metaphysisch‹ und daher inakzeptabel ist. Der Delinquent soll an seine metaphysische Konstitution glauben, weil ein solcher Glaube die intendierte Verhaltensänderung angeblich entscheidend befördert. Hier nun wird in der Tat die Moralität zur Veranstaltung einer manipulationstechnisch fundierten Doppelbödigkeit.

Auf der Basis einer derart pragmatisch motivierten Sichtweise des Problems der Dispositionsfähigkeit ist die Lehre von der Charakterschuld entwickelt worden.

»Hält man«, schreibt Engisch (1967, S. 111), »an der ›Strafe‹ als einer Reaktion von *spezifischer* Bedeutung (neben anderen Reaktionen) fest, etwa mit der Maßgabe, daß ›Strafe‹ ein Übel darstellt und Mißbilligung zum Ausdruck bringt (womit sie sich von bloßer Sicherung unterscheidet), so ist diese Art von Reaktion als Reaktion auf Charakterfehler (kriminelle Anlagen) jedenfalls insofern sinnvoll, als sie geeignet ist, die Charakterbildung zu beeinflussen, wozu sie gegenüber Häßlichkeit, Dummheit, Schwäche nicht imstande ist. Diese Beeinflussung des Charakters ist auch wesentlich verschieden von der durch eine bloße Sicherungsmaßregel. Die spezifische Eignung der Strafe zur Charakterbildung wird von der Lehre von der Charakterschuld, so wie ich sie mit anderen zusammen vertrete, vorausgesetzt«. Und an anderer Stelle heißt es: »Das Spezifische des Schuldurteils, das wir zu fällen wagen, obwohl wir (hypothetisch) damit rechnen müssen, daß die vorgeworfenen Charaktermängel kausal determiniert sind und auch nicht immer in einer nachweisbaren ›Lebensführungsschuld‹ wurzeln, erklärt sich daraus, daß jene Charaktermängel beim zurechnungsfähigen Menschen (dem Täter selbst und ihm verwandten Naturen) durch Vorwurf und Strafe behoben werden können. Vorwurf und Strafe haben eine unersetzbare kriminalpädagogische Funktion. Sie kommen daher auch nur dort zum Zug (zum Unterschied von bloßen Sicherungsmaßnahmen und Heilbehandlungen), wo der Täter so geartet ist, daß er durch Vorwurf und Strafe angesprochen und beeinflußt werden kann (Bedeutung der Zurechnungsfähigkeit!). Die Aussage, daß der Täter zur Zeit der Tat ›hätte anders handeln können‹, läßt sich nur in dem Sinne festhalten, daß der Täter bei Vorhandensein eben derjenigen Charaktereigenschaften, deren Fehlen wir ihm vorwerfen, anders hätte handeln können, daß also nicht Körperschwäche, Geisteskrankheit, mangelnde Intelligenz und dergl. die unrechtmäßige Handlung determiniert haben« (Engisch 1967, S. 119).

Neuerdings hat Björn Burkhardt diese Lehre, wenn auch mit Einschränkungen, übernommen. Eingehender als Engisch erörtert er das Problem, wie gemäß der Charakterschuldlehre bestimmt werden soll, unter welchen Bedingungen eine Charaktereigenschaft einen Charaktermangel repräsentiert, denn es sei nicht von der Hand zu weisen, daß »bei der Unterscheidung von moralischen und nichtmoralischen Dispositionen auch andere Überlegungen eine Rolle spielen und spielen sollten als die regulative Funktion und die Frage der Beeinflußbarkeit« (Burkhardt 1980, S. 117). Diese Wendung im Rahmen der Charakterschuldlehre und ihrer pragmatischen Prämissen verblüfft natürlich, und man fragt sich, welche Überlegungen denn das sein könnten, von denen Burkhardt spricht. Nun, unter Berufung auf P.F. Strawson (1978) wird das vorliegende Problem zunächst in anderer Terminologie reformuliert: Strafen, Vorwerfen, Schuldigsprechen, Verantwortlichmachen - das alles sind Elemente eines interpersonalen ›Spiels‹, welches voraussetzt, daß Ego Alter nicht bloß als Objekt einer instrumentellen Manipulation, einer Taktik oder Behandlung perzipiert, sondern als moralisches und vernünftiges Wesen, mit dem Kommunikation möglich ist. Wer straft, vorwirft, schuldig spricht, verantwortlich macht, nimmt dem jeweiligen Adressaten gegenüber eine teilnehmende Haltung ein; wer hingegen instrumentell verfährt, tut dies nicht, nimmt vielmehr Alter gegenüber eine objektivierende Haltung ein. Burkhardt meint nun, daß für die Entscheidung, ob eine Charaktereigenschaft ein Charaktermangel sei, bedacht werden müsse, ob wir uns den Trägern der Charaktereigenschaft gegenüber teilnehmend oder objektivierend verhalten sollten. Aber gerade wenn man hier zustimmt, fragt sich, an welchen Kriterien man sich ausrichten könnte. Wo verlaufen die Grenzen der Haltung, die auf Teilnahme und Kommunikation beruht? Hierzu stellt Burkhardt (1980, S. 124) folgendes fest: »Diese Grenzen sind sicher nicht schon dann erreicht, wenn jemand, wie etwa der Überzeugungstäter, etwas aus bestimmten Gründen nicht einsehen will; und auch nicht bei Personen, die [...] sog. psychopathische Persönlichkeitszüge aufweisen. Eigensinn, Rechthaberei, Egozentrik, Skrupellosigkeit und Rücksichtslosigkeit schließen nämlich eine Ansprechbarkeit für Gründe (dialogische Lernfähigkeit) nicht eo ipso aus und können schon deshalb für sich genommen kein Grund sein, über den Betreffenden objektivierend zu verfügen«. Warum aber sollte das Vorliegen dialogischer Lernfähigkeit ein hinreichender Grund sein, die objektivierende Haltung als legitim auszuschließen? Auf diese Frage bleibt Burkhardt letztlich eine begründete Antwort schuldig. Das Konzept der Charakterschuld basiert auf der Idee, Elemente der teilnehmenden Haltung (wie Schuldigsprechen, Vorwerfen, Bestrafen usw.) im Dienste der objektivierenden Haltung als manipulative Instrumente einzusetzen. Das geht Burkhardt gegen den Strich. Er möchte die teilnehmende Haltung aus ihrer strengen instrumentellen Verankerung befreien, denn es sei, wie er an einer Stelle (1980, S. 122) betont, ein Bedürfnis des Menschen, *geachtet* zu werden. Es scheint klar, worin dieses Bedürfnis nach Achtung gründet: in dem Umstand, daß sich die Menschen als freie Wesen erleben, die nicht bloße Marionetten komplizierter psychophysiologischer Prozesse und sozialtechnischer Beeinflussungsprozeduren sind. Hier jedoch muß ›Freiheit‹ in einem a-pragmatischen Sinn verstanden werden, da sie ansonsten nicht *als Grund* für jenes Bedürfnis fungieren könnte. Nichtsdestotrotz ist es gerade ein solches Verständnis von Freiheit, das Burkhardt wegen der darin enthaltenen metaphysischen Voraussetzungen für unbrauchbar hält und das ihn dazu führt, die Charakterschuldlehre zu verteidigen. Und hieran liegt es wohl, daß Burkhardt außerstande ist, begründete Kriterien dafür zu nennen, wann die teilnehmende in die objektivierende Haltung übergehen sollte. Denn die einzig mögliche Antwort im Rahmen der pragmatischen Prämissen der Charakterschuldlehre lautet: ›Genau dann, wenn die Taktik, im Dienste der objektivierenden Haltung teilnehmend zu verfahren, nichts mehr fruchtet.‹ Und das ist die Antwort von Engisch.

Aber die Position von Engisch ist nicht bloß wegen ihrer moralischen Doppelbödigkeit inakzeptabel, sondern ebenso aufgrund einer Reihe von sachlichen Einwänden (wobei allerdings auch der Vorwurf der Doppelbödigkeit weniger eine moralische Abqualifizierung, denn eine argumentative Kritik signalisieren soll: die Charakterschuldlehre ist gezwungen, auf der Ebene der sanktionierenden Beeinflussung des Delinquenten der Anwendung eines Freiheits-, Verantwortlichkeits- und Schuldkonzepts zuzustimmen, das sie auf der Ebene des Räsonierens über die Gründe dieser Zustimmung ablehnt; das aber läuft auf die augenzwinkernde Duldung eines Widerspruchs hinaus):

Zunächst macht Engisch viel zu wenig deutlich, daß die instrumentelle Effektivität einer Strafe, wenn überhaupt, dann nur eine notwendige Bedingung im Rahmen ihrer Rechtfertigung bilden kann. Bei dem Versuch, sie tatsächlich zu rechtfertigen, müssen wir sowohl utilitaristische als auch kantianische Elemente der Moralbegründung berücksichtigen. Bisweilen lehnen wir eine Strafe ab, weil wir den Eindruck haben, daß das Leid, das sie verursacht, in keinem akzeptablen Verhältnis zu dem Nutzen steht, der durch ihre Anwendung der Öffentlichkeit zuteil wird, oder weil wir glauben, daß wir vermittels weniger leidzufügender Maßnahmen denselben Präventionseffekt erzielen könnten. (Ein Beispiel für beide Ablehnungsvarianten bietet die Forderung nach der Entkriminalisierung der Verkehrsstraftatbestände.) Manchmal jedoch nehmen wir gegen eine Art von Sanktionen Stellung, weil wir das Gefühl haben, daß durch sie die Würde der bestraften Personen auf unerträgliche Weise verletzt wird. (Dies galt in unserem Jahrhundert besonders für die Körperstrafen.) Daraus folgt, daß es niemals genügen kann, bei dem Versuch der Rechtfertigung staatlicher Strafmaßnahmen - sofern sich diese überhaupt rechtfertigen lassen, wenn ›Strafe‹ ›Gefängnisstrafe‹ meint - darauf hinzuweisen, Vorwurf und Strafe seien für gewisse Rechtsbrecher das beste Mittel zur erwünschten Verhaltensbeeinflussung.

Aber die Konzeption von Engisch ist nicht bloß zu undifferenziert; sie beruht darüber hinaus auf einer illusionären Sichtweise der Verarbeitung pönalisierender Maßnahmen auf seiten der Sanktionierten. Um dies zu demonstrieren, muß man unterscheiden zwischen *a)* dem Leidaspekt von Vorwurf und Strafe und *b)* dem Umstand, daß bei Vorwurf und Strafe dem zugefügten Leid ein spezifisches moralisches Timbre anhaftet (was sich in reaktiven Emotionen wie Scham und Reue deutlich widerspiegelt). Stellen wir uns nun eine ›aufgeklärte‹ Gesellschaft vor, die sich hinsichtlich der Freiheitsfrage agnostisch verhält, aber gleichzeitig die Praktizierung einer moralischen Doppelbödigkeit à la Engisch für unannehmbar hält, wiewohl sie die Notwendigkeit staatlicher Sanktionen aus Gründen der Sozialverteidigung nicht in Zweifel zieht. Eine solche Gesellschaft würde vielleicht zu der coolen Lösung finden, aus dem Komplex ›Vorwurf und Strafe‹ bloß noch den unter *a)* genannten Aspekt zu institutionalisieren: Wer eine Rechtsnorm übertritt, dem ist gemäß dieser Lösung, sofern gewisse Voraussetzungen erfüllt sind, ein gewisses Quantum an Leid zuzufügen, ohne daß diese Maßnahme noch mit einem moralischen Tadel verbunden wäre. Von hier aus läßt sich dann an Engisch die Frage stellen, ob ein solches Sanktionensystem weniger wirksam wäre als das uns geläufige. Die Antwort darauf ist komplex. Gerade hinsichtlich der spezialpräventiven Wirksamkeit des Strafens, auf die es Engisch besonders ankommt, scheint dieser den Aspekt *b)* maßlos zu überschätzen. Nach Engisch werden Vorwurf und Strafe effektiv, weil sich der Delinquent ihnen als einem moralischen Spektakel unterwirft, sie, pathetisch gesprochen, auf sich nimmt als Sühne für die Untaten, durch die er sich selbst in einen Zustand der Würdelosigkeit versetzte. Nun gibt es natürlich Rechtsbrecher, die sich in einem sehr persönlichen Sinne schuldig fühlen, ›einsehen‹, daß sie Unrechtes taten, bereuen und fortan ein gesetzestreues Leben zu führen gedenken. (Ob sie ihren guten Vorsätzen treu bleiben, ist eine andere Frage, die Engisch aus unerfindlichen Gründen kein großes Kopfzerbrechen zu bereiten scheint.) Die Mehrzahl derer jedoch, die bestraft werden und im Gefängnis landen, reagiert anders. Der dominierende Mechanismus der Leidverarbeitung besteht bei Kriminellen, wie bei anderen Leuten auch, doch wohl darin, sich selbst als Opfer widriger Lebensumstände wahrzunehmen. Leid wird also - das ist die naheliegende Vermutung - zumeist reduziert, indem gerade der moralische Anspruch, der mit der Strafe verbunden ist, zurückgewiesen wird: Man ist, auch wenn man jetzt einsitzt, nicht eigentlich schlecht, hat es nur schwerer im Leben als viele andere, ist weniger vom Glück begünstigt, usf. Für den quasi-professionellen Delinquenten allerdings ist die moralische Seite des Bestraftwerdens wohl überhaupt gleichgültig; es ist die Sache der anderen, Strafe als moralische Institution zu begreifen, er begreift sie als eine Art Berufsrisiko. Richtig ist natürlich, daß eine Menge leidvoller Auswirkungen der Kriminalisierung dadurch zustande kommt, daß Vorwurf und Strafe als moralische Anwürfe ernst genommen werden: die Frau läßt sich scheiden, der Chef löst das Arbeitsverhältnis, die Bekannten haben plötzlich immer viel zu tun - keiner will in den Bannkreis der Schande treten, in dem sich der Kriminalisierte bewegt. Hier also sind Leid und Moralität aufs engste verknüpft, doch gerade hier spricht alles gegen Engisch: Die genannten Folgewirkungen der Kriminalisierung sind desozialisierende Faktoren ersten Ranges, welche in spezialpräventiver Hinsicht nicht nur nutzlos, sondern sogar äußerst schädlich sind.

Es gibt also gute Gründe zu vermuten, daß der spezialpräventive Aspekt der Strafe, falls überhaupt vorhanden, zu einem wichtigen Teil durch *blanke* Leidzufügung entsteht: die persönliche Freiheit des Delinquenten wird auf peinvolle Weise eingeengt und er wird den Widerwärtigkeiten des Anstaltslebens unterworfen. Wer, außer ein hungriger Landstreicher im Winter, möchte sich mehrfach einer derart elenden Situation ausgesetzt sehen? Das heißt nun aber nicht, daß der moralische Gehalt von Vorwurf und Strafe in präventiver Hinsicht funktionslos wäre. Hat jedoch die Moralität im Rahmen staatlicher Sanktionspraktiken überhaupt eine nennens- und wünschenswerte Lenkungsfunktion, dann allerdings vorzüglich im antizipatorischen Räsonnement der Rechtsunterworfenen. Was z.B. mich davon abhält, in Buchhandlungen bisweilen ein oder zwei Bändchen ›mitgehen‹ zu lassen, ist nicht so sehr meine Ehrfurcht vor dem Eigentum anderer, als vielmehr die Imagination all der schamvollen und peinlichen Bloßstellungen, welche die Aufdeckung meiner Diebstahlshandlungen zur Folge hätte. Allgemein gesagt: die Präventivfunktion der Strafe *als einer Veranstaltung der Moralität* ist in erster Linie wohl auf der Ebene der Antizipation moralischer Desavouierung des eigenen Tuns zu suchen, und erst in zweiter Linie auf der Ebene des Reagierens auf die Zufügung eines Strafübels. Wenn daher die staatliche Schuldzuschreibung und Sanktionierungspraxis als spezifisch moralische Lenkungsinstrumente in Betracht gezogen werden, dann muß dies zuallererst im Hinblick auf ihre mögliche generalpräventive Funktion geschehen (vgl. Koller 1979).

Daß jedoch bei Engisch die Generalprävention nur en passant und ohne einen theoretischen Stellenwert einzunehmen Erwähnung findet, hat gute Gründe. Geht es nämlich darum, die Begriffe des Anders-handeln-Könnens oder Sich-beherrschen-Könnens pragmatisch zu explizieren, dann leuchtet allenfalls noch eine definierende Bezugnahme auf die spezifische Beeinflußbarkeit derjenigen Person ein, von der gesagt werden soll, sie hätte anders handeln können oder sie habe sich nicht zu beherrschen vermocht (vgl. Engisch 1963, S. 55). Die Pragmatisierung der Freiheitsidee nähme jedoch ein schon prima facie vollkommen absurdes Gepräge an, wollte man den Umstand, wonach eine Person hätte anders handeln können, davon abhängig machen, daß die Bestrafung dieser Person, spezialpräventive Wirksamkeit einmal vorausgesetzt, auch generalpräventiv wirksam, also geeignet ist, andere Personen in einer spezifischen und erwünschten Weise zu beeinflussen. Hier wird jedes Explikationsabrakadabra an folgender Intuition scheitern: *Meine* Freiheit des Wollens und Handelns kann doch nicht eine Teilfunktion der Konstitution *anderer* Personen sein, kann doch nicht wesentlich in der Beeinflußbarkeit anderer durch mein Leiden als Objekt einer Kriminalstrafe wurzeln!

Wenn die hier angestellte Analyse stimmt, dann ist das Problem des Sich-beherrschen-Könnens weder theoretisch-empirisch noch pragmatisch zufriedenstellend lösbar, und das heißt: es ist überhaupt nicht befriedigend lösbar. Dies ist natürlich eine Behauptung, der man nicht gerne zustimmen wird: Weder die Verteidiger herrschender Schuldzuschreibungspraktiken noch deren Gegner werden eingestehen wollen, daß ihre ›Lösungen‹ der Freiheitsfrage faul sind, und noch weniger können sie eingestehen, daß ihre Lösungen faul sind, weil es keine wirklich gute Lösung gibt. Denn ein solches Eingeständnis würde beide Parteien ihrer *sachlichen* Legitimationsgrundlage berauben.

Wir sind also im Labyrinth der Kriminologie. Bezeichnen wir noch einmal, wodurch es sich konstituiert: die Archaik des Bösen – das ist der eine Faktor; die Autonomie des Handelns, die es überhaupt erst möglich macht, von Verantwortlichkeit und Schuld zu sprechen und Strafe als moralische Veranstaltung zu legitimieren – das ist der andere Faktor. Worin nun aber gründet das kriminologische Rätsel der Autonomie? Darin, daß dieses Phänomen, das dem gesunden Menschenverstand (Common sense) als eine der grundlegenden Tatsachen des menschlichen Lebens erscheint, sich allen Versuchen, es als empirisches Faktum zu objektivieren, auf eine verwickelte Weise entzieht. Nicht daß, wie manche Philosophen, aber auch Theoretiker der Schuldstrafe meinen, hier nichts zu objektivieren wäre, weil die Freiheit des Handelns doch bloß Metaphysisches präsupponiere: den Gedanken an indeterministisches Geschehen im Handlungskontext (und wie sollte man jemals empirisch ausschließen können, daß die Welt nicht doch ein streng kausal funktionierender Mechanismus ist?); die Überzeugung, daß *ich* es bin, der Handlungen setzt, d.h. die Auffassung der Person als agierender ›Entität‹

(womit doch kein empirisches Objekt gemeint sein kann, wenn gilt, daß die Person niemals identisch ist mit der Summe ihrer empirischen Entäußerungen und Dispositionen, ihrer Biographie und ihres Charakters?); und schließlich der Gedanke, die Person sei eine Wirkungen initiierende prima causa, ein primum movens immotum (eine Vorstellung, die, vom empirischen Standpunkt aus betrachtet, doch wohl nicht mehr ist als eine krause metaphysische Idee?). Auf jener Ebene, auf der wir dem Problem des Anders-handeln-Könnens zunächst begegnet sind - der Ebene der Auseinandersetzung im Rahmen des Alltags und des Common sense -, hat keine der soeben erwähnten Ideen eine entscheidende explizite Rolle gespielt, und man geht wohl nicht fehl, wenn man sagt, jene Ideen seien Abstraktionen bereits jenseits des Common sense, dazu ersonnen, das undurchdringlich Diffuse der Freiheitsintuition des Alltags begrifflich zu erhellen. Dieses Diffuse bietet sich dar als ein Komplex von Evidenzen, die sowohl objektive empirische Daten, als auch subjektive (empirische) Daten, als auch Regeln betreffen, die auf vage Weise einen Zusammenhang zwischen der pragmatischen Ernsthaftigkeit einer Lebenssituation und den Indikatoren festlegen, die zur Begründung eines Urteils der Art ›X hätte sich beherrschen können / X war außerstande, die Handlung Y zu unterlassen‹ hinreichen. Wir konnten feststellen, in welcher Weise die subjektiven Evidenzen der Handelnden in bezug auf Phänomene wie Autonomie, inneres Getriebensein, Sich-selbst-Entgleiten, Willensanspannung abhängig sind von alter-abhängigen Elementen im Diskurs über Dispositionsfähigkeit: davon, daß die Anderen das Postulat der Elastizität des Wollens auf meine Handlungssituation anwenden; von den manipulativen Hinweisen der Anderen auf jene Personen, die sich in einer Situation, die der meinen vergleichbar sei, auch hätten beherrschen können; von der durch die Anderen betriebenen Infragestellung meines Monopols, letztinstanzlich zu wissen, ob ich auch hätte anders handeln können. Da alle diese Diskurselemente aufgrund ihrer Vagheit und aufgrund des Umstandes, daß ihr Zusammenspiel nur andeutungsweise und punktuell geregelt ist, dazu beitragen, das Freiheitsproblem als ein notorisch unterbestimmtes im Common sense zu verankern, ermöglichen sie zwar einerseits ein hohes Maß an situationsspezifischer Anpassungsfähigkeit im Alltag und minimieren die Gefahr des Auftretens von Widersprüchen in unseren Urteilen über die Verantwortlichkeit von Handlungssubjekten (was beides wichtige Merkmale im Hinblick darauf sind, daß die Phänomene der Autonomie, der Verantwortlichkeit, des Verdienstes und der Schuld zu den grundlegenden Orientierungsfaktoren und Handlungsregulativen im Umgang der Menschen miteinander gehören). Andererseits jedoch konstituiert sich so *latent* die Freiheit als reine Transzendenz: der Versuch, sie dingfest zu machen, führt immer nur dazu, durch die Empirie hindurchzustoßen in die Leere. (Dies mag einer der Gründe gewesen sein, warum der Sartre von *L'Etre et le Néant*, der ja beanspruchte, phänomenologisch zu operieren, die These verfocht, die Freiheit komme mit dem Nichts in die Welt, und der Mensch sei das Seiende, das durch seine Fähigkeit ›zu nichten‹, das Nichts in die Welt bringe.) Weil dem aber so ist, droht überall dort, wo eine Rationalisierung des Freiheitsproblems unumgänglich scheint - weil nur eine kontrollierte und genaue Lösung des Problems im allgemeinen wie im Einzelfall in der Lage ist, bestimmte Aktivitäten sowie die Institution, in deren Rahmen sie erfolgen, zu rechtfertigen -, die Erzeugung schlechter Positivität: weil nicht sein kann, was nicht sein darf, gibt es plötzlich eine hieb- und stichfeste Empirie der Freiheit (die aber in Wahrheit ein ideologisches Konstrukt ist).

Den Hauptbeleg für diese These gilt es nun eingehender zu entfalten - das Psychopathen-Problem, wie es sich im gerichtspsychiatrischen Diskurs unseres Jahrhunderts konstituierte, verhärtete und durch die große Bewegung der therapeutischen Kriminologie konterkariert wurde.

Der Bös-Kranke in der Kriminologie

Forensische Kriminologie

Auch heute noch dürfte die Zahl derer unter den forensischen Psychiatern beträchtlich sein, welche *im Rahmen ihrer Disziplin* die Freiheit des Wollens und Handelns als fundamentale menschliche Eigenschaft qualifizieren. Auf diese Weise ergibt sich vermutlich noch immer eine eindrucksvolle Konvergenz zwischen den Ansichten der Verfechter des Schuldstrafegedankens und den ›Erkenntnissen‹ der Gerichtspsychiatrie. »Die überwiegende Lehre in der Psychiatrie und ihren Nachbarwissenschaften«, schrieb 1961 R. Lange, »konvergiert heute mit dem Bekenntnis des Strafgesetzgebers zum Schuldstrafrecht, das die Freiheit als Möglichkeit einschließt« (Vorwort zu Stumpfl 1961, S. V). Und die meisten der forensischen Psychiater waren sich denn auch die längste Zeit darin einig, daß sie mit den Mitteln ihrer Wissenschaft die ›Freiheit als Möglichkeit‹, die Möglichkeit des Anders-handeln-Könnens im konkreten Fall zu objektivieren und nachzuweisen vermögen. »Nichts steht im Wege«, erklärte mit Bestimmtheit F. Stumpfl vor zwei Dezennien (1961, S. 5) und gab damit der herrschenden Ansicht Ausdruck, »auch objektiv zu bestimmen, ob im konkreten Fall ein bestimmter Täter zu einem bestimmten Zeitpunkt noch die Fähigkeit der Selbststeuerung besaß oder nicht«. Diese Auffassung spiegelt sich deutlich wider in den Fassungen des Begriffs der Zurechnungsfähigkeit, wie er z.B. in der Bundesrepublik Deutschland, der Schweiz und Österreich zwischen Juristen und Psychiatern ausgehandelt wurde. Zurechnungsfähigkeit setzt demnach voraus, daß der Täter zur Zeit der Tat aufgrund eines der im Gesetz näher bezeichneten psychischen Defekte nicht fähig war, das Unrecht seiner Tat einzusehen *oder gemäß dieser Einsicht zu handeln*. Wie aber glaubt der gerichtspsychiatrische Experte feststellen zu können - und zwar unter Anwendung empirisch-wissenschaftlicher Methoden -, ob der einsichtsfähige Täter in der Lage war, gemäß seiner Unrechtseinsicht zu handeln, d.h. etwas anderes zu tun, als er tat? Für Stumpfl, um nur ein, allerdings repräsentatives Beispiel zu geben, ist ja die Tätigkeit des Gerichtspsychiaters im Begutachtungsverfahren keineswegs wertend; das »Tun des Sachverständigen ist vielmehr vergleichbar dem eines pathologischen Anatomen, der einfach Gewebsveränderungen oder Organveränderungen feststellt« (Stumpfl 1961, S. 16).

Wenn wir uns fragen, auf welche Möglichkeiten der Gerichtspsychiater zurückgreift, um das Vorliegen der Fähigkeit zur Selbstbestimmung (Dispositionsfähigkeit) in einem konkreten Fall zu ermitteln, dann stoßen wir sehr rasch auf Verfahrensweisen *konventioneller* Natur. Kurt Schneider hat, entgegen dem Anspruch der Majorität seiner Kollegen, in seinem vielzitierten Aufsatz *Die Beurteilung der Zurechnungsfähigkeit* schon 1948 klarzumachen versucht, daß die

Sachverständigen bei der Beurteilung der Zurechnungsfähigkeit überhaupt keine empirisch fundierte Antwort darauf geben können, ob ein Täter zum Zeitpunkt der Tat fähig war, anders zu handeln.[21] Nach Schneider wissen die Psychiater einfach, im Falle welcher Geistes-, Gemüts- oder Bewußtseinsstörungen sie auf Zurechnungsunfähigkeit oder verminderte Zurechnungsfähigkeit zu plädieren haben. Dieses Wissen ist nicht eine Folge der Erkenntnis, daß der Rechtsbrecher zur Tatzeit nicht anders handeln konnte, sondern vielmehr die Folge einer zwischen Justiz und Psychiatrie ausgehandelten und eingespielten Exkulpationspraxis und der ihr inhärenten Exkulpationsnormen. Ein solches Vorgehen ist, gemessen an den fraglichen Gesetzestexten, zweifellos contra legem. Denn diese normieren ja, daß ein psychisches Leiden (nach österreichischem Recht, § 11 StGB, fallen darunter: Geisteskrankheit, Schwachsinn, tiefgreifende Bewußtseinsstörung und jede andere schwere, einem dieser Zustände gleichwertige seelische Störung) Zurechnungsunfähigkeit nur begründet, wenn das Leiden die Einsichts- oder Hemmungsfähigkeit des Täters zur Zeit der Tat ausschaltete. Es ist also, strenggenommen, in jedem Fall zu prüfen, nicht bloß ob die erste, sogenannte klinisch-psychiatrische, sondern auch die zweite, sogenannte psychologische Bedingung erfüllt ist.

In der Gutachterpraxis haben sich daher neben der rein konventionellen Verfahrensweise, die gesetzeswidrig ist, auch Strategien herausgebildet, die dazu dienen sollen, *unabhängig* von der Feststellung eines seelischen Leidens das Vorliegen der Fähigkeit zum Anders-handeln-Können zu beurteilen. Daß jedoch diese Strategien in Wahrheit ungeeignet sind, die gestellte Frage zu beantworten, ist vereinzelt selbst von Parteigängern des konservativen Flügels der forensischen Psychiatrie nachdrücklich betont worden:

(1) Aus dem Schweregrad des psychischen Defekts wird auf den Grad der Minderung des Hemmungsvermögens geschlossen. Doch diejenigen, die so argumentieren, haben »keine Anweisung (denn niemand könnte sie geben), wie denn im konkreten Fall die Dynamik z.Z. der Tat zwischen den hemmenden Einsichten und Willensimpulsen einerseits und den zur Tat drängenden Triebkräften andererseits mit ›feinerem abwägenden Ermessen‹ (Müller-Suur) kräftemäßig-graduell auch nur mit einiger Zuverlässigkeit auskalkuliert werden kann« (Haddenbrock 1972, S. 912 f.). (2) Angeblich glaub-

hafte Schilderungen des Täters über seinen freien willentlichen Entschluß zur Zeit der Tat werden als Freiheitsindiz gewertet. »Dieses Freiheitserleben in actu kann aber ein Wahnkranker genauso haben wie ein aus der Dynamik des Unbewußten triebbestimmter Neurotiker oder ein gemütskalter und ethisch wertblinder Psychopath« (Haddenbrock 1972, S. 914). (3) Aus dem Verhaltensstil vor der Tat (wie Planung, Wartenkönnen und Vorsicht) wird auf Dispositionsfähigkeit geschlossen. Hierzu betont Haddenbrock (ebd.), daß der Verhaltensstil vor der Tat bloß auf die Unrechtseinsicht schließen lasse, jedoch keinesfalls darauf, daß der Täter auch hätte anders handeln können. (4) Aus einem früheren rechtmäßigen Verhalten unter vergleichbaren Umständen wird auf die Freiheit zur Deliktsunterlassung geschlossen. Auch diese Argumentation lehnt Haddenbrock (ebd.) ab: Es könne prinzipiell niemals einigermaßen verläßlich festgestellt werden, ob der Täter zur Tatzeit unter gleichwertigen inneren und äußeren Umständen handelte wie in jenen Fällen, wo er sich rechtskonform verhielt. (5) Von der Beurteilung der Tat als einer ›normalmotivierten‹ wird auf das Vorliegen der Hemmungsfähigkeit geschlossen. Aber: »Es gibt eindeutig Geisteskranke, deren Taten in vordergründiger Weise normalmotiviert erscheinen, z.B. Tötungsdelikte von Schizophrenen als Raubmord oder im Verlauf eines banalen Streites, wie er sich bei gleichem Anlaß auch unter Nichtkranken entzündet« (Rasch 1967, S. 72). (6) Als Indikator für das Anders-handeln-Können zur Tatzeit wird bisweilen der Umstand namhaft gemacht, daß die Tat nicht ›persönlichkeitsfremd‹ gewesen sei. Doch die Verwendung des Begriffs der Persönlichkeitsfremdheit ist in wissenschaftlichen Kontexten wohl durchgehend abzulehnen. Denn das Operieren mit diesem Begriff repräsentiert »letztlich nicht mehr als eine Verbrämung der Frage, ob man einem Menschen eine bestimmte Tat ›zugetraut‹ hätte« (Rasch 1967, S. 73).

Derlei Überlegungen führen schließlich zu dem nicht überraschenden Ergebnis, daß die im strafrechtlichen Konzept der Zurechnungsfähigkeit enthaltene Idee des Anders-handeln-Könnens vermittels der verfügbaren empirisch-wissenschaftlichen Methoden nicht operationalisierbar ist. Dieses Ergebnis jedoch läßt den Verdacht aufkeimen, jene Idee erfülle die ideologische Funktion, den jeweils für ausreichend gehaltenen Bestand an juristischen Exkulpationsnormen scheinhaft zu legitimieren und damit bestimmten politischen Interessens- und Machtkonstellationen zu entsprechen.

Karl Wilmanns blickt in seinem aus dem Jahre 1927 stammenden Werk *Die sogenannte verminderte Zurechnungsfähigkeit als zentrales Problem der Entwürfe zu einem Deutschen Strafgesetzbuch* auf den Zustand des Zusammenspiels zwischen Richtern und Psychiatern im 18. und 19. Jahrhundert zurück, ein Rückblick, der von einem historischen Bezugspunkt aus erfolgt, an dem sich - nach Wilmanns eigenen Worten (vgl. Wilmanns 1927, S. 37) - der Psychiater bereits »die Stellung eines geachteten und unentbehrlichen Gehilfen des Richters« errungen hat. Das war nicht immer so. Als im 19. Jahrhundert »allmählich der Sachverständige eine häufigere Erscheinung im Gerichtssaal wurde und ihn die Lehren Platners von der Amentia occulta, Hofbauers von dem Anreiz durch einen gebundenen Vorsatz, der *Franzosen* von den zahllosen Monomanien, der Kleptomanie, der Pyromanie, der Mordmonomanie usw. in den Stand setzen, mehr oder weniger *jeden* Rechtsbruch als die Handlung eines Geistesgestörten hinzustellen, drängte sich der Irrenarzt in zunehmendem Maße in die Rolle eines Verteidigers hinein, und seine Zusammenarbeit mit dem Richter mußte Not leiden« (ebd., S. 36). Die bedauerliche Folge war: »Die Psychologie jener Zeit konnte demnach dem psychologisch geschulten Richter keine Achtung einflößen, und es ist verständlich, daß er ihren Vertretern mit mißtrauischer Zurückhaltung gegenüberstand« (ebd.) - ein Zustand, dessen Sanierung die Herstellung bestimmter Voraussetzungen erforderte: »Eine Änderung in diesen Beziehungen konnte sich erst entwickeln, als sich die Psychiatrie von den sie beengenden philosophischen Vorurteilen frei machte und auf den Boden naturwissenschaftlicher Empirie stellte« (ebd., S. 37). - Wilmanns Schilderung zeigt, wie die Geschichte einer sich als Wissenschaft verstehenden Disziplin von ihren zeitgenössischen Vertretern unter fachopportunen Gesichtspunkten neu geschrieben wird. Nach Wilmanns, dem Psychiater, war die Verwissenschaftlichung der Psychiatrie der Grund dafür, daß sie sich in rechtsrelevanten Belangen disziplinierte, und das heißt: in weitem Maße den Intuitionen der Juristen Rechnung trug. Das ist aber zweifellos, wenn überhaupt, nur die halbe Wahrheit. Seitdem die Psychiatrie ein expandierendes Unternehmen geworden war, bot sich dem ambitionierten Seelenarzt die Strafjustiz als ein mögliches Feld der Machterweiterung dar. Besonders unter jenen Tätern, die mit den härtesten Strafen belegt wurden, fanden sich viele, die als irgendwie ›gestört‹ erschienen und deren Störung der Psychiater als in sein Fachgebiet fallend beanspruchen konnte. Der von Foucault (1975) und seinen Mitarbeitern dokumentierte Fall Rivière aus dem Jahre 1835 zeigt dies mit minutiöser Deutlichkeit. Was für die Justiz der Familienmord eines bestialischen und voll zurechnungsfähigen Verbrechers war (Rivière hatte seine Mutter und seine Geschwister getötet), stellte sich den Größen der Psychiatrie jener Zeit, unter anderem Esquirol und Orfila, als die krankhaft-monomanische Tat eines Wahnsinnigen dar. Wenn, so argumentierten sie in ihrem Gutachten, Rivière als pathogene Persönlichkeit unter keine der gängigen nosologischen Kategorien eingeordnet werden könne, so liege das an der Beschränktheit der Nosologie und nicht an der geistigen Gesundheit Rivières. Eine derartige Argumentation ist nun aber nicht einfach eine Folge der mangelnden Wissenschaftlichkeit des psychiatrischen Redens jener Zeit im Gegensatz zu dem Diskurs der gerichtspsychiatrischen Experten hundert Jahre später. Vielmehr sollte es gerade eine beliebte Argumentationsstrategie der Psychiater unseres Jahrhunderts werden, den ›normalen‹ Kriminellen als einen Mythos zu entlarven und im Extrem jede Art von Delinquenz als Ausdruck einer geistigen oder emotionalen Störung zu bezeichnen (vgl. Hakeem 1974, S. 246 f.); bloß sind die Psychiater, die so argumentieren, seit jeher nicht Gutachter im Strafprozeß. Letztere mußten sich in irgendeiner Weise mit der Justiz arrangieren, und der Krankheitsbegriff, dessen sie sich auch heute noch bedienen, ist eine Folge dieses Arrangements und wohl nur zum geringsten Teil die Folge neuer wissenschaftlicher Erkenntnisse.

Im wesentlichen sah und sieht dieses Arrangement vor, daß für die Frage der Zurechnungsfähigkeit auf einen somatischen Krankheitsbegriff rekurriert wird. Demzufolge werden die physiologisch fundierten und sogenannten endogenen Geisteskrankheiten (wie Schizophrenie oder manisch-depressives Irresein) in der überwiegenden Anzahl der Fälle als hinreichender Grund für das Urteil ›zurechnungsunfähig‹ betrachtet, während dies nicht gilt für das große Heer der Psychopathen. Deren psychische Devianz repräsentiert, der herrschenden Lehre zufolge, einen stationären Zustand, von dem es heißt, er sei angeboren und daher zumeist nicht behandlungsfähig. Die forensischen Psychiater leisteten seit jeher allen Versuchen

Widerstand, psychopathische Leiden unter medizinische Defizienznormen zu subsumieren. Demnach sind Psychopathen nicht krank, sondern bloß abnorm; psychopathischen Kriminellen wird daher, wenn ihre Abnormität mit ihrem delinquenten Verhalten in einem kausalen Zusammenhang steht, in der Regel höchstens verminderte Zurechnungsfähigkeit (und auch dies ist eine eher moderne Errungenschaft) zugebilligt. In einem Kommentar zum § 11 des neuen österreichischen Strafgesetzbuches heißt es: »Es entspricht dem Schuldprinzip, daß wie bisher [...] Geisteskrankheit, Geistesschwäche oder eine tiefgreifende Bewußtseinsstörung Zurechnungsunfähigkeit begründet. Zu diesen Grundlagen kommen nunmehr auch andere schwere, einem dieser Zustände gleichwertige seelische Störungen (z.B. Neurosen, Defektzustände nach Geisteskrankheiten, schwerste Triebstörungen). Alle diese Zustände bewirken nur insofern Zurechnungsunfähigkeit, als sie die *Diskretionsfähigkeit* oder die *Dispositionsfähigkeit* [...] ausschließen« (Foregger-Serini 1974). Damit hat der Gesetzgeber dem psychiatrischen Gutachter die Möglichkeit eingeräumt, z.B. auch bei Psychopathen und Neurotikern auf Zurechnungsunfähigkeit zu plädieren. In der Praxis jedoch kann der Psychiater an der überkommenen Exkulpierungstradition festhalten, weil sich stets mehr oder weniger willkürlich behaupten läßt, bei einem dieser nicht im eigentlichen Sinne krankhaften Zustände sei Dispositionsfähigkeit gegeben. Kompliziert wird die vorliegende Situation auch noch dadurch, daß sich der von den Gerichtspsychiatern verwendete Krankheitsbegriff weitgehend, aber nicht vollkommen mit dem der Zurechnungsunfähigkeit deckt. So kann Langelüddeke (1971, S. 375) berichten, daß ihm im Rahmen seiner Gutachtertätigkeit 18 Fälle von manisch-depressivem Irresein, also Fälle einer endogenen Geisteskrankheit, begegneten, die er folgendermaßen einstufte: in 6 Fällen erklärte er den Täter für strafrechtlich verantwortlich, in 4 Fällen für vermindert zurechnungsfähig und nur in 8 Fällen für zurechnungsunfähig. Gerade diese Deckungsungleichheit aber (deren Ausmaß bei Langelüddeke allerdings auf besondere gutachterliche Ambitioniertheit schließen läßt) verschärft das Problem, an welchen Kriterien der Gerichtspsychiater seine Aussagen bemißt.

Um die Konstruktion des gerichtspsychiatrischen Krankheitsbegriffes einem historischen und institutionenpolitischen Verständnis zu erschließen, muß man davon ausgehen, daß eine psychiatrische

Exkulpation aller um die Jahrhundertwende bereits als psychisch abnorm perzipierten Kriminellen zu einer für die Justiz und die Öffentlichkeit völlig unannehmbaren Situation geführt hätte. Zu Beginn unseres Jahrhunderts sind eine Fülle von Untersuchungen veröffentlicht worden, die alle zu dem Ergebnis kommen, »daß 50 - 75 v.H. unserer Bettler, Landstreicher, Gewohnheitsdiebe usw. erhebliche seelische Regelwidrigkeiten aufweisen, die, gemessen an dem Normalitätsbegriff der heutigen Psychiatrie, als ›krankhaft‹ bezeichnet werden«; »gemessen an dem landläufigen psychiatrischen Normalbegriff« sind daher nach Wilmanns »über die Hälfte unserer gewohnheitsmäßigen Asozialen und Antisozialen und ein großer Teil der gelegentlichen Rechtsbrecher seelisch krank« (Wilmanns 1927, S. 74). Und was besagt dieses Ergebnis? »Nichts anderes, als daß *in einem Staate mit geordnetem und blühendem Wirtschaftsleben fast nur der seelisch Minderwertige scheitert*« (ebd.). Die von Wilmanns erwähnten Untersuchungen, über deren methodische Qualität hier nicht gesprochen zu werden braucht, sind Indikator einer Entwicklung, in deren Verlauf der Kriminelle (besonders der Schwerkriminelle, der Rückfalltäter und der affektive Gesetzesbrecher) mehr und mehr als fremdbestimmter Bezugspunkt kausaler Wirkkräfte begriffen wird, was zur Folge hat, daß er als Objekt einer ausschließlich strafenden Gewalt zunehmend ungeeigneter erscheint. Verwahren, behandeln, resozialisieren - das sind die Maßnahmen, die das neue Wissen über Kriminalität fordert. Aber dieses Wissen und seine Forderungen entstehen in einem sozialen Feld, in dem weder die öffentliche Meinung, noch das traditionell bestimmte, den alten Straflegitimationen verhaftete Bewußtsein der Justiz, noch auch die institutionellen Voraussetzungen der Psychiatrie geeignet sind, einer weitgreifenden Pathologisierungs- und Exkulpationspolitik zum Durchbruch zu verhelfen. Daher mußte eine Regelung gefunden werden, die sowohl rechtspolitisch vertretbar war, als auch, um der neuen Erfahrung von Kriminalität Rechnung zu tragen, auf wissenschaftlichem Wege abdeckbar erscheinen konnte. Und in dieser Situation war die Ausgrenzung der Psychopathen aus dem Feld der im eigentlichen Sinne psychisch Kranken die zunächst wohl akzeptabelste Lösung. Denn die Psychopathen bildeten genau jene Gruppe unter den Rechtsbrechern, auf die man die traditionsreiche Etikettierung des psychisch Kranken als eines *seelisch abnormen und zugleich schuldbeladenen Wesens* am glaubhaftesten übertragen konnte - eine Etikettierung, die in der Psychiatrie der zweiten Hälfte des 18. und der ersten Hälfte des 19. Jahrhunderts eine bedeutsame Rolle spielte. Damals gingen Psychologisierung und Moralisierung der Geisteskranken Hand in Hand. Geisteskrankheit wurde begriffen als die Folge der Zügellosigkeit der Leidenschaften, denen sich das Individuum hingibt, und so nicht nur krank, sondern auch schuldig wird. Als im 19. Jahrhundert langsam die somatisch orientierten Praktiker über die naturphilosophisch und idealistisch theoretisierenden Psychiater zu dominieren beginnen, wird zwar der psychologisch-moralisierende Krankheitsbegriff zurückgedrängt. Er verschwindet allerdings, auch angesichts der beschränkten Reichweite des körperzentrierten Krankheitsmodells, keineswegs vollständig (vgl. hierzu Dörner 1969). Vielmehr konstituiert sich neben dem Feld der Geisteskrankheiten eine Gruppe von Fast-Pathogenen, die als die legitimen Nachfolger der schuldbeladenen Kranken und Monomanen von ehedem gelten dürfen: die Psychopathen. »Die hierhergehörigen Typen der hyperthymischen, gemütlosen und willenlos-abnormen Persönlichkeiten«, so lehrt Stumpfl noch 1961 (S. 53), »sind nicht nur verantwortlich für das, was sie tun, sondern auch für das, was sie sind« (eine interessante Feststellung, galten doch der herrschenden Lehre gemäß psychopathische Persönlichkeitsmerkmale stets als angeboren). Die forensische Psychiatrie konnte die Gruppe der Psychopathen dazu benützen, den Konflikt mit der Justiz zu bereinigen: unter dem Titel ›Psychopath‹ ließ sich ein großer Teil der Kriminellen als zwar seelisch abnorm oder minderwertig einstufen und doch gleichzeitig mit dem Schuldvorwurf belasten.

Dieses Arrangement entsprach in hohem Maße den Optionen der Anstaltspsychiatrie - und die Psychiatrie um die Jahrhundertwende und danach ist in erster Hinsicht eine der großen Anstalten -, denn ein geisteskranker krimineller Psychopath hätte der Behandlung und Pflege bedurft. Einen irrenärztlichen Betreuungsanspruch aber erst gar nicht aufkommen zu lassen, war seit jeher ein massives Anliegen der Psychiater, und die gerichtspsychiatrischen Experten vertraten dieses Anliegen gegenüber Legislative und Justiz. »Für die Situation in Deutschland«, schrieb Rasch 1967 (S. 63), »ist bezeichnend, daß in Veröffentlichungen wie in einzelnen Gutachten offen ausgesprochen wird, daß man von der Annahme erheblich verminderter Zurechnungsfähigkeit bei Psychopathen deswegen zurückschreckt, weil die

Konsequenz in ihrer Unterbringung in einer Heil- und Pflegeanstalt liegen würde«. Doch schon Wilmanns (1927, S. 187) hatte über die »Schwierigkeiten, die sich aus der gemeinsamen Versorgung von geisteskranken und psychopathischen Verbrechern für unsere Heilanstalten ergaben«, geklagt: »Die Anstaltsärzte mußten sich dieser Elemente, die sich in keiner Weise der Behandlung in einer modernen Irrenanstalt anzupassen vermochten, auf irgendeine Weise entledigen. Drei Wege standen ihnen dazu offen: Sie konnten den *Zufluß* der ›irren Verbrecher‹ *erschweren*, ihren *Abfluß erleichtern*, oder aber innerhalb der im übrigen möglichst ohne Anwendung von Zwangsmitteln geleiteten Anstalt eine *Enklave* schaffen«. Die erste der genannten Alternativen erwies sich wohl am praktikabelsten und durchschlagendsten: die psychopathischen Kriminellen, die als weitgehend nicht behandlungsfähig galten und die den normalen Betrieb der Irrenanstalten nur gestört hätten, sollten in sie erst gar keinen Eingang finden.

Seitdem die Resozialisierungsidee sich der Gedanken von Intellektuellen, Politikern und schließlich auch Juristen bemächtigte und sich die Herzen der so Bewegten dem Humanitarismus in der Kriminalpolitik weit zu öffnen begannen, ist in Psychiaterkreisen noch ein anderes Argument gegen die Pathologisierung der kriminellen Psychopathen zusehends wichtig geworden. Der Psychiater sollte heilen und gleichzeitig Gesellschaftsschützer sein; er sollte dem kriminellen Psychopathen durch therapeutische Maßnahmen den Weg zurück in die Freiheit öffnen, und er sollte überdies eine wohlfundierte Rückfallsprognose stellen. Warum sollte sich der Psychiater all diese Verantwortung aufhalsen? Kein Wunder also, daß Haddenbrock (1972, S. 937) gegen die psychiatrische Maßnahme mit den Worten argumentiert: »Sie bedeutet auch für die anstelle der schuldentlasteten Patienten nun mit Rückfallverantwortung beladenen Therapeuten eine kaum tragbare Last - vor allem, wenn man bei Lockerung oder Beendigung der sozialtherapeutischen Unterbringung weitgehende Risikofreiheit verlangt.«

Man kann also zusammenfassen: So sehr es mit dem Durchbruch empirisch-wissenschaftlicher Methoden bei der Verbrechensanalyse immer dringlicher erscheinen mußte, die richterliche Abschätzung der Verantwortlichkeit des Täters in ein objektivierendes Bezugsfeld einzubinden, so wenig klar war zunächst, wie sich die beiden Sichtweisen, die des Juristen mit seiner Lehre vom autonom handelnden

Menschen und die des Kausalanalytikers, zu einer für beide Seiten befriedigenden Konzeption vereinigen ließen. Die Lösung, die sich schließlich durchsetzte, basierte auf Ad-hoc-Regelungen, die zuallerletzt das Produkt innerwissenschaftlicher Evidenzen waren, sondern primär das Ergebnis des Einwirkens einer Vielzahl gesellschaftlicher Kräfte: des Interesses der Öffentlichkeit an einer Bestrafung gerade der typischen Verbrecher, wie sie von den ›kriminellen Psychopathen repräsentiert werden; des Interesses der Justiz, den Einbruch einer außerjuristischen Personvorstellung in den strafrechtlichen Bereich möglichst einzudämmen und die Aushöhlung der installierten Strafzwecke (Vergeltung, Generalprävention, sühnende Besserung) nur in Ausnahmefällen zuzulassen; des Interesses der Psychiater, gutachterliche Macht zu maximieren bei gleichzeitiger Kleinsthaltung der Verantwortlichkeit[22]; und schließlich auch des Interesses der gesetzgebenden Instanzen, einen erträglichen Kompromiß nicht zuletzt unter Berücksichtigung des wachsenden Drucks von seiten der Resozialisierungsideologen zu finden.

Zum ›Naturrecht‹ der Gerichtspsychiatrie

Die Gerichtspsychiatrie hat die heikle Aufgabe übernommen, die auszuhandelnde und ausgehandelte Kriminalisierungspolitik durch angeblich wissenschaftsinterne Argumente abzustützen. Und so erzeugt sie als ›Gehilfin‹ und ›Dienerin‹ des Strafrechts einen paradoxen Wissenstypus, der ein ambivalentes Gemisch aus empirisch aufweisbaren Tatsachenbehauptungen und an esoterischen Regulativen orientierten, ihrem Wesen nach bekenntnishaften Behauptungen über die Freiheit und Verantwortlichkeit des Menschen ist. Die forensischen Psychiater sind denn auch häufig implizit Moralisten und Legitimatoren strafender Macht, allerdings derart, daß sie sich eines Jargons bedienen, der gerade jenen Wissenschaften vom Menschen eignet, die über die Autonomie der Person gar nicht mehr sprechen können.[23] Aber dieser Jargon ist auch verräterisch. Er nimmt durch die medizinisch-psychiatrische Begrifflichkeit hindurch das Moment der Diffamierung und Verurteilung schon vorweg und macht so offenkundig, worauf es hier eigentlich ankommt. »Es können dann Gutachten zustande kommen, die sich wie Verdammungsurteile lesen«, schreibt Rasch (1967, S. 37) und zitiert aus einem solchen Verdammungsurteil im Mantel der Wissenschaft:

»Als besondere Wesenszüge, die das Persönlichkeitsbild des Angeklagten bestimmen, fanden wir weiterhin eine Unzuverlässigkeit, Unoffenheit, Unaufrichtigkeit, Oberflächlichkeit, Rücksichtslosigkeit, einen Leichtsinn in der Lebensauffassung und Lebensführung, eine allgemeine Haltlosigkeit mit kriminellen Neigungen, einen Mangel an Steuerung sowie eine mangelnde willensmäßige Disziplinierungsfähigkeit.« Hierzu bemerkt Rasch: »Das Gutachten, aus dem diese Sätze stammen, setzt sich in ähnlicher Weise über Seiten fort. Es wird das Bild einer Persönlichkeit entworfen, die aller humanen Qualitäten entkleidet ist, eines Monstrums, an das man aufgrund seiner unglücklichen Veranlagung kaum die Forderung herantragen würde, sich sozial angepaßt zu verhalten. Der Schluß auf die ›volle Zurechnungsfähigkeit‹ des Täters am Ende derartiger Gutachten kommt fast als Überraschung.«

Als Beispiel einer schon klassisch zu nennenden Expertise, die auf moralisierende Weise die Tat aus der Persönlichkeit des Täters ›ableitet‹, dabei aber immerhin zur Feststellung verminderter »Widerstandskraft gegen die kriminellen Antriebe« gelangt, sei hier ein Textauszug aus dem *Mörder*-Buch von Adolf Lenz, einem Schüler des berühmten Grazer Kriminalisten Hans Groß, wiedergegeben:

2. Ableitung der Tat aus der Persönlichkeit:

A. Besondere Einstellung zur Zeit der Tat:

Seine neuerliche Arbeitslosigkeit und die dadurch bedingte große Notlage, zumal er wegen Verlassens des Dienstplatzes das Elternhaus nicht betreten durfte, ließen in ihm den Entschluß reifen, seinem früheren Dienstherrn, von dem er wußte, daß er stets Geld bei sich führt, aufzulauern und ihn zu ermorden. Trotzdem sein Plan das erste Mal nicht zur Durchführung kam, war dieser kraft der ihm eigenen Perseverationstendenz so fest in ihm verankert, daß er Tage darauf, als er durch einen Zufall im Zuge mit seinem früheren Dienstherrn zusammentraf, in Abänderung seines Reisezieles in derselben Station wie der Dienstherr ausstieg, diesem auflauerte und ihn tötete.

Der durch die Entbehrungen der letzten Tage übermäßig gesteigerte Wunsch, um jeden Preis zu Geld zu kommen, ließ keine Hemmungen aufkommen. Mitbestimmend war auch die Vorstellung, auf diese Weise Kinoschauspieler werden zu können.

B. In der Tat aktualisierte Dispositionen:

a) Funktionale, insbesondere intellektuelle Besonderheiten, große Suggestibilität, Affekterregbarkeit und sonstige Temperamentseigenschaften, Nachgiebigkeit gegen verständliche Antriebe, Besonderheiten des Willenslebens;

b) inhaltliche, insbesondere Leichtsinn, Gefühlsroheit, Aggressivität, vorherrschender Geltungstrieb, gesteigertes Minderwertigkeitsgefühl, Lebensüberdruß, Selbsterhaltungstrieb, Eigennutz (Erwerbssinn, Aneignungstrieb), Arbeitsscheu, vorherrschender Sexualtrieb (überstarke sexuelle Triebhaftigkeit, gesteigerte Ambivalenz, Sadismus, Masochismus, Fetischismus, Homosexualität, sexuelle Schwächezustände), Eifersucht, Abneigung gegen Mitmenschen, Nachahmung von Mitmenschen, Hilfs- und Pflegetrieb, Kampftrieb, politische Einstellung, Gleichgültigkeit gegen soziale Werte, antisoziale Einstellung.

In der Tat äußerten sich folgende Neigungen seiner Persönlichkeit:

1. Seine gesteigerte Genußsucht. Er konnte bei dem relativen Arbeitsmangel ein bescheidenes Leben mit viel Arbeit nicht ertragen.

2. Seine Gefühlsroheit. Der Gedanke, seinen früheren Dienstgeber zu töten, löste in ihm keine Hemmungen aus.

3. Seine gute Intelligenz. Sie bewog ihn, seinen vorher schon lange überlegten Plan mit kühler Berechnung durchzuführen.

4. Sein leichtsinniger Optimismus, der sich schon bei seinem häufigen Wechsel von Dienstplätzen zeigte, ließ ihn hoffen, unentdeckt zu bleiben, wenn er den einzigen Zeugen aus der Welt schaffte.

5. Seine Phantasiearmut und Perseverationstendenz. Der einmal aufgetauchte Gedanke, seinen früheren Dienstherrn zu ermorden, ließ ihn nicht mehr los und irgendeine andere Lösung, um zu Geld zu kommen — etwa Diebstahl —, fiel ihm nicht ein.

C. Unterscheidungsvermögen und Widerstandskraft:

Mangel, Verminderung der Einsicht in die Rechtswidrigkeit der Tat; Mangel, Verminderung der Widerstandskraft gegen kriminelle Antriebe.

Die Einsicht in die Rechtswidrigkeit der Tat ist voll vorhanden. Trotz dieser Einsicht war zur Zeit der Tat die Widerstandskraft gegen die kriminellen Antriebe infolge seiner augenblicklichen Notlage in Verbindung mit seiner habituellen Gefühlsroheit vermindert.

Quelle: Lenz, *Mörder,* 1931

So schiebt sich in den szientifischen Jargon der Psychiater eine Begrifflichkeit, die zweierlei zugleich leisten soll: Ursachen menschlicher Deformationen nennen und diese Ursachen den Deformierten moralisch zurechnen. Derart ist es möglich, daß die Psychopathen nicht nur Opfer eines sich an ihnen vollziehenden Lebensschicksales sind, sondern, wie Stumpfl lehrte, auch für dieses Schicksal verantwortlich.

Aber wie ist es möglich, daß dieses paradoxe Spiel so lange gespielt werden konnte und heute noch immer gespielt wird? Wie ist die Gerichtspsychiatrie als Wissenschaft möglich? Die Frage muß an dieser Stelle noch einmal gestellt werden, weil eine Antwort, die auf die historischen Bedingungen hinweist, für sich allein nicht befriedigen kann. Gerade das Überleben der widersprüchlichen medizinisch-moralistischen Etikettierung der Geisteskranken in der Gestalt des Psychopathen und vor allem des kriminellen Psychopathen, ist einer ganzen Metaphysik der Person verpflichtet, ohne welche die Pragmatik der Freiheit bar jeder kognitiven Rechtfertigungsgrundlage - und sei es auch nur einer scheinhaften - hätte bleiben müssen.

Die Metaphysik des personalen Handelns, wie sie dem Denken der abendländischen Welt über den Menschen zugrunde liegt, beruht auf einem 3-Instanzen-Modell der Person. Dieses Modell, das von Platon ausführlich rationalisiert wurde, stellt eine wertende Strukturierung der Psyche des Menschen bereit. An der Spitze steht im Modell die Vernunft (der Verstand, der Geist), die sich an den ihr inhärenten Prinzipien theoretischer und praktischer Natur zu orientieren hat. Unter dem Geist rangiert der Wille, der die Direktiven der Vernunft zu exekutieren und dabei gleichzeitig die Elemente der dritten, rangniedrigsten Instanz, nämlich die menschlichen Bedürfnisse und Triebe, zu überwachen hat. Es ist nun wichtig zu sehen, daß, obwohl die traditionelle Abwertung der Triebe als wertnegativer Antipoden zur gottähnlichen Menschenvernunft langsam in Vergessenheit gerät, doch bis heute das 3-Instanzen-Modell *im Bereich der Zurechnung von Verantwortlichkeit und Schuld* in großem Umfange in Kraft geblieben ist.

Die Möglichkeiten, im Rahmen des Modells schuldig zu werden, sind vielfältig. Der Verstand kann vom Vernunftweg abweichen, kann den Einflüsterungen des bösen ›Unten‹ erliegen. Der Wille kann schuldig werden, weil er sich der Kontrolle des Verstandes nicht beugt und dessen Befehle nicht mit der gebotenen Strenge exekutiert. Der Mensch kann in einem umfassenden Sinne schuldig werden, weil sein Charakter oder sein Temperament das Produkt des Nachgebens gegenüber vernunftlosen oder aus dem Triebreich des Bösen aufsteigenden Strebungen ist. Allgemein gilt im 3-Instanzen-Modell der Person, daß der Mensch schuldig wird, weil die höhere Instanz die ihr untergeordnete nicht nachhaltig genug kontrolliert;

und die höchste Instanz, die menschliche Vernunft, kann das Subjekt durch Mißachtung der ihr inhärenten Prinzipien in Schuld stürzen.

Integrierender Bestandteil des Modells ist die Freiheitsunterstellung. Die Freiheit der Person gründet in der Bestimmbarkeit des Willens durch die Vernunft. Diese selbst ist autonom, d.h. ihre Aktivitäten sind im innersten Wesen nicht mehr kausal erklärbar. An die Stelle der Logik der Kausalität, welche die Heteronomie der Wirkungen begründet, tritt die Logik der Rationalität. ›Heteronom‹ ist der menschliche Geist nur insofern, als er sich zwar gegen die Vernunftprinzipien entscheiden, sie aber niemals normativ außer Kraft setzen kann. Doch hat diese Form der Heteronomie mit kausaler Fremdbestimmtheit nichts zu schaffen: Wie entfremdet der Geist in seinem aktuellen Tun den ihm inhärenten Gesetzen der Vernunft auch sein mag, wahr bleibt allemal, daß diese Gesetze *seine* Gesetze im normativen Sinne des Wortes sind.

Aufhebung der Verantwortlichkeit ist im 3-Instanzen-Modell zuerst und vor allem möglich, wenn der Verstand selbst Schaden erleidet, so daß sein innerer Zugang zu den Vernunftprinzipien gestört oder unterbrochen ist; oder aber, wenn der Verstand durch anhaltende Störungen der Sensibilität systematisch getäuscht wird. Doch es gibt auch andere Formen des Wahnsinns: die schweren Defekte des Gemüts, des Willens und der Triebe, die zur Folge haben, daß der Verstand (in Zusammenarbeit mit dem Willen) seine Kontrollfunktion nicht mehr ausüben kann. In all diesen Fällen erscheint der Mensch als ein fremdbestimmtes Wesen. Um dessen Verhalten zu verstehen, ist es notwendig, die naturwüchsigen Kräfte zu analysieren, die seine Autonomie lähmen.

Das 3-Instanzen-Modell der Person gehört zu jenen fundamentalen Schemata, die eine soziale Realität nicht bloß beschreiben, sondern immer auch konstituieren und rechtfertigen. Das Modell gestattet, einen spezifischen Zusammenhang herzustellen zwischen dem Verhalten der Menschen und bestimmten, darauf normativ oder institutionell abgestellten Reaktionsweisen. Dieser Zusammenhang wird im subjektiven Erleben des Verantwortlichseins, des Schuldig- oder Getriebenwerdens verankert und durch die objektivierende Verwendung der Begriffe Autonomie und Verantwortlichkeit (wie auch immer die Wörter für diese Begriffe lauten mögen) als ein legitimer ausgewiesen. Daß das Schema personalen Handelns einen Ausschnitt der Welt so wiedergibt, ›wie er ist‹, heißt in diesem Zusammenhang vor allem, daß sich die Mitglieder einer Kulturgemeinschaft gemäß dem Schema konzeptualisieren und erfahren. Dabei ist fraglich, inwieweit die Autonomie der Person eher eine Folge jener Konzeptualisierung ist, als jene Konzeptualisierung eine Folge ihr vorausliegender Tatsachen, eines Wesens des Menschen. Zumindest ist der Spielraum, den die Autonomie einnimmt, ein kulturell und gesellschaftlich regulierter: Welche Aktivitäten der Person im Sinne von Ich-Funktionen interpretiert und welche als Ausdruck spontan ablaufender Prozesse ohne personales Gepräge wahrgenommen werden, ist gewiß nicht allein durch die ›Natur‹ des Menschen bedingt - falls es so etwas überhaupt gibt, einmal davon abgesehen, daß wir einen Körper haben -, sondern entscheidend auch bedingt durch die in einer Kultur verankerten Vorstellungen über den Aufbau und den Autonomieradius von Personen.

Das Autonomiekonzept kann jedoch seine Aufgabe, ein geregeltes System von Aktionen und Reaktionen legitimierend zu unterbauen, nur unter der Voraussetzung erfüllen, daß es reifiziert wird. Die Autonomie, so wie sie im 3-Instanzen-Modell begrifflich entfaltet ist, tritt dann in Erscheinung als ein naturwüchsiges Phänomen, eine anthropologische Konstante, und als solche wird sie denn auch gerne von den Legitimatoren der Schuldstrafe namhaft gemacht. Diese ergehen sich in unzähligen Beteuerungen darüber, daß die Freiheit des Menschen eine Erkenntnistatsache sei wie andere Erkenntnistatsachen auch, und daß das Bekenntnis zum Verantwortungsprinzip bloß bedeute, den - wie es Frey (1962, S. 41) formulierte - »neuesten kriminologischen und psychiatrischen Erkenntnissen Rechnung« zu tragen. Das ambivalente Gepräge der kriminologisch orientierten Psychiatrie ist eine Folge dieses Reifizierungsprozesses. In dem Maße, in dem sie »zwar eine überaus wichtige Dienerin des Strafrechts, aber nicht seine ›Schwester‹, geschweige denn seine Herrin ist« (Frey 1962, S. 42), übernimmt sie die Legitimationsgrundlage dieses Rechts - die Autonomie der Person als durch das 3-Instanzen-Modell geprägte ›Tatsache‹ - und transponiert sie in einen ontologischen Raum, wo sie mit anderen natürlichen Tatsachen auf eine Ebene zu liegen kommt. Dies nun aber ist eine unabdingbare Voraussetzung dafür, daß die ethischen Implikationen des 3-Instanzen-Modells den Status - es läßt sich wohl nicht anders sagen - naturwüchsiger Normen erhalten und als solche eine Art objektiver Geltung. Derart entsteht auf dem Wege der Reifizierung des Autonomiekonzepts ein Naturrecht der forensischen Psychiatrie.

Die normierende Kraft des 3-Instanzen-Modells war seit jeher gerichtet gegen den Aufruhr der Triebe und Bedürfnisse, gegen die Starrheit des Willens und die Verhärtung der bösen Impulse zum abnormen Charakter, zum schlechten, asozialen Gemüt. Deshalb müssen die Willens- und die Gefühlssphäre unentwegt kontrolliert werden von der lenkenden Instanz des menschlichen Geistes, des Verstandes, der Vernunft. Albert Reps, der lange Zeit als Gefängnisfürsorger in Sachsen wirkte und von dem 1932 eine bemerkenswert moralisierende *Einführung in die praktische Kriminalpsychologie* erschienen war, die 1967 eine Wiederauflage erlebte, entwarf darin folgendes Schema zur Entwicklung des Wollens (Reps 1967, S. 101):

I	Fühlen/Wollen = Begehren	II	Fühlen und Wollen werden getrennt. Wollen wird zur Hilfskraft des *Denkens*
	Der Gedanke im Schlepptau der Wollung entartet zur Appetitsvorstellung		Der Gedanke übernimmt die *Führung* des Willens
	Wollung (kein echter Wille) Der *Wunsch* ist der Vater des Gedankens		*Freier Wille* (Automatik geistloser Wollung überwunden) Der *Gedanke* wird Vater des Willensentschlusses
	Wunsch → »Gedanke« → Wollung (Untat)		Gedanke → Wille → Handeln (wertvolles, d.h. sachliches bzw. menschliches Handeln)

»Das dürfte die *Grunddiagnose* alles Verbrechertums sein«, schreibt Reps (S. 11): »die Seele ist der Übeltäter, wenn es zur Untat kommt, weil sie ohne *Kraft und Kontrolle klärender Ichheit, d.h. ohne Besinnung, bleibt*«. Und darin, so kann man fortfahren, wurzelt auch die Schuld der Psychopathen. Ihre Abnormitäten, die nach herrschender Lehre ebenso angeboren wie unveränderlich sind, sind gerade keine des Geistes und der Vernunft. Es handelt sich hier vielmehr um Abnormitäten des Gemüts, des Willens, des Charakters, es handelt sich also im normativen Bezugsrahmen des 3-Instanzen-Modells um Verhärtungen und Aktionsherde des Bösen. Und schuldig wird der Psychopath in dem Maße, in dem sein Geist gesund ist; denn damit ist ihm prinzipiell die Möglichkeit eröffnet, die Impulse des Bösen zu beherrschen, in Schach zu halten und zu unterdrücken (wiewohl das 3-Instanzen-Modell auch die Möglichkeit so schwerer Gemüts- und Willensdefekte kennt, daß der Verstand sein Regiment nicht mehr effektiv ausüben kann).

Die Gerichtspsychiatrie als Wissenschaft hat kaum mehr getan, als diese Argumentationsfigur rationalisiert und in ein szientifisches Vokabular gekleidet. Damit wird für den Seelenexperten, wie für den gesunden Menschenverstand, der Psychopath zu jemandem, der sich, jedenfalls in der Mehrzahl der Fälle delinquenten Handelns, hätte beherrschen können. Aber der Psychopath ist immer auch noch mehr: Er ist die ständige Präsenz des von Natur aus Schlechten, die Präsenz des Bösen. Er signalisiert für die anderen, die zivilisierten und daher gesetzestreuen Menschen die Überwertigkeit des Affektiven und Geistfernen, also jener Sphäre, die das 3-Instanzen-Modell in die dunklen Tiefen der Person verbannt. So ist der Psychopath, der sich vor dem Gesetz schuldig macht, ein Bezugspunkt zweifachen Abscheus: des Abscheus vor ihm als einem, der auch hätte anders handeln können, und des Abscheus vor ihm als einer Person, deren Handeln Ausdruck einer bestialischen Natur ist. Daher stellen denn auch viele Taten, die von Psychopathen begangen werden, »so etwas wie den Inbegriff des Kriminellen im landläufigen Sinn dar, des Ungebändigten, sich Auflehnenden, des provokatorisch Dreisten und Empörenden«; die Taten der Psychopathen »finden in der Öffentlichkeit Nachhall, gerade weil sie in ihrer massiven und drastischen Triebhaftigkeit die fundamentale Möglichkeit sozialen Entgleisens zeigen« (Moser 1970, S. 182). Der arbeitsscheue Berufsverbrecher, der zynische Zuhälter, der Hochstapler-Held, der Messerheld oder der Berufsschwindler – um nur einige der Etikettierungen Seeligs (1951, S. 144) aufzunehmen –: sie alle repräsentieren delinquente Persönlichkeiten, deren Verbrechen nicht einfach Abweichungen im Rahmen eines wesensgemäß zivilisierten Lebens sind, sondern der spektakuläre Ausdruck einer Seelen- oder Gemütsdämonie. Der kriminelle Psychopath, wie ihn die forensische Psychiatrie sichtbar werden läßt, ist derart die Bestie-mit-Transzendenz, und es wäre nicht möglich gewesen, diese paradoxe

Figur als empirische Gestalt auszustellen, stünde nicht unser aller Blick auf den Abweichenden noch immer unter dem Bann des 3-Instanzen-Modells der Person (wozu übrigens die Psychoanalyse Entscheidendes beigetragen hat).

Therapeutische Kriminologie

Wenn man den Gesamtbestand an theoretischem Wissen über den Kriminellen, das sich die Gerichtspsychiatrie zurechnet, als forensische Kriminologie bezeichnet, dann läßt sich ihr großer Theorie-Antipode im 20. Jahrhundert als therapeutische Kriminologie charakterisieren: als die Gesamtheit der kognitiven Bestrebungen, eine die Verantwortlichkeitskonzeption des Strafrechts konterkarierende theoretische Basis zu schaffen, von der aus - grob gesprochen - Kriminalität letztendlich als Ausdruck einer Störung, einer pathogenen Konstellation im Subjekt betrachtet werden muß. Hierzu war es erforderlich, den Kriminellen wieder als heteronomes Wesen in den Vordergrund zu rücken (und folglich die Freiheitsdoktrin der forensischen Psychiatrie als Mythos zu entlarven). Wir wissen heute, welchen Erfolg dieses Unternehmen, das eine attraktive Zusammenführung von humanitären Argumenten und Gesichtspunkten des Gesellschaftsschutzes betrieb, für sich verbuchen konnte. Hatten Franz Alexander und Hugo Staub in ihrem unterdessen zum Klassiker der psychoanalytischen Kriminologie avancierten Werk *Der Verbrecher und seine Richter* aus dem Jahre 1929 noch den normalen Delinquenten als einen »außerordentlich verbreiteten Verbrechertyp« gekannt (S. 35), so weiß rund vierzig Jahre später Tilmann Moser zu berichten, daß für die therapeutische Kriminologie kein Zweifel mehr bestehe, »daß Straftaten Ausdruck eines Spätstadiums konflikthafter oder defekthafter seelischer Zustände sind« (1971, S. 234). Für die US-amerikanische Situation konnte M. Hakeem bereits 1958 die Favoritenrolle des, wie er sagt, psychiatrischen Ansatzes gegenüber konkurrierenden Erklärungsmodellen betonen (und bedauern): »Der psychiatrische Ansatz entwickelt sich auf der Grundlage einer bestimmten Ideologie der Jugenddelinquenz, an deren Erhaltung die Psychiatrie interessiert ist. [...] Die Grundüberzeugungen dieser Ideologie lauten, daß die Delinquenz eine Krankheit und der Delinquente eine kranke Person seien. Man gebraucht selbst die Sprache der Medizin. Der Delinquente ist ein ›Patient‹. Begriffe wie ›Pathologie‹, ›Diagnose‹, ›Prognose‹, ›Behandlung‹, ›Symptom‹, ›Gesundheit‹ und ›Rückfall‹ findet man in reichlicher Anzahl in der psychiatrischen Literatur zur Delinquenz« (Hakeem 1974, S. 245). 1960 wird in Den Haag ein internationaler Kriminologenkongreß abgehalten, dessen Teilnehmer nach dem Bericht von A. Mergen (1971, S. 95) folgende Ansichten teilen: »(1) Gewohnheitsmäßiges kriminelles Verhalten kann als symptomatisch angesehen werden, d.h. als augenfällige Manifestation einer latenten pathologischen Struktur (condition). (2) So wie die zwangsmäßige Wiederholung als neurotisches Symptom gilt, so muß auch die Tendenz zur Rückfallkriminalität als Symptom für pathologische Kriminalität angesehen werden«. Und noch 1975 kann ein Kritiker der forensischen Kriminologie und Verfechter einer nicht-repressiven ›Sozialtherapie‹ mit besonderem Augenmerk auf die Situation im deutschen Sprachraum feststellen:

»Nicht nur in der Psychiatrie, sondern auch in der Kriminologie kommt dem Krankheitsbegriff zunehmend eine ›operationale Schlüsselposition‹ zu [...]. Es nimmt daher nicht wunder, daß bei vielen Autoren die Neigung besteht, das Verbrechen mit ›Geisteskrankheit‹ zu identifizieren, dem Verbrecher ›Eigenschaften‹, ›Charaktermerkmale‹ oder ›psychische Defekte‹ zuzuschreiben, die ihn unwiderstehlich mit dem Gesetz in Konflikt geraten, die ihn ›psycho-sozial erkranken‹ lassen. Wer sich sozialtherapeutischen Optimismus bewahrt hat, ruft dann konsequenterweise nach einer ›Behandlung‹ oder ›Heilung‹ des Delinquenten« (Kargl 1975, S. 563).

Doch den Pathologisierungs- und Resozialisierungsfeldzug haben stets auch die Stimmen seiner Kritiker begleitet, und diese waren in den sechziger und siebziger Jahren derart unüberhörbar geworden, daß eine von Grund auf ambivalente Situation entstand. Während Albin Eser 1977 (S. 276) zustimmend ein Urteil von Müller-Dietz aus dem Jahre 1972 zitiert, wonach sich »einem Scherbengericht aussetze, wer das Resozialisierungsprinzip heute noch in Zweifel zieht«, stellt Günter Stratenwerth 1979 (S. 902) fest, das Motto ›Abkehr von der Behandlungsideologie‹ sei mittlerweile zu einer modischen Attitüde geworden. Diejenigen allerdings, die diese Attitüde an den Tag zu legen begannen, waren in der Mehrheit nicht die Erben des strafrechtspolitischen Konservativismus von einst (aus dem sich das Freiheitspathos der forensischen Kriminologie ideologisch nährte), sondern die Erben einer aus liberalem und linkspolitischem Gedankengut herrührenden Kritiktradition, die ihr Augenmerk auf die freiheitsberaubenden und entmündigenden Auswirkungen eines unter dem Titel ›sozialstaatliche Leistungen‹ immer mehr Lebensbereiche erfassenden Staatspaternalismus lenkte. Seiner zentralen Intuition zufolge stand also das Engagement gegen die exzessive Pathologisierung von Kriminalität und gegen die damit einhergehende Liebäugelei mit zwangstherapeutischen Maßnahmen nicht im Dienste einer Renaissance des Schuld- und Vergeltungsgedankens, auch wenn es in theoretischer Hinsicht von einer starken antinaturalistischen Intuition zehrte.

Erzeugte die forensische Kriminologie den liberum arbitrium (auch, wenn sie ihn anders nannte und daher dachte, sich ihm gegenüber agnostisch verhalten zu können) als empirisches Faktum, so erzeugt die therapeutische Kriminologie die Unfreiheit als schlechte Positivität, d.h. als Folge nicht wirklich stichhaltiger Erfahrungserkenntnisse, sondern als Folge einer begrifflichen Manipulation. Jenseits der als grobschlächtig und diffamierend empfundenen Begrifflichkeit des alten kriminologischen Positivismus eignet sich nun die Begriffsmaschinerie der Psychoanalyse vorzüglich dazu, das delinquente Individuum als das quasi naturwüchsige Produkt eines ihm weitgehend unbewußten Kampfes seiner Triebansprüche mit seinem, angeblich nur lückenhaft entwickelten, Überich zu präsentieren (vgl. hierzu Moser 1970, S. 184 ff.). In diesem Kampf ist das bewußte Ich in der Regel unfähig, über das Handeln zu herrschen, führt doch das »Unbewußte isoliert vom Bewußtsein ein Sonderdasein« als »eine mehr oder weniger autonome Macht und verhält sich zu dem bewußten Ich wie jene Funktionen des Körpers, die durch den bewußten Willen nicht beeinflußbar sind«: das ist nach Alexander und Staub (1929, S. 47) nicht zuletzt auch die psychodynamische Situation, in der sich der neurotische und psychopathische Rechtsbrecher befinden. Es ist also kein Zufall, daß die therapeutische Kriminologie vorzugsweise mit Begriffen arbeitet, die aus dem Umkreis der Tiefenpsychologie stammen. Deren Sichtweise und Analysemethode erlaubt es, ein streng täterzentriertes, ätiologisches Vorgehen mit dem Moment der Pathologisierung zusammenzuschließen, was unter dem Vorzeichen eines sich humanitär gebärdenden Gesellschaftsschutzes eine symbiotische Verbindung ist. Der streng ätiologische Ansatz liefert zumindest den Anschein einer wissenschaftlichen Reformulierung des alten Begriffs der Gefährlichkeit und ist in der Lage – jedenfalls in der Vorstellungswelt sozialtherapeutischer Optimisten – psychotechnische Mittel bereitzustellen, um durch entsprechende Manipulation der als delinquenzverursachend erkannten Konfliktherde und Schädigungszonen im Subjekt dessen Gefährlichkeit auf ein für die Gesellschaft erträgliches Maß zu reduzieren. Die Pathologisierung wiederum ermöglicht es, Maßnahmen der ›Behandlung‹ als gerechtfertigt ins Auge zu fassen, die das Moment der Selbstbestimmung der Person weitgehend negieren. Hier ist zuallererst die zwangsweise Einweisung des Kriminellen in Anstalten mit therapeutischem oder resozialisierendem Charakter zu nennen: der Kriminelle als zumeist ›psychisch Kranker ohne Krankheitseinsicht‹ soll gemäß der klassischen Lehre jener, die Resozialisierung als Therapievorgang propagieren, gewöhnlich nicht die Wahl haben, ob er ›bloß einsitzen‹ oder auch therapiert werden möchte; er kann sich also gegen die Etikettierung ›psychisch gestört‹ oder ›soziopathisch‹ und die damit verbundenen Folgen für sein weiteres Leben nicht zur Wehr setzen.

Vielleicht am interessantesten an dieser Entwicklung ist, rückblickend betrachtet, die Diskrepanz zwischen dem propagandistischen Pathos, mit dem die therapeutische Kriminologie von Anfang an operierte, und dem Zustand, in dem sich die ätiologische Forschung die ganze Zeit über tatsächlich befand. Hakeem (1974, S. 249) sah sich nach Sichtung des 1958 vorliegenden amerikanischen Materials zu dem Urteil veranlaßt, »daß in den meisten Fällen Psychiater ihre Aussagen über das untersuchte Problem aus rein persönlichen Überzeugungen, aus Vermutungen und Spekulationen herleiten und daß sie nur selten auf solider Forschung beruhende spezielle Erkenntnisse eines genau angebbaren Bereichs darstellen«. Obwohl man von Hakeems Urteil sagen kann, daß es von der Entwicklung nach 1958 nicht widerlegt wurde, sondern im Gegenteil eine zusätzliche Bestätigung erfuhr durch die zunehmend bemerkbar werdende Leistungsunfähigkeit oder bloß minimale Effektivität der therapeutischen Instrumentarien, forderte man doch dessenungeachtet beharrlich prädeliktische Sicherungsmaßnahmen, Maßnahmen von unbestimmter Dauer und auf die Gefährlichkeit des Täters, nicht auf die Schwere seiner Tat bezogene Internierungsfristen. Alle diese Forderungen hätten sich nur schwerlich plausibilisieren lassen (außer bei denen, die bereit sind, im Namen des Gesellschaftsschutzes auf so ziemlich jedes Element der Rechtsstaatlichkeit zu verzichten), wenn man, einfach gesagt, davon ausgegangen wäre, daß die potentiellen Opfer der projektierten therapeutischen Zwangsbehandlung autonom handelnde Wesen sind, oder auch einfach davon, daß sich weder ein Beweis für noch gegen die Autonomie auf wissenschaftliche Weise führen läßt. Stattdessen stellte Arno Plack noch in seinem *Plädoyer für die Abschaffung des Strafrechts* (1974, S. 388) den Rechtsbrecher mit dem Seuchen- und Geisteskranken auf eine Stufe.

Welche Gründe nun waren es tatsächlich, die hinter dem Engagement gegen die Autonomie des Delinquenten standen? Drei der wichtigsten liegen auf der Hand: erstens die nachweisbare spezialpräventive Unwirksamkeit der Gefängnisstrafe, die, statt die Inhaftierten zu ›bessern‹, sie häufig nur noch elender und auch gefährlicher werden läßt; zweitens die dem gesetzestreuen Bürger kaum vorstellbare Inhumanität des Gefängnislebens; drittens der Umstand, daß jede in Betrieb genommene kriminaltherapeutische Institution nicht nur als krank etikettierten Rechtsbrechern Aufnahme zwecks Heilung und Resozialisierung bietet, sondern Aufnahme auch Psychiatern, Psychoanalytikern, Psychologen und Sozialarbeitern zwecks Ausübung ihres Berufs.

Darüber hinaus allerdings mochte es einen weiteren Grund gegeben haben, der primär der innerwissenschaftlichen Dynamik verpflichtet war – die lombrosianische Herausforderung bestand nach wie vor: Galt es nicht, das Wesen des Verbrechers endlich durch und durch zu erkennen? Man muß sehen, was diese Frage im gewachsenen Kontext der Kriminalwissenschaften genau bedeutete: nicht weniger als die Aufforderung, die Kriminologie möge endlich Wissenschaft werden! Aber obwohl es als ausgemacht galt, daß der Lombrosianismus sich einer Chimäre verschrieben hatte, so war doch er es gewesen, der auf grundlegend zukunftsweisende Art die Imago des Verbrechers als des Repräsentanten einer die kulturelle Ordnung bedrohenden Macht rationalisierte, und zwar indem er den Logos des Bösen als ›Gefährlichkeit‹ auswies und so ganz Empirie jenseits des Zauberkreises der Symbole werden lassen wollte. Das Konzept der Gefährlichkeit jedoch blieb, was es war: eine Rationalisierung der Archaik des Bösen, und das heißt, es transportierte in der Weise, wie es die Empirie des Verbrechens a priori organisierte, die alten Evidenzen des Mythos, so daß die persistente, wenn auch nunmehr stille Archaik im Blick auf den Verbrecher weiterhin durch die ›Empirie‹ esoterisch Bestätigung erfahren konnte. Wir haben daher bis in minutiöse Details hinein zu zeigen vermocht, wie sich im kriminologischen Positivismus der Rechtsbrecher als Objekt-plus-Wert (als Bestie) konstituiert und wie er deshalb als vollkommen heteronomes Wesen doch böse und als Kranker doch der Bös-Kranke bleiben muß. Daraus erklärt sich jedenfalls die Ambivalenz, die den Vorschlägen zur Verbrecherbehandlung bei den alten Positivisten noch anhaftet. Ein besonders eindrucksvolles Beispiel dafür bietet Hans Kurella, der eifrige, ja übereifrige Schüler Lombrosos: Obwohl sich für Kurella die Strafe gegen durch und durch determinierte Wesen zu richten hat, trägt sie doch ganz unmißverständlich das Gepräge eines aus tiefstem Abscheu entspringenden Racheaktes; deshalb wohl auch die Forderungen nach Ausdehnung der Todesstrafe, nach Deportation, nach dem Ersatz der kurzzeitigen Freiheitsstrafe durch Körperstrafen (Kurella 1893, S. 264) - alles Maßnahmen, die auf eine Brutalisierung der staatlichen Sanktionenskala dringen. Dies ist eine Beobachtung, die man nicht gänzlich aus den Augen verlieren sollte, wenn man sich über die Funktionen des typischen ›sozialtherapeutischen‹ Maßnahmenpakets, wie es sich auch schon bei Kurella findet, Gedanken macht: Abschaffung eines Zeitmaßes für die Internierung, Dauer der Internierung gemäß der Gefährlichkeit des Rechtsbrechers, lebenslange Internierung für unverbesserliche Rechtsbrecher. Denn die therapeutische Kriminologie wird alles unternehmen, um den Eindruck zu vermeiden, ihr kranker Verbrecher sei noch immer der Bös-Kranke, den weiterzuschleppen sie ja der forensischen Kriminologie heftig zum Vorwurf macht. So heißt es bei Plack (1974, S. 378) kurz und bündig: »Ein reines Maßnahmerecht dürfte überhaupt nichts mehr *anlasten*«, aber daß hier die Dinge untergründig doch ein wenig verwickelter liegen, als sie die ärztliche Rhetorik erscheinen lassen möchte, wird aus folgender Bemerkung des Psychiaters Karl Menninger (welche die Position Placks inhaltlich voll unterstützt) einigermaßen deutlich: »Vom psychiatrischen Standpunkt aus sollte nichts, was mit dem Straftäter geschieht, im Namen einer ›Bestrafung‹ geschehen, auch dann nicht, wenn der Straftäter selbst die diagnostischen Maßnahmen, die Behandlung und die mit ihr verbundene Verwahrung als eine Form von Strafe ansieht. Wenn er dieses tut, so ist das seine subjektive Vorstellung - der Psychiater sieht die Dinge anders. Und auch die Allgemeinheit sollte von dieser nach unserer Auffassung irregeleiteten Sichtweise allmählich abkommen« (Menninger 1977, S. 204). Wäre es nicht möglich, daß der von der sozialtherapeutischen Maßnahme Betroffene sowie die Laien-Allgemeinheit etwas sehen, und zwar durchaus korrekt sehen, was der Therapeut sich bemüht vergessen zu machen? Nämlich, daß im Kranken der therapeutischen Kriminologie der Bös-Kranke weiterlebt und in den sozialtherapeutischen Maßnahmen die Strafe samt Racheimpuls?

Die Pathologisierung des Rechtsbrechers ist, mit einem Wort, der Versuch, das Konzept der Gefährlichkeit ohne Archaik des Bösen zu denken, den Rechtsbrecher als reinen Kranken zu begreifen. Aber es läßt sich nicht leugnen, daß diesem Versuch etwas Hilfloses eignet. Hier sei nur auf folgende bemerkenswerte Lehren der Therapie-statt-Strafe-Bewegung hingewiesen:

a) Anstatt - was konsequent wäre - zu sagen, daß jeder Rechtsbrecher, dessen Tat Ausfluß einer Krankheit und folglich die Wirkung einer von ihm unkontrollierbaren naturwüchsigen Konstellation ist, für sein rechtsbrecherisches Verhalten *nicht* zur Verantwortung gezogen werden kann, heißt es im Gegenteil, »daß *alle* Täter für das, was sie getan haben, verantwortlich sind« (Menninger 1977, S. 204). Und schon Ferri (1896, S. 292) hatte betont, daß, solange ein Mensch in der menschlichen Gesellschaft lebe, er für alle seine Taten verantwortlich sei. Oberflächlich gesehen beruht die hier betriebene Radikalisierung des Verantwortlichkeitsbegriffes auf einer polemischen Re-definition von ›Verantwortlichkeit‹, und zwar auch unter Beherzigung der Sottise, nun, da keiner mehr schuld sei, müsse man alle laufen lassen (aber eben noch weitaus polemischer hätte man sich gegen die alte Schuldmetaphysik aufführen können, wenn man darauf beharrt hätte, daß ein Mensch, der das Recht aufgrund seiner Konstitution, gegen die er nichts ausrichten kann, bricht, für seinen Rechtsbruch niemals verantwortlich ist). Doch wer den bisherigen Überlegungen gefolgt ist, der wird in der Radikalisierung des Verantwortlichkeitsbegriffes unschwer auch eine Folge davon erkennen können, daß im kranken Rechtsbrecher, gerade insofern dieser als ein *heteronomes* Wesen erscheint, der Bös-Kranke überdauert. Gegen jedes solche Wesen regt sich der Haßimpuls des Gesellschaftsschutzes zu

Recht, denn jedes solche Wesen trägt in sich die antikulturelle Drohung. Dafür und deswegen muß der Bös-Kranke *bestraft plus unschädlich* gemacht werden.

b) Auch ist zu überlegen, ob nicht die Lehre vom therapeutischen Erfordernis der gezielten Erhöhung des Leidensdruckes im Rahmen des Maßnahmevollzugs - z.B. dadurch, daß die Maßnahme auf unbestimmte Dauer verhängt wird - eine expertokratische Bemäntelung des Umstandes ist, daß die Maßnahme auch Strafe sein soll (was sie aber ausdrücklich nicht sein darf). Die Lehre geht davon aus, daß ein Rechtsbrecher ohne Einsicht in seine Behandlungsbedürftigkeit auch nicht behandlungsfähig sei, eine Leidenseinsicht aber einen erheblichen Leidensdruck zur Voraussetzung habe; dieser jedoch fehle gerade den ›Hangtätern‹ sehr häufig, so daß man ihn sozusagen erst künstlich erzeugen müsse (so z.B. Mauch u. Mauch 1969, S. 169). Auffallend ist, daß das Argument sich einer Annahme bedient - Rasch und Kühl (1973, S. 242) sprechen sogar von einem Dogma -, deren sich schon die Lombrosianer und nach ihnen die Psychopathenjäger bedienten, einer Annahme, die ein Wesensmerkmal der Bestie nennt: die Leidunempfindlichkeit. Man sieht an diesem Beispiel deutlich, wie der Zwiespalt, der bei Kriminologen vom Schlage Kurellas noch ganz offenkundig war - der Zwiespalt, im Verbrecher ein Wesen vor sich zu haben, das heteronom und gleichzeitig schuldhaft, weil böse handelt -, in der therapeutischen Kriminologie fortbesteht, aber als verschleierter: Was bereits bei den Reformvorschlägen der Défence sociale um die Jahrhundertwende in Wahrheit auf eine Strafverschärfung hinauslief, stellt sich nun dar als humanitäre Errungenschaft, als Bestandteil einer soliden ärztlichen Behandlungstechnik.

c) Dem Ideal der sozialtherapeutischen Anstalt eignet ein gegenüber dem herkömmlichen Strafvollzug progressives Moment, das sich als Totalisierung der Kontrolle über das delinquente Individuum charakterisieren läßt und das ein guter Indikator für das Gefühl der Bedrohung ist, das vom Kranken als dem in Wahrheit Bös-Kranken ausgeht: nicht nur muß der äußere Mensch dingfest gemacht werden, darüber hinaus ist auch der innere Mensch auszuforschen, zu kontrollieren und umzuformen. Dementsprechend ist - dem Ideal nach - ein minutiöses System therapeutischer Maßnahmen zu installieren, welches zur Aufgabe hat, die Mentalreserven der ›Patienten‹ zu zerbrechen.[24] Fast alle Elemente des Alltagshandelns »wie die körperliche

Pflege, die Arbeit und die Schulung« (Stürup 1969, S. 234) werden Bestandteile der Therapie. Man verlangt vom Patienten aktive Offenheit gegenüber den Bemühungen der Anstaltsleitung; ein Rückzug auf das eigene leidende Selbst wird nicht geduldet: »Die Personalkonferenz gelangte zur Übereinstimmung darüber, daß Patienten, die sich auf sich selbst zurückziehen und in Ruhe gelassen werden wollen, für Urlaub und ähnliche Lockerungen nicht in Betracht kommen« (Rotthaus 1975, S. 84). Die Bildung einer Anstaltssubkultur kann auf zweierlei Weise verhindert werden. Erstens durch die permanente Kontrolle der Beziehungen zwischen den Insassen: »Die Mitarbeiter in der Wohngruppe müssen sich jederzeit darüber im klaren sein, welcher Art die Beziehungen der Wohngruppenmitglieder untereinander [...] sind« (Rehn 1975, S. 79). Die zweite Art der Kontrolle ist womöglich noch effektiver, denn durch sie wird jede Insassensolidarität, die nicht genau die von der Leitung gewünschte ist, schon im Ansatz zerstört: »Zu den Aufgaben der Mitbestimmung gehört auch der Morgen- und Abendrundgang. Hier stellen die Patienten schriftlich in einem Protokoll Verstöße gegen die Hausregeln fest; morgens sind es vor allem die Arbeitsverweigerer, abends unaufgeräumte Säle« (Rotthaus 1975, S. 87). Allgemein wird viel unternommen, um die Anstaltsbiographie der Insassen transparent zu halten: »Das Geschehen in der Anstalt und das Verhalten der Patienten spiegelt sich in einer Unzahl von Vermerken wider. [...] Der Verlauf der Entwicklung des Patienten in der Anstalt wird mit minutiöser Genauigkeit, dabei anschaulich und gut lesbar, wiedergegeben« (Rotthaus 1975, S. 89). Der Prozeß der Ausforschung der inneren Person, der natürlich auch vor denen, die unbehandelt bleiben wollen, nicht halt machen kann, geht Hand in Hand mit der Übertragung von Verantwortung. Die Patienten wählen aus ihren Reihen einen Vorstand, der mit der Leitung der Klinik zusammenarbeitet, sie erstellen zum Teil selbst eine Hausordnung, tragen Sorge für ihre Kleidung, bekommen, wenn sie sich entsprechend kooperativ verhalten, Urlaub usw. Kurz, sie müssen lernen, die Rolle des selbstverantwortlichen und regelkonformen Bürgers - der *Anti-Bestie* - glaubhaft darzustellen. Gleichzeitig lernen sie im Rahmen der ›Arbeitstherapie‹, sich als im guten Sinne fremdbestimmt zu begreifen. Reale wirtschaftliche Abhängigkeiten werden spielerisch nachgebildet: »Im Arbeitstraining bekommen sie jeden Monat eine Note für ihr Benehmen, für ihre Produktivität und die Qualität der Produktion, ihr Zusammenarbeiten mit den anderen, für den Umgang mit Maschinen, ihren Eifer« (Roosenburg 1969, S. 99). Im Zentrum der Therapie schließlich, im Rahmen der einzel- und gruppentherapeutischen Maßnahmen, steht der innerste Persönlichkeitskern des ›Patienten‹ unmittelbar zur Diskussion; selbst in der Welt seiner Träume noch wird nach antisozialen Elementen gefahndet (Mauch u. Mauch 1969, S. 165). Der Insasse kann sich aus der Entfremdung, in die ihn der psychotherapeutische Prozeß verstrickt - dem Zusammenbruch seiner ›Charaktermaske‹, der Auflösung seines illusionären Selbstbildes - nur befreien, indem er lernt, sich als krank zu erfahren, als Patient zu fühlen. Er lernt die Ursachen und Entwicklungsstufen seiner Pathologie kennen, und er weiß, daß er auf Heilung einzig hoffen kann, wenn er das Spiel zu spielen lernt, das ihm als Therapeutikum verordnet wird: fremdbestimmt und autonom gleichzeitig zu sein, also ein Wesen der Kultur zu sein und nicht mehr ein Repräsentant der antikulturellen Drohung. Dies ist schwer genug, der Teufel will nicht weichen; den Zusammenbruch der alten verstockten Identität begleitet häufig der Zusammenbruch der Physis: »Die psychologische und soziale Behandlung stellt an den Patienten oft die schwersten Anforderungen, so daß es schon [...] zu körperlichen Zusammenbrüchen kam [...]. Es kamen Tuberkulosefälle (zum Glück keine offenen), Magengeschwüre und Krankheiten aller Art vor. [...] Man darf aber trotzdem den Symptomen nicht nachgeben, sondern muß in Geduld immer weitere Versuche machen, dann wird es allmählich besser« (Roosenburg 1969, S. 95). Wird allerdings vom ›Patienten‹ der Widerstand in Aggression nach außen umgewandelt, so geht das therapeutische Bemühen zwanglos in offen strafende Repression über: »Man darf in Sonderfällen nicht davor zurückschrecken, bei angedrohter oder vollendeter Gewalttätigkeit zur Isolation zu schreiten, wenn es notwendig ist, auch unter Verwendung mechanischer Fixierung mit Gürtel und Handschuhen in der Isolationszelle« (Stürup 1969, S. 237).

Es gibt also einiges an Argumenten dafür, daß die der therapeutischen Kriminologie eigentümliche Parteinahme gegen die Autonomie des Rechtsbrechers wesentlich auch auf einer verwickelten und, man möchte fast sagen, in sich widersprüchlichen Ausgangslage im Rahmen der Anstrengung, Wissenschaft zu werden, gründet. Lombroso hat, dem Determinismus-Credo seiner Zeit folgend, die Bedingung der Wissenschaftswerdung des kriminologischen Diskurses klar definiert: dem Wesen des Verbrechers als einem Gefüge von Ursachen und Wirkungen, die lückenlos ineinandergreifen, nachzustellen. Damit jedoch hat er nicht nur fixiert, was viel später ›ätiologischer Ansatz‹ heißen wird, er hat gleichzeitig auch vermittels des forcierten Einsatzes einer mechanistischen Rhetorik dem - freilich prekären - Weitertransport der Totalität der Bestie gedient (an die Stelle der Geschlossenheit eines symbolischen Verweisungszusammenhanges tritt die Geschlossenheit eines deterministischen Feldes von Ursachen und Wirkungen). Wo aber der Determinismus, der die Heteronomie des delinquenten Handelns begründet, wesentlich Index der persistierenden Archaik des Bösen ist, dort kann es geschehen, daß der kriminologische Hang zur Entautonomisierung des Verbrechers fortbesteht, auch wenn schon der ganze Determinismus flöten gegangen ist. Und in der Tat ist dies vielleicht die interessanteste Eigentümlichkeit im Denken der therapeutischen Kriminologie, wie sie sich in der Hochphase ihres propagandistischen Erfolgs darstellt: daß sie auf der Heteronomie des Rechtsbrechers beharrt, obwohl bereits niemand mehr davon spricht, daß sich das deterministische Erklärungsprogramm an irgendeiner Stelle der empirischen Kriminalwissenschaften einlösen ließe. Wenn also der lombrosianische Determinismus eine die Archaik des Bösen verschleiernd-konservierende Funktion hatte, dann hätte man die Präsenz der Bestie in der nachlombrosianischen Verbrecherwissenschaft nicht bloß dort zu suchen, wo man sie ohne Schwierigkeiten findet - im Psychopathen der forensischen Kriminologie, der eine durch und durch ambivalente Gestalt ist, eben die Bestie-mit-Transzendenz -, sondern auch dort, wo angeblich nur noch Vernunft und Aufklärung zählen: im Zentrum der ›humanitären‹ Sichtweise des Kriminellen, im Heteronomiekomplex.

Verwicklungen der Transzendenz: Mythisches und Antimythisches am Freiheitsbegriff

Die Freiheit ist das, was nach Erledigung aller empirischen Fragen übrig bleiben muß, damit ein Organismus, der lebt und sich auf vielerlei Weise verhält, als Person und damit als handlungsfähig angesprochen werden kann. Im ersten Kapitel haben wir dies positiv zu formulieren versucht: Auf jeder Stufe der Erklärung einer menschlichen Handlung bleibt im Prinzip immer noch die Frage ›Aber warum denn gerade diese Handlung?‹, und das heißt: die Person ist beschreibend und interpretativ nicht ausschöpfbar, ist immer noch jene Leere hinter aller Empirie oder durch alle Empirie hindurch. Darin aber gründet ihre Freiheit. Man kann das auch so sagen - und auch dies haben wir bereits getan -: Die *Wahrnehmung* des Anderen als einer Person am Leitfaden unserer Selbstwahrnehmung eröffnet uns das Phänomen der Freiheit im Raum des Empirischen; aber bei dem Versuch, dieses Phänomen zu explizieren, entschwindet es ins Transempirische (in das Nichts der Empirie); daher die Verlockung zur Rede, Freiheit sei kein genuin empirisches Phänomen, sondern eines, das sich im Feld der Pragmatik konstituiere und von daher erst ein empirisches Profil erhalte; doch wir wissen mittlerweile, daß alle Versuche, eine pragmatische Lösung des Problems zu rechtfertigen, auf dasjenige zurückverwiesen werden, vor dem sie fliehen - zur Phänomenologie der Freiheit und von dort aus auf die Leere des Transempirischen. Wie aber soll unter dieser Voraussetzung Freiheit Verantwortlichkeit begründen können? Sagen wir es so einfach wie möglich: Überhaupt nicht! (Ausführlichst dazu Pothast 1980.) Dennoch verhalten wir uns als Agenten des gesunden Menschenverstandes fortwährend so, als ob sie es täte. Und die Frage ist, wieso wir dieses Spiel spielen, wieso wir denken und denken *müssen*, Freiheit begründe Verantwortlichkeit (einmal davon abgesehen, daß wir dieses Spiel spielen - dieses zum Teil grausame und seelenzerstörende Spiel -, weil wir kein anderes zu spielen gelernt haben).

Bei dem Versuch, hierauf zu antworten, sollten wir bedenken, daß die Freiheit, wie wir sie kennen - die innere Freiheit -, mit hoher Wahrscheinlichkeit von den Menschen nicht immer auf die gleiche Weise erfahren wurde. Die Menschen waren vermutlich nicht immer Personen, wie wir es sind. Noch die Homerischen Epen zeigen uns Menschen, die sich in einem Ausmaße als Aggregate von Zuständen und Ereignissen wahrnehmen und begreifen, wie dies für die Platonische Person, die sich nach dem 3-Instanzen-Modell der Seelenvermögen aufbaut, unvorstellbar wäre. Wenn eine Platonische Person sagt ›Es denkt in mir‹, dann ist das ein Symptom des Wahnsinns; dem Homerischen Helden hingegen scheint es natürlich zu sein, daß *es* -

z.B. eine Gottheit - in ihm denkt. Nach Feyerabend (1976, S. 341 f.), der sich vor allem auf B. Snell und E.R. Dodds stützt - deren Positionen allerdings von vielen Philologen und Althistorikern als überspitzt angesehen werden (Snell wird z.B. von Lesky 1961 kritisiert) -, gilt für die frühe archaische Periode in Griechenland: »Das spezielle Aggregat ›Mensch‹ wird von ›Bewußtseinsvorgängen‹ besucht und gelegentlich bewohnt. Solche Vorgänge können in ihm hausen oder von außen hereinkommen. Wie jeder andere Gegenstand ist der Mensch eine Austauschstation von Einflüssen und nicht eine einzigartige Quelle von Handlungen, kein ›Ich‹ (Descartes' ›cogito‹ hat in dieser Welt keinen Ansatzpunkt, und sein Argument könnte überhaupt nicht in Gang kommen)«. Obwohl man gut daran tut, diese Aussagen nicht wörtlich zu nehmen (sie beruhen auf einer sehr einseitigen Interpretation einer sehr schmalen empirischen Basis), weisen sie doch gerade aufgrund ihrer Extremität deutlich in die Richtung, in der eine Veränderung der Freiheitsidee vom archaischen zum postarchaischen Abendland zu suchen ist: Je weniger Person (Ich) es gibt, die *hinter* dem Komplex aus physischen und psychischen Elementen, aus denen sich ein Mensch zusammenfügt, steht, die Komplexteile synthetisiert (das ›ich denke‹ muß alle meine Vorstellungen begleiten können) und als unbewegter Beweger wirkt (*ich* bin es, der handelt oder nicht handelt), um so weniger bedeutsam wird die Funktion der Freiheit sein. Keine Freiheit ohne ein Person-Dahinter.

Feyerabend hat in seiner waghalsigen Rekonstruktion der archaischen griechischen Kosmologie das Mehr an Aggregat-Ideologie bei Homer als Indikator eines Mehr an Liberalität plausibel zu machen versucht. Und wenn man das Platonische Modell der Seelenvermögen zusammen mit der Augustinischen Lehre vom liberum arbitrium studiert, dann wird man tatsächlich nicht umhin können zu bemerken, daß die Installierung eines Person-Dahinter mit großem Wirkradius tendenziell auf eine Verschärfung der Zurechnungspraxis und auf den Ausbau der Selbstzwangapparatur hinausläuft, was - gemäß der Formulierung von Norbert Elias (1969, Bd. 2, S. 330) - auch zur Folge hat, daß im Prozeß der Zivilisation der äußere Kriegsschauplatz nach innen, in die Person hinein, verlegt wird. Einem Person-Dahinter mit großem Wirkradius korrespondiert ein großes Beherrschungsvermögen und, als Zumutung, ein weitläufiges Sich-beherrschen-Sollen. Aber der Feyerabendsche liberale Geist der Archaik ist nichtsdestotrotz wohl nur ein Gespenst, geboren aus dem Unbehagen an der eigenen Kultur. Der stärkere Aggregat-Charakter der Personauffassung im archaischen Denken muß, will man nicht ein vollkommen verzerrtes Bild entwerfen, in Zusammenhang gebracht werden mit dem mythischen Hang, Totalitäten und, im Äußersten, *eine* Totalität (einen Kreis von Totalitäten) zu erzeugen - ein Hang, der, wie wir gezeigt haben, mit der Anschauungszentriertheit von Begriffen und mit dem Semantisiertsein von Anschauungsinhalten wesensmäßig zusammenhängt.

»Doch für Homer und das frühe griechische Denken gibt es keinen Zufall«, heißt es bei Dodds (zit. nach Feyerabend 1976, S. 336), und dies mag wohl stimmen. Aber wenn es stimmt, dann gewiß nicht, weil die Grundhaltung der Homerischen Epen deterministisch (im uns geläufigen Sinne des Wortes) wäre. Es ist vielmehr so, daß die antike Auffassung des Schicksals im allgemeinen und die Tragikkonzeption der griechischen Antike im besonderen auf der Eigentümlichkeit beruht, daß die Dinge Bedeutung haben und auf eine zeichenhafte Weise in ein Weltornament hineinverwoben sind. Mein *Schicksal* ist nicht das Resultat einer Weltmechanik, der ich als Ensemble von ›Randbedingungen‹ unterworfen bin; mein Schicksal ist vielmehr meine Bedeutung, die ich, sie repräsentierend, auszutragen habe. Ödipus ist, wenn Schuld Freiheit zur Voraussetzung hat, in der Tat unschuldig, und die seinen Fall betreffende Prophezeiung des delphischen Orakels kennt kein Wenn-Dann, keine Kautelen; aber Ödipus ist keine Maschine: er steht unter keinem inneren Zwang, weder da er seinen Vater tötet, noch da er seine Mutter zur Geschlechtsgenossin erwählt, und er entwirft sein Handeln nicht einfach unter der Herrschaft von Naturgesetzen. Deshalb auch lesen wir in Dodds' Abhandlung *Über Mißverständnisse des Oedipus Rex*:

»Weder bei Homer noch bei Sophokles deutet die Tatsache, daß die Götter bestimmte Ereignisse im voraus kennen, darauf, daß alle menschlichen Handlungen vorherbestimmt seien. Wenn dazu eine ausdrückliche Bestätigung verlangt wird, brauchen wir uns nur an V.1230f. zu wenden[25], wo der Bote mit Nachdruck Oedipus' Selbstblendung als ›freiwillig‹ und ›selbsterwählt‹ von seinen ›unfreiwilligen‹ Taten, Vatermord und Blutschande, unterscheidet. Gewisse Handlungen des Oedipus in der Vergangenheit waren schicksalsgebunden; aber alles, was er auf der Bühne tut, vom ersten bis zum letzten, tut er als frei handelnder Mensch« (Dodds 1977, S. 86 f.)

Was aber macht dann eigentlich die Schuld des Ödipus aus, wenn alle schuldbegründenden Handlungen ›unfreiwillig‹ waren, d.h. schicksalsgebunden? Dodds Antwort lautet:

»Die Lehre, daß nur die Absicht des Handelnden eine Rolle spielt, ist eine Besonderheit des christlichen Denkens und vor allem des Denkens seit Kant. Es stimmt zwar, daß die athenischen Gerichtshöfe die Absicht mitberücksichtigten: wie die unsrigen unterschieden sie zwischen Mord, ungewolltem Totschlag und Totschlag aus Notwehr. Wenn Oedipus vor einem athenischen Gericht verhört worden wäre, wäre er freigesprochen worden - vom Mord an seinem Vater. Aber kein menschliches Gericht konnte ihn von der Befleckung freisprechen; denn Befleckung haftete der Tat selbst an, ohne Rücksicht auf die Absicht« (ebd., S. 88).

Das ist eine Antwort, die so recht keine ist. Denn warum haftete nach ›menschlichem Gesetz‹, von dem sich das des athenischen Stadtstaates schon ziemlich emanzipiert hatte, der Tat des Sophokleischen Ödipus Befleckung an? Ödipus ist *Der,*-der-seinen-Vater-tötet-und-mit-seiner-Mutter-schläft; *Diesen* repräsentiert er, indem er, ohne es zu wissen, seinen Vater erschlägt und seine Mutter zur Gemahlin nimmt. Seine Schuld hängt mit dem, was er tut, derart zusammen, daß er durch sein Tun, dessen Bedeutung ihm unbekannt ist, etwas Allgemeines, das aus seiner Lebensgeschichte erwächst, repräsentiert: den Vatermörder und Mutterschänder; Ödipus handelt böse in einem *objektiven* Sinn - Befleckung haftet, wie Dodds sagt, an der Tat selbst - und er ist schuldig in einem objektiven Sinn, weil sein Handeln Ausdruck eines Logos des Bösen ist.

Ödipus ist ein semantisiertes Objekt-plus-Wert: er be-deutet, indem er lebt, und nur indem er sich eine Geschichte zueignet, kann sich die Bedeutung, die er zu verkörpern hat, entfalten. Dies Zeichenhafte des Ödipus (nicht eine Mechanik des Weltlaufs) ist das Wesen seines Schicksals, wie vielleicht das Wesen alles dessen, was ›Schicksal‹ im ursprünglichen Verständnis genannt werden mag. Aber das Tragische konstituiert sich erst in dem Augenblick, in dem diese Herkunft des Schicksals in Vergessenheit zu geraten beginnt und in dem die Entsemantisierung und Entarchaisierung der Welt zur Folge hat, daß aus dem Bannkreis der zerfallenden Totalitäten, die der Mythos stiftete, die Person als Person-Dahinter heraus und in den Vordergrund zu treten beginnt. Noch immer gibt es dann als Traditionsbestand das Schicksal, das objektiv Böse und die objektive Schuld; aber jenseits des Mythos nur noch als ›Irrationales‹. Daß die Menschen leiden müssen *ohne rechten Sinn* - das ist die Definition des Tragischen; und daß die Götter solche Leiden zulassen, ja herbeiführen - das zeugt von Grausamkeit und Übelwollen. Nietzsche dachte, die göttliche Freude am Leiden anderer sei Spiegelung einer primären Gesundheit des archaischen Menschen. Aber hier irrte der Philosoph wohl gründlich: Der übelwollende Gott ist viel eher ein reaktives Konstrukt, dazu hergestellt, den Irrationalitätsdruck, der mit den aus dem Sinnbezirk der mythischen Totalität ausgesperrten Leiden einhergeht, zu reduzieren.

Es mag also der Fall sein, daß der archaische Mensch sich in größerem Umfange als Aggregat begreift und erfährt als der postarchaische. Aber das Weniger an Person-Dahinter wird substituiert durch ein Mehr an mythischer Repräsentanz; man hat es um so weniger nötig, ein unbewegter Beweger zu sein, je mehr man ein Schicksal hat, d.h. eingebettet ist in den Sinnbezirk einer mythischen Totalität, die das Individuelle zur Verkörperung eines Allgemeinen macht und auf diese Weise auch die Identität des Individuellen sichert. Außerhalb des mythischen Zeichenkreises bin ich bloß noch ich, und alles, was ich mache, ist Ausfluß dieser Leere, die ich bin. Dieser Umstand bedingt einerseits die bekannte Ich-Aporetik: meine Identität - Ich - ist faßbar immer nur durch meine Lebensäußerungen hindurch, aber ich bin gleichzeitig immer das, was ›hinter‹ allen meinen Lebensäußerungen als den *meinen* steht: Letztinstanz der Synthesis. Und deshalb - weil ich als Person-Dahinter gegenüber allen empirischen Kontingenzen autonom bin - bin ich frei. Frei indessen in der Form der Negativität: Ich bin nichts Bestimmtes, nur dieses Eine: primum movens immotum. Andererseits entsteht so die Möglichkeit einer Schuld, die mich trifft, ohne noch in etwas zu gründen, was ich repräsentiere; ich bin letzter Zurechnungs-Punkt.

Man sieht also, worin der antimythische Status des klassischen Verantwortlichkeitsgedankens, der von vielen für archaisch gehalten wird, gründet. Wessen liberum arbitrium über einen großen Wirkradius verfügt, der unterliegt nur noch marginal und ›subjektiv‹ dem Logos des Bösen, so wie jener bei Dodds (1977, S. 89) erwähnte Autofahrer, der ohne eigene Schuld einen Mann überfährt und tötet und deswegen schwere Schuldgefühle empfindet. Hier handelt es sich um den idiosynkratischen Empfindungsnachhall einer einst objektiven Ordnung, die nur noch in der Disposition zu ›irrationalen‹ Schuldreaktionen weiterlebt. Freilich ist auch die Freiheit in den Dienst des Mythos getreten. In dem Maße nämlich, in dem die Wahrnehmung des Verbrechers als eines semantisierten Objekts-plus-Wert, als der Bestie, als des Repräsentanten eines Logos des Bösen nicht mehr affirmativ thematisiert werden darf (würde sie doch sogleich als Rückfall in das dunkelste Mittelalter gebrandmarkt werden), in dem Maße muß die Freiheit des Verbrechers als Legitimation der Haß- und Schutzimpulse infolge der persistierenden Archaik herhalten. Des radikalen Mittelstädts »strenge Erhabenheit einer transscendentalen Ethik« ist ein besonders drastisches Beispiel der Mythisierung des Freiheitsbegriffes: die Freiheit, von der Mittelstädt spricht, rechtfertigt die Strafe ohne Zweck, ein selbstgenügsames Terrorspektakel, das uns die Frage abnötigt: Welche Ordnung wurde denn verletzt, so daß härteste Strafknechtschaft, Prügel, Pranger, Rad, Galgen die geeigneten Mittel zu ihrer Wiederherstellung sind? Und die Antwort lautet natürlich: die göttliche Ordnung, wie sie durch das irdische Gesetz repräsentiert wird. Aber in welcher Beziehung steht Gottes Ordnungs-Auftrag zur Freiheit des Menschen? Antwort: Gott schenkte dem Menschen die Freiheit, auf daß er sich an die gottgewollte Ordnung halte, und durch die Freiheit partizipiert der Mensch am Wesen Gottes, so daß der Mißbrauch der Freiheit Gott in seinem Wesen beleidigt. Wir sehen hier, wie das Person-Dahinter, die Leere, die Ich ist, positiviert und damit selbst zum Mythos wird: zur Repräsentanz Gottes im Menschen. Dadurch wird aber der sündhafte Gebrauch der Freiheit, der Mißbrauch der Freiheit im Dienste des Verbrechens zur Legitimation einer Strafknechtschaft, deren tiefere Gründe dort zu suchen sind, wogegen sich das rationalisierte Welt- und Gottesbild des Christentums der Neuzeit gerade stemmt: in der im Blick auf den Abweichenden fortwirkenden Archaik des Bösen, deren affirmative Thematisierung geeignet wäre, die christliche Freiheitsidee zu untergraben.

Die Rolle der Freiheit ist also eine komplexe und ihre Beziehung zur Archaik des Bösen verwickelt. Freiheit sistiert einerseits die mythische Macht des Bösen, aber sie muß andererseits dem Druck der

Archaik Rechnung tragen. Freiheit befriedet einerseits die im Reich der mythischen Totalitäten umlaufenden Haß- und Rache-Impulse, aber sie tritt auch in den Dienst von deren Rationalisierung. In dem Augenblick aber, in dem sich die Wissenschaften vom Verbrechen, die forensische und die therapeutische Kriminologie, der Freiheit annehmen, und zwar unter dem Zwang, das Vorliegen oder Nichtvorliegen von ›Dispositionsfähigkeit‹ als empirisches Faktum zu objektivieren, kompliziert sich die Beziehung zwischen dem Person-Dahinter und der Archaik des Bösen um ein weiteres. Die paradoxe Gestalt des Psychopathen, die wir als Bestie-mit-Transzendenz charakterisiert haben, ist die Folge des Versuchs, den Verbrecher als heteronomes Wesen zu denken (Lombrosos Programm), dabei aber - in dem Glauben, nur noch empirisch-wissenschaftlich demonstrierbare Kausalrelationen und funktionale Zusammenhänge zu erforschen - auf der Folie der Heteronomie (= Determiniertheit der Abläufe) als dem ›Substitut‹ mythischer Geschlossenheit ein semantisiertes Objekt-plus-Wert erzeugt, wenngleich eines, das durchaus nicht mehr nichts als mythisch ist; das Böse jedoch, das dieses Objekt repräsentiert, muß, um zurechenbar zu sein unter dem Druck der Episteme neuzeitlicher Ethik, in der Freiheit des Handelns gründen: so entsteht das Wesen, das heteronom *und* schuldbeladen agiert. Bannen aber läßt sich die Archaik des Bösen durch die Ausschaltung der Autonomie, von der die therapeutische Kriminologie zu Recht behauptet, sie sei ein Vehikel von Rache-Archaik, nicht. Wie wir gesehen haben, schleppt sich das mythische Wesen, das der böse Psychopath ist, im kranken Kriminellen, der seiner Freiheit begrifflich entledigt wurde, untergründig fort; der Bös-Kranke hat die Bühne der Kriminologie noch immer nicht verlassen. Und es ist zu befürchten, daß, wenn es gelänge, alle Archaik aus der Gestalt des Verbrechers auszutreiben, ohne ihr gleichzeitig die Tiefe der Autonomie zu verleihen, dann nicht der Mensch als der zu achtende und würdevolle Gegenstand unserer humanitären Regungen auftauchte, sondern ein Organismus, eine Reiz-Reaktions-Apparatur, kurz: ein legitimer Gegenstand verhaltenswissenschaftlicher Manipulations- und Kontrolltechniken.

IV
Resonanzen auf das Böse

Phänomenologisches

Der Verbrecher, der sein Leben erzählt, ist häufig - wiewohl häufig gegen sein Selbstverständnis als Berichterstatter - ein Exekutor herrschender Vorverständnisse über den Verbrecher. Damit der Verbrecher-Erzähler von dem Publikum, an das er sich wendet, recht verstanden wird, ist er häufig gezwungen, die Details seines Lebens an der Richtschnur etablierter Erklärungs- und Rechtfertigungsmuster zu arrangieren. Will er sich zum Beispiel jener breiten Öffentlichkeit verständlich machen, deren Lesestoff vorwiegend aus Boulevarderzeugnissen und Illustrierten Blättern besteht, so muß er Sentimentalität und moralisierendes Räsonnement an den Tag legen. Er muß sich zur rührseligen Existenz entäußern, deren schlechte Taten dem Leser als temporäre Verirrungen eines seinem Wesen nach guten Charakters oder gar als bedauerliche Unglücksfälle vorgeführt werden. Im Gegensatz dazu kennt das gebildete bürgerliche Publikum als Helden auch den bösen Asozialen. Dessen Schandtaten sind weder Verirrungen noch Unglücksfälle, sondern Ausdruck einer monströsen Seele, allerdings einer solchen, die das Böse zum Funkeln bringt, ihm Tiefe und Transzendenz verleiht - man denke an den ›göttlichen‹ Marquis de Sade, an Lautréamonts Maldoror, an François Mauriacs, Jean Genets oder Georges Batailles Verworfene. Alle diese Helden der Nacht siedeln allerdings in *literarischen* Räumen (ein Umstand, der ihrer Wirklichkeitstreue im Einzelfall keinen Abbruch tut): stets hat der Leser den Eindruck, einem imaginären Spiel beizuwohnen. Und allen diesen Helden ist gemeinsam, daß das Böse, das sie in die Welt bringen, eine Botschaft in sich birgt. »Nicht mehr in Gott sein und auch nicht in dem, wonach die Menschen dürstet. Einen verfluchten Weg verfolgen...«, heißt es in Batailles *Der Kleine*

(1977, S. 184), in dem es auch heißt: »Ich habe kein Gefallen am Bösen«. Wo wie bei Bataille aufgerufen wird, das Böse an seine äußerste Grenze zu treiben, geschieht dies noch einer moralischen Katharsis wegen - um das Gute aus seiner Unwahrhaftigkeit zu erlösen, in der es behaglich verweilt, solange es das menschenmögliche Böse, auf dem es aufruht, für das Unmögliche hält. Daß solch subversive Form, dem Bösen Sinn zu geben, beruhigend wirken kann wie die rührselige Illustriertenklamotte über den Verbrecher, der im Herzen niemals einer war, dafür mag hier als Beleg jener Brief des Isidore Lucien Ducasse alias Lautréamont (1963, S. 195 f.) stehen, in dem dieser die Existenz seines poetischen Satansbratens Maldoror gegenüber dem Verleger mit den Worten einer heiteren Didaktenseele rechtfertigt: »Natürlich habe ich das Register ein wenig übertrieben gezogen, um etwas Neues im Sinne jener erhabenen Literatur zu schaffen, die die Verzweiflung nur besingt, um den Leser zu bedrücken und ihn das Gute als Heilmittel wünschen zu lassen«. Wo hingegen das Böse in gewollter oder ungewollter Verletzung der Weisen, die die jeweilige Kultur als legitim erachtet, zur Darstellung gelangt, dort werden von seiten des Publikums heftige Formen der Abwehr die häufige Folge sein.

Als Beispiel für diesen Vorgang des Anstoßnehmens und seine Ursachen kann vorzüglich das 1978 erschienene Buch *Der Minus-Mann* von Heinz Sobota dienen. Ein »Romanbericht« soll das Buch sein, und es soll das Verbrecherleben seines Autors zum Inhalt haben. Über das Buch entrüstete sich nicht allein jene Leserschaft, die stets gegen Schmutz und Schund und für das ›gute Buch‹ sich stark macht. Empörung flammte auch in den Reihen derer auf, die ansonsten das ungeschminkte Sagen- und Schreibendürfen von was auch immer gegen Liebäugeleien mit dem Zensor kompromißlos zu verteidigen pflegen. Und auch von dorther kam ein Du-sollst-nicht: es ertönte der Ruf nach Selbstzensur jenes Verlages, der Sobotas Eröffnungen in Erwartung eines Skandalerfolges schließlich doch auf den Markt brachte.[26] Worauf nun gründete sich diese Allianz zwischen stockbürgerlicher Ranküne und fortschrittlicher Moralität? Oberflächlich gesehen auf der Diagnose, Sobotas Bericht sei ein kaltschnäuziges Machwerk voller Zynismus, Menschenverachtung und Brutalität, zudem erlogen (ein Feuilletonist der westdeutschen Linkskultur wählte das Haßwort »Leserverarsche«). Aber der *Minus-Mann* ist in Wahrheit zugleich mehr und weniger als dies. (*a*) Sobota ist der böse Kriminelle, aber keiner, der sich zwanglos der Schar der philosophisch unterbauten Monster des aufgeklärten Bürgertums zuschlagen ließe. Denn Sobota ist der Böse ohne Wahrheit, und er ist in keinem Jenseits der Imagination angesiedelt. Das Reißerische des Erzählstils entkleidet den Realismus der Sprache in dem Maße der Macht des Imaginären (der Macht, Abstandslosigkeit - Kennzeichen einer reflexionsausschließenden Drohnähe der Welt - nicht eintreten zu lassen), in dem hier einer aus der Tiefe seines ihm selbst verhaßten Wesens die Sprache des Hasses aufsteigen läßt. Auch werden des Ich-Erzählers Gewalttaten durch keinen Sinn, der dem Leser erkundbar gemacht wäre, humanisiert und dadurch dem menschenmöglichen Nachvollzug als Manifestationen des Menschlichen nahegebracht. Statt dessen sind sie der Triumph des bösen Ansich, die Blockade des Sinnlosen, dies jedoch nicht als literarisch-philosophische Figur, sondern als *brute fact.* (*b*) Sobota genügt auch dem Bild des Delinquenten, das sich bei dem fortschrittlich denkenden Publikum unseres Jahrhunderts besonderer Beliebtheit erfreute, nur höchst mangelhaft - dem Bild des Delinquenten als des heteronomen Opfers der Gesellschaft. Zwar spricht auch Sobota von seiner Kindheit als einer Zeit des Hin-und-her-geschoben-Werdens, von den Verrohungen des jugendlichen Heim- und Gefängnislebens, davon, daß er, der Erwachsene, schließlich einen Kerker in sich trage und Angst vor Dingen habe, die sich nicht »mit Schwanz und Faust« zwingen lassen. Im ganzen jedoch bleiben derlei Anmerkungen und Episoden für den Leser marginal. Im *Minus-Mann* dominiert die Unvermitteltheit des Zynischen und Perversen, die Lust an der detailreichen Schilderung brutalitätsgesättigter Situationen. Sobota verkörpert glaubhaft weniger den Typ des Opfers einer neurotisierenden Gesellschaft, als den des mit einer bösen Natur ausgestatteten Psychopathen; Sobota dürfte es gemäß den Vorstellungen derer, die eine fortschrittliche Einstellung zur Kriminalität haben, nur geben als die monströse Konstruktion der Gerichtspsychiatrie. (*c*) Sobotas Erzählweise ist (ungeachtet der Frage, ob alle biographischen Details stimmen) wahrhaftiger, als die irritierten Kritiker meinten. Der Eindruck des Psychopathischen am Erzähler ist das folgerichtige Ergebnis seiner analytischen Blindheit: Sobota versteht sich selbst nicht. Sein Lebensbericht entrollt rechtfertigungslos ein opakes, undurchdringliches Geschehen, worin die motivationalen Aspekte, indem sie die Rolle erklärender Faktoren eher zu imitieren scheinen, als daß sie sie tatsächlich erfüllten, den Leser aus der Angst, dem Sinnlosen beizuwohnen, nicht entlassen. Typisch hierfür ist jene von der Kritik hysterisch registrierte Episode, in der Sobota (1978, S. 27) beschreibt, wie er auf die homosexuelle Annäherung eines Autofahrers mit einem Messerstich reagiert: »Er tätschelt an meinem Schenkel, dann will er mich küssen, ›willst du nicht anhalten?‹ frage ich und ziere mich. Er hält. Es ist kurz vor Salon sur Yonne - ich steche ihm das Messer in den Bauch. Es gleitet hinein wie in frische Scheiße, dann brüllt er, und ich ziehe ihm die Brieftasche aus dem Rock - siebenhundert neue Franc sind darin - einen Tag gehe ich durch den Wald, dann steige ich in den Zug und fahre nach Paris.« Diese Episode mag erfunden sein, dennoch ist sie ein empfindlich genaues Bild für die sinnlose, weil nicht entschlüsselbare, aus dem Dunkel einer sich selbst fremd bleibenden Persönlichkeit hervorbrechende Gewalt. Solche Gewalt mobilisiert im Leser Ängste - Ängste, welche die gegenüber Sobotas Greueltaten ins Maniakalische gesteigerten Blutorgien de Sades bezeichnenderweise nicht auslösen -, deren Bearbeitung häufig auf unangemessene Weise erfolgt: wenn schon nicht durch panische Ausblendung, so doch durch moralisierende Abwehr des Ungeheuerlichen oder aber durch dessen verzerrend-humanisierende Ausdeutung. Letzteres widerfuhr gerade jenen Besprechungen des *Minus-Mannes*, die dem ›Machwerk‹, indem sie es als ernsthaften Äußerungsversuch eines gesellschaftlichen Außenseiters würdigten und ihm eine ›Aussage‹ zu unterstellen versuchten, die sich nur schwerlich finden läßt. So wurde es z.B. gelesen als Studie über die familiären Bedingungen der Entstehung eines sadomasochistischen Charakters. Derlei hermeneutische Fehlleistungen stehen im Dienste des Versuchs, durch die Vermenschlichung des Unmenschlichen, durch die Rationalisierung des Irrationalen das eigene Leserunbehagen zu reduzieren, ohne es sogleich aggressiv gegen den Authentizitätswillen des Autors zu kehren.

Daß das menschlich Abnorme, das Asoziale, das Verbrecherische im Rezipienten oft intensive Resonanzen auslöst, darüber kann ebensowenig ein Zweifel bestehen wie über die Tatsache, daß die kulturell typischen Wahrnehmungsweisen des Bösen primär die Funktion haben, affektmodulierend zu wirken, obwohl sie, oberflächlich gesehen, bloß Medien der Darstellung dessen sind, was der Fall ist. Es gibt kulturell und subkulturell verbürgte Darstellungs- und Rezeptionsmuster des Bösen, deren Nichtbeachtung im Einzelfall zur Affektenthemmung Anlaß gibt: Entsetzen, Haß und moralisierende Abwehr stellen sich ebenso ein wie eine Faszination, welcher sich der Faszinierte aus Scham entschlagen möchte. Wovon solche Reaktionen künden, ist nicht so sehr die scheinbare oder tatsächliche Verletzung einer Darstellungs-/Erfahrungs-Konvention; sie künden vielmehr von der Verletzung eines Tabus: das Böse gerät auf eine konsensuell ungesicherte Weise in den Blick und wird dadurch unbeherrschbar. Nun ist man in Gefahr, vom Bösen *angesteckt, überrollt, desozialisiert* zu werden. Es ist bekannt, welche Bedeutung der Ansteckungsmetapher hinsichtlich der Angst, von bösen und schlechten Dingen befallen und zerstört zu werden, in unserer (aber nicht nur unserer) Kultur zukommt. Dabei ist die Virendämonie des modernen Neurotikers zum Teil bloß die Fortführung der archaischen Befleckungssymbolik. Wie diese gründet jene in einer urtümlichen Berührungsfurcht: Wer mit dem Bösen ungeschützt in Kontakt gerät, der läuft Gefahr, infiziert zu werden. Dies macht die Rolle kulturell eingeschliffener Darstellungs- und Perzeptionsmuster des Bösen zu einer außerordentlich lehrreichen Beleginstanz für die Behauptung von Devereux (o.J., S. 20), wonach nicht die Untersuchung des Objekts, sondern die des Beobachters einen Zugang zum Wesen der Beobachtungssituation eröffnet. In der Tat, nicht die (über das Wissen des medizinischen Laien hinausreichende) Untersuchung von Viren hilft uns, die Weise, in der ein Neurotiker seine Virenerfahrungen organisiert, zu verstehen. Und ebensowenig hilft uns eine objektzentrierte Analyse des Verbrechens zu begreifen, warum dessen Wahrnehmung gemeinhin unter dem Diktat bestimmter kultureller Regeln erfolgt. Derart gewinnt auch die multiple Darstellungsdevianz von Heinz Sobota exemplarische Bedeutung. Indem der *Minus-Mann* eine Reihe etablierter Regeln mißachtet, unter deren Beachtung ans Böse gerührt, es gleichsam angerührt werden darf - die Regel der Ästhetisierung, die Regel der Rationalisierung, die Regel der Humanisierung/Dehumanisierung -, läßt er deren rituelle Funktion hervortreten. Über denjenigen, der dem Bösen auf regelwidrige Weise begegnet, gewinnt dieses auf dreifach destruktive Weise Macht: es chaotisiert das Dasein, es bedroht die Rationalität des Handelns, es bestialisiert die Person. Im einzelnen bedeuten die Regeln und ihre Verletzungen folgendes:

(1) *Ästhetisierung des Bösen.* Das mythische Bild des Verbrechers, der sich durch seine Tat als ein Wesen, das außerhalb der menschlichen Gemeinschaft steht, zu erkennen gibt, ist eine Chaos-Metapher. Außerhalb der Menschengemeinschaft und ihrer wie immer auch fragwürdigen Solidarität gibt es nur das formlose Nichts der furchtbarsten aller menschlichen Freiheiten: die soziale Entropie. So gründet die entscheidende Leistung der Ästhetisierung des Bösen als einer Form der Angstabwehr vermutlich darin, daß sie das Böse, das als eine ›ansteckende‹ Bedrohung der Bindungen zwischen den Menschen erlebt wird, durch künstlerische oder quasikünstlerische Formgebung in den Bereich des Bannbaren versetzt. Gebannt wird das Schwelen des Chaos, und das Mittel der Bannung ist *die* menschliche Ordnungsleistung: das Asoziale wird durch die Ordnung der Zeichen sozialisiert, d.h. in den Bereich der Kultur eingebunden.

Freilich, die ästhetisierende Bannung des entropischen Elementes im Bösen ist mittlerweile zu einem äußerst fragilen Bollwerk gegen reaktive Chaosängste geworden. Die Moderne erlebte ein vordem nicht gekanntes Wuchern ästhetisch inkommensurabler Stile und ließ konsensuelle Formungsprozeduren in immer rascherer Abfolge veralten, bis hin zu jenem Punkt, wo der individuelle Autor seine individuelle und als solche zwar ›authentische‹, aber unwiederholbare Ästhetik konstituiert. An diesem Punkt wird die ästhetische Bearbeitung des Bösen als Methode der Chaosbannung und Angstsublimierung zusehends unbrauchbar, weil das Universum der Codes privatistischen Charakter erhält und daher auf intersubjektive, weil kulturell sanktionierte Weise nicht mehr handhabbar ist.

Sobotas *Minus-Mann* (auch der aus Andy Warhols Factory stammende Film *Bad* könnte hier erwähnt werden) repräsentiert die äußerste Grenze dieses Dekompositionsprozesses. Die Dynamisierung der Abfolge von Stilen sowie die zunehmende Individualisierung symbolischer Ausdrucksweisen bereiten den Boden für radikal anomische Produktionsweisen. Und so kann es heute, wie in Sobotas Werk, geschehen, daß die radikale Subjektivierung künstlerischer Intentionalität mit der Zerstörung der Werkintentionalität selber endet. In genau diesem Sinne hat der *Minus-Mann* (wie *Bad*) keine Aussage mehr. Dies bedeutet: Sobotas Romanbericht ist auf eine defizitäre Weise mehr als bloß zynisch; das Buch ist für den, der nach einer menschlichen Botschaft sucht, eine grell-diffuse Landschaft des Schweigens.

(2) *Rationalisierung des Bösen.* Die Macht des Bösen nährt sich (wie die Macht Gottes) aus der Unerforschlichkeit der Wege, die es geht. Es kommt aus der Tiefe der Nacht und zieht die Menschen, die unvorbereiteten, ungeschützten, zu sich hinab. Das Christentum kennt nur allzugut den Teufel, der das Kind belauert und es, das nichts ahnt und sich nicht vorsehen kann, zur bestialischen Kreatur werden läßt. Eine entscheidende Situation in der abendländisch-neuzeitlichen Revolte gegen die Macht des Bösen, des judäo-christlichen Satans, ist erreicht, sobald man sich gegen die Unerforschlichkeit seiner Wege zu empören beginnt, den Antipoden Gottes auf nachvollziehbare Rationalität des Handelns zu verpflichten sucht. ›Warum gerade das unschuldigste aller Menschenwesen, das Kind?‹, lautet jetzt die aufsässige Frage: »Herr Gott!«, poltert z.B. Lavater gegen das theologische Denken alten Stils, »wer hat je ein Kind auf seinen Arm nehmen und den Gräuelgedanken, den ich einmal in einer *Predigt*!!! hörte, ertragen können: *Die kleinen Kinder sind eine Behausung der Teufel.* Daß wir das werden sollen, wird doch der Heiland nicht wollen, wenn er uns *Kinder werden* heißt!« (Orelli 1842, S. 193) Fast drohend wird hier das Recht des Menschen auf Sinn und Zweck des Übels, das ihn heimsucht, gegenüber Gott, der Allvernunft, deponiert. Und in der Tat läßt sich die Angst vor der Macht des Bösen – und damit die Macht des Bösen selbst – dämpfen, indem man es rationalisiert: man spricht ihm dann einen Sinn zu, unterstellt es einer Ordnung des Handelns, macht sein Auftreten der Vernunft zugänglich, ihr womöglich kalkulabel.

Im Reich der reinen metaphysischen Spekulation wird man sich gerne mit abstrakten Erwägungen, betreffend die der Vernunft einsehbare Unverzichtbarkeit des Bösen, zufriedengeben. So z.B. praktizierte der Stoiker Chrysippos, als Stoiker argumentierend, die Methode der Rationalisierung, wenn er lehrte: »Das Böse steht in einem eigentümlichen Verhältnis zu den großen Unglücksfällen; denn auch das Böse vollzieht sich nach dem Vernunftgesetz der Natur und, wenn ich so sagen darf, es geschieht nicht unnütz im Verhältnis zum Ganzen: denn sonst gäbe es auch nichts Gutes« ([Nestle] 1923, S. 37).

Rationalisierung des Bösen kann, aber muß nicht bedeuten, es als vernünftig im großen Kontext des Universums oder im kleinen Kontext der Arterhaltung oder im winzigen Kontext menschlicher Gesellschaften erscheinen zu lassen. Noch die antisozialen Helden des

Existenzialismus, die, eingedenk der Sinnlosigkeit jedweder Existenzweise, ihre Freiheit dazu benützen, böse statt gut zu sein, rationalisieren das Böse. Indem sie dieses als Lebensentwurf *wählen*, pointieren sie ein metaphysisches Merkmal der conditio humana (welchen Lebensentwurf sich der Mensch auch aneignen mag, jeder Entwurf ist absurd, weil nicht zu rechtfertigen) und geben so dem Bösen einen Sinn - den nämlich, die Absurdität des menschlichen Lebens durch den eigenen freien Lebensvollzug *sichtbar* werden zu lassen.

Die allgemeine Stoßrichtung der Rationalisierung des Bösen benennt illustrativ der Titel des berühmten Buches von Konrad Lorenz über die intraspezifische Aggression: *Das sogenannte Böse*. Indem Lorenz zeigt, welchem Gesamtzweck das aggressive Verhalten der tierischen Artgenossen gegeneinander unterliegt, wird aus dem Bösen ein solches in Anführungszeichen. Daß die arterhaltende Funktion der Aggression zwischen Artgenossen vom Standpunkt des Ethologen aus eine ›gute‹ Zielsetzung repräsentiert, macht es natürlich besonders einleuchtend, das derart zu Diensten seiende Böse zu entdämonisieren. Aber selbst dort, wo noch der tiefste Sinn des Bösen ein unmoralischer ist - ein Gedanke, der von de Sade über Nietzsche bis Bataille immer wieder aufgegriffen wurde -, ist ein solcherart *sinngebundenes* Böses zahm im Vergleich zum Bösen als einer Macht, deren Wege unerforschlich sind (wie die Gottes auch).

Auf der Ebene des vom Menschen verübten Bösen spiegelt sich jene Unterscheidung wider im Unterschied zwischen dem Typus des nach Ziel und Plan handelnden Verbrechers und des Verbrechers, der - man möchte sagen - ein Opfer des Bösen in sich wird. Dieser ist vom schlichten ›Affekttäter‹, der ein Opfer seiner überstrapazierten Nerven ist, wohl zu unterscheiden. Man denke z.B. an Thérèse Desqueyroux, die Heldin aus François Mauriacs gleichnamigem Roman: sie ist eine Verbrecherin nicht einfach aufgrund eines temporären Verlustes des Beherrschungsvermögens, sondern Verbrecherin aus der Wirkkraft des Bösen, das nicht gezähmt und daher auch ›psychologisch‹ nicht beherrschbar ist. Mauriac allerdings verwendet das nichtrationalisierte Böse als katalytisches Element zur Entlarvung der Verrottetheit des Bürgertums und seiner Idee vom Guten. Auf diese Weise *metarationalisiert* er das Böse: seinen Zweck kann es nur erfüllen, indem es sinnlos wütet.

Dem Bösen einen Sinn oder Metasinn zu geben, heißt derart immer: zu zeigen, daß die Manifestationen des Bösen verstehbar, bisweilen auch kontrollierbar sind, und es so nicht in die panikbesetzten Bereiche des Teuflischen oder des Wahnsinns absinken zu lassen. Dabei ist eine Rationalisierung oder Metarationalisierung des Bösen, der wir inhaltlich keineswegs zustimmen, ja vielleicht sogar mit Abscheu begegnen - wie es vielen von uns mit der Philosophie des Marquis de Sade gehen mag -, noch immer weniger angsterregend als das Böse, das uns, wie im *Minus-Mann*, als unauflösbarer, irrationaler Block ohne erkennbaren Sinn und Zweck gegenübertritt.

(3) *Humanisierung/Dehumanisierung des Bösen.* Das Böse als Ansteckungsherd ist untermenschlich, aber niemals bloß natürlich. Seine Intentionalität kettet es an das Reich des Menschen, aber seine Bestialität verweist es daraus. Die Wesen, die das Böse in sich tragen, sind Wesen des Zwischenreichs. Und es scheint, als ob es gerade dieser Umstand ist, welcher das böse Wesen mit spezifischer Macht ausstattet: mit der Macht, das Bestialische im Mitmenschen zu affizieren, es akut werden zu lassen. Nicht zufällig sind die mächtigen Wesen des Zwischenreichs immer wieder und durch viele Kulturen hindurch halb Tier halb Mensch, bis hin zu Lombrosos atavistischen und Kurellas primatoiden Charakteren; deren Leiber - fremdartig genug, um Beobachterdistanz zu ermöglichen - signalisieren, wovor der Mensch, besonders der zivilisierte, sich hüten muß: vor der verführerischen Kraft des Bösen in ihm selbst, vor der Gefahr der Verwandlung im ungeschützten Anblick dessen, was er immer auch ist und was er doch unentwegt abdrängen, wovon er sich beständig entfremden muß, um sozial sein zu können.

Ein oft praktiziertes Mittel, sich vor der Macht der Wesen des Zwischenreichs zu schützen, ist der Versuch, ihre wahre Natur zu redefinieren, die umlaufenden Vorstellungen über die Natur des Bösen neu zu ordnen. Erste Methode: Das Böse wird ganz in den Bereich des Menschlichen hereingeholt. Dies ist die Haltung des brüderlichen und schwesterlichen Verstehens und Verzeihens, deren Aufgabe es ist, das Böse als irrationale Grenzmacht zum Verschwinden zu bringen. In dieser Sichtweise ist selbst noch das manichäische Element im Christentum ein Anschlag wider die Menschlichkeit (was es ja auch tatsächlich ist): der Teufel und sein Austreiber, der Exorzist, werden gleichermaßen zu personae non gratae. Zweite Methode: Man naturalisiert das Böse. Auf diesem Wege wird die Besessene zum klinischen Fall und aus der Buhlschaft der Hexe mit dem Teufel wird eine hysteroide Halluzinose; oder der Verbrecher wird zum Seelenkranken. - Demgegenüber arrangiert Sobota seine Biographie weder nach dem Muster der Humanisierung noch nach dem der Dehumanisierung des Bösen. Und hierin vielleicht wurzelt sein schwerstes Vergehen gegen die philanthropischen Ideologien über das Böse im allgemeinen wie über den Verbrecher im besonderen.

Ästhetisierung, Rationalisierung, Humanisierung/Dehumanisierung sind Methoden[27], unsere Berührungsfurcht und Berührungsfaszination im Hinblick auf das Böse derart zu modulieren, daß dieses zu einem Gegenstand der Betrachtung gemacht werden kann. Das ist möglich, weil jene Methoden auf je verschiedene Weise der Macht des Bösen, den Beobachter zu verwandeln, ihn zu desozialisieren, Einhalt gebieten. Um diesen Bannungs-Prozeß recht zu würdigen, ist Klarheit darüber erforderlich, daß man die Macht des Bösen nicht durch bloße Aufklärung brechen kann - ebensowenig wie die Dämonie der Viren, die den Neurotiker in Angst und Schrecken versetzt. Es ist nutzlos, demjenigen gegenüber, der solche Macht erfährt, darauf zu beharren, das Böse sei machtvoll bloß durch den Glauben an eine Ansteckung durch das Böse, zudem sei ein derartiger Glaube archaisch und regressiv, wenn nicht sogar Ausdruck einer Krankheit der Seele. Das um Aufklärung bemühte Reden übersieht, daß Ansteckung hier eben keinen medizinischen Sachverhalt meint und auch keine Metapher ist, die einem solchen Sachverhalt entlehnt wäre, sondern eine *reale Erfahrung* des Subjekts umschreibt. Man muß nicht gleich annehmen, daß diese Erfahrung phylogenetisch festgeschrieben, invariant sei; es genügt festzuhalten, daß *diese* Erfahrung es ist, die unsere Ambivalenzgefühle gegenüber dem Bösen, unser Gebanntsein von ihm und unsere Panik vor ihm jenseits aller Theorien über das Böse fundiert. Ansteckung meint hier die Erfahrung »einer quasi physischen Infektion, die auf eine quasi moralische Unwürdigkeit zuläuft« (Ricoeur 1972, S. 44). Eine solche Erfahrung ist gemessen an dem, was wir heute als unser Wissen über das Böse bezeichnen würden, zweifellos archaisch. Aus der Perspektive der Gemeinschaft der Aufgeklärten ist denn auch Ricoeurs Behauptung gefällt: »Wir verstehen nicht mehr, was die wie eine Substanz auftretende Gewalt des Bösen sein könnte, wie es zugeht, daß ein Etwas wirksam ist, das aus der

Reinheit ein Befreitsein von Makel und aus der Reinigung eine Vernichtung des Makels macht« (S. 34). Aber als jene Wesen, die noch immer mit der Welt als einem kompakten Feld manichäischer Kräfte kommunizieren, verstehen wir die Ansteckungssymbolik besser, als uns lieb sein mag. Diese Symbolik ist das Kristallisationszentrum einer potentiell unendlichen mythischen Rede, welche in vielfältigen, unübersehbaren Verästelungen das Problem des Bösen als das Problem einer Verunreinigung, einer Besudelung, einer Infektion des ungeschützten Subjekts abhandelt, bis hin zu Adornos Satz (1977, S. 533): »Noch dem kritischen Gedanken droht Ansteckung an dem, was er kritisiert«.

Sartre (1962, S. 763 f.) hat diesen Sachverhalt am Beispiel der Berührungsfaszination des Klebrigen - einer besonders aufdringlichen Sorte des Schmutzes, des Unreinen und also, in der Welt der manichäischen Formationen, des Bösen - ausführlich dargestellt. Seine Bemerkungen zur Phänomenologie des Klebrigen treffen genau die Struktur einer Erfahrung des Bösen, deren Ausrottung sich das aufgeklärte Denken mit Inbrunst widmet. »Das Klebrige berühren heißt, Gefahr laufen, sich in Klebrigkeit aufzulösen«, denn: »Das Klebrige ist die Rache des An-sich«; der Mensch, der sich immerfort die Dinge der Welt aneignen will, wird durch das Klebrige in dasjenige verwandelt, über das er herrschen möchte: schließlich »bin *ich* jedoch das Klebrige, allein weil ich eine Aneignung der klebrigen Substanz versucht habe«. Allerdings: »Sie hält das für übertrieben«, referiert Christian Enzensbergers *Größerer Versuch über den Schmutz* (1980, S. 19) den Standpunkt einer resoluten Frauensperson, gerichtet gegen Sartre, den Klebrigkeits-Phänomenologen: »Sie hält sich in solchen Fällen lieber ans tatsächlich Erlebte, und da muß sie sagen, erscheint der Schmutz doch sehr viel weniger dämonisch«. Meldet sich hier in Enzensbergers *Versuch*, der sich so umfassend der Dämonie des Schmutzes widmet, doch noch Aufklärung zu Wort? Wie die Episode vom häufigen strafweisen Latrinenputzen zeigt, ist nichts dergleichen der Fall: »Sie kann nicht sagen, daß ihr diese Beschäftigung besonders unangenehm war, in das Wasser kam dabei ein hellgrünes Mittel, das sogar besonders gut roch, nach Salmiak. Sie hatte ihre zwei Eimer und verschiedene Bürsten, und sie trug sie dann vormittags durchs Haus fast mit dem Stolz einer Berufsmäßigen, es war das jetzt eben ihre Rolle, und sie war darin nach kurzer Zeit auch ganz akzeptiert, niemand hat darüber Witze gerissen oder sie schief angesehen« (ebd.). Die *Rolle*, die man allgemein als angemessen erachtet, um gegen den Schmutz aufzutreten, war es, welche der Latrinenputzerin den Schmutz vom Leib und von der Seele hielt; nichts hätte hier Aufklärung allein, das Bereden der Sache als solches, gefruchtet; im Gegenteil: ohne Rollenschutz macht der Dreck, mit dem man zu tun hat - und sei es nur auf dem Wege des Aussprechens, des Beredens von Dreck -, auf eine viel intimere als bloß äußerliche Weise schmutzig. Die Person selbst wird besudelt. Daraus ergibt sich nicht zuletzt das geradezu existentielle Problem aller wahrhaft schmutzigen Berufe: wenn überhaupt, kann nur die peinliche Einhaltung der berufsspezifischen Rollenrituale verhindern, daß der Berufsausübende von den Anderen als mit einem nicht abwaschbaren, weil an die Person gebundenen Makel behaftet erlebt wird; er riecht schlecht, sieht unsauber aus, mag er sich putzen, baden, parfümieren, wie er will.

Es ist hier von der Archaik in der Erfahrung des Bösen die Rede, insofern auch von der Archaik im Blick auf den Verbrecher, nicht aber eigentlich von der Wahrnehmung des Rechtsbrechers überhaupt, des ethisch blassen ›Gesetzesübertreters‹. Rechtlich verbieten läßt sich, dem Prinzip nach, jede beliebige Handlung. Und tatsächlich sind oft Handlungen mit einem Rechtsverbot belegt, die vom Feld des Bösen kaum noch oder überhaupt nicht berührt werden. Es gibt den Widerständigen gegen unmoralische Gesetze und es gibt den armen Hund, der kriminell ist aus Lebensnot in einer Gesellschaft des Überflusses. Aber es gibt auch Heinz Sobota. Das Böse, das er verkörpert, nährt sich von Bestimmungsstücken, welche aus dem Tatbestand der Kriminalität allein noch keineswegs folgen: es nährt sich von der Chaotisierung des Lebens, dem Irrationalismus des Tuns, der Bestialität der Person. Nichtsdestotrotz hat das Böse eine ihm eigentümliche *Strahlkraft*. Über das Bild des ›Verbrechers‹ nistet er sich ein im Raum der Kriminalität, um dort, nach Maßgabe gesellschaftlicher Bedürfnisse, bald die einen, bald die anderen Deliktstypen derart zu dämonisieren, daß deren Verteufelung geradezu als geboten erscheint. Wer in den Raum der Kriminalität eintritt, hat es daher jedenfalls mit *potentiell* Bösem zu tun, auch dort, wo das Böse bloß noch in fernster Verästelung beschwörbar ist. Weil die Strahlkraft des Bösen der Seelenarchaik entstammt, läßt auch sie sich durch Aufklärung allein nicht brechen. Der Rechtssoziologe, der dem Publikum über viele Jahre hindurch anhand der Kriminalstatistik darlegte, daß kein Zweifel über den steten Rückgang der schweren Delikte gegen Leib und Leben bestehen kann, stieß immer wieder auf taube Ohren. Daß dies mit der Panikmache in den Medien zu tun habe, mag wohl sein. Aber vielleicht entscheidender ist, daß hinter jeder Angst vor Diebs- und Einbrechergesindel - eine Angst, die in einer Welt voller Versicherungspolicen kaum Seelenrumor verursachen dürfte - eine Angst ganz anderer Art lauert: Mörderangst. Daß noch durch die mickrigste Diebesgestalt hindurch die des Mörders sich ankündigt, noch im Tun des gesellschaftsfähigsten Einbrechers sich die Untaten des Asozialen abzeichnen - dieser phänomenologische Tatbestand ist nicht suspendierbar durch die Autorität der Kriminalstatistik. Damit wird freilich keineswegs behauptet, Aufklärung sei nutzlos. Zur Diskussion steht vielmehr, wie sie wirkt.

Um Aufklärung Bemühte gehen davon aus, dem immer wieder einmal die zivilisierten Gesellschaften heimsuchenden Irrationalen sei nur gegenzusteuern, indem man Dämme der Rationalität errichte. *Dies* ist vermutlich ein Irrglaube. Die Aufklärungsarbeit, welche das ganze menschliche Leben umfassende, die Archaik des Seelenlebens betreffende Regressionsverbote installiert und ins allgemeine Über-ich eindringen läßt, erzeugt dadurch im gesellschaftlichen Ganzen eine Irrationalität spezifischer Art: Der Einzelne, der die Regressionsverbote verinnerlicht, drängt die in ihm wirkenden asozialen Impulse aus dem Bewußtsein ab und erkennt sie daher - nach Freuds grundlegender Einsicht - nicht wieder, wenn sie verkleidet erneut zum Vorschein kommt. Nichtsdestoweniger ist die Rückkehr des Verdrängten für den aufgeklärten Einzelnen oft fatal. Wo einstens ein kollektiv geteilter Glaube an dämonische Mächte das Ausagieren manichäischer Impulse gestattete, treten in einer entgeisterten Welt Individualdämonologien: paranoische Psychosen, die den Betroffenen ins Irrenhaus bringen, und weniger persönlichkeitszerstörende Seelenkrankheiten. Schon derartige Wirkungen von ›rational‹ induzierten Regressionsverboten sollten bezüglich der Rede vom Dämmebau gegen Unvernunft und Inhumanität nachdenklich stimmen. Wenn zur Aufklärung der Psychiater gehört wie zu Gott Vater der Heilige Geist, dann ist sie nicht das, wofür sie ihre Apologeten stets ausgeben: das Reich des zwanglosen Zwanges. Vielmehr würde sie ein Moment krankmachender Gewalttätigkeit in sich bergen und damit freilich ihren normativ-utopischen Impetus verraten müssen.

Die Frage, in welcher Weise verdrängte Seelenarchaik sich auf der Ebene des Massenwahns immer wieder zu Aufklärungsfeindlichkeit formiert, kann hier nicht behandelt, nur gestellt werden. Wesentlich scheint, daß eine gegen kollektive Irrationalität auf den Plan tretende Aufklärung zwar viele Formen des Massenwahns erfolgreich bekämpfen kann - und sei es nur, indem sie ins allgemeine Bewußtsein rückt, daß die Hingabe an bestimmte Erfahrungs-, Glaubens- und Handlungsweisen ›schlechter Stil‹ oder ›unzivilisiert‹ wäre -, daß dies aber nicht zuletzt erkauft werden muß um den Preis der Individualisierung des Wahns und der entsprechenden Folgen für die Beziehungen zwischen den Einzelnen. Auch ist bedenkenswert, ob nicht eine die Individuen tyrannisierende Regressionssperre im Überich die individuelle Bereitschaft zur Regression in Kollektivsituationen, in denen der Einzelne sich vermassen und sein auf ihn als Einzelnen gerichtetes Überich teilweise entmachten darf, *erhöht*.

Methodisches

Die erwähnten Methoden, das Böse zu bannen und so der Faszinationsfurcht Einhalt zu gebieten, sind allesamt zweischneidig. Indem sie das Böse auf konsensuell gebilligte Weise aussprechbar machen, ermöglichen sie erst einen relativ freien Blick auf das, was böse ist, und erweisen sich dadurch als eine Bedingung der Möglichkeit von Objektivität und Erkenntnis im Gegensatz zu zwanghafter Subjektzentriertheit und panischer Verkennung der Realität. Aber obwohl dem so ist, können die erwähnten Methoden doch auch dazu benützt werden, Objektivität und Erkenntnis zu unterbinden, indem sie als Schrittmacher der Erfahrungsabwehr, der systematischen Ausblendung neuer und irritierender Erfahrungen, zum Einsatz gebracht werden. Wer davon besessen ist, im Bösen einen Sinn zu finden, der wird ihn auch dort noch aufstöbern, wo es ihn gar nicht gibt. Wem das Böse erträglich erst wird im Vollzug seiner Dehumanisierung, dem wird sich alles, was er als böse erlebt, in Naturwüchsiges verwandeln (in den Ausfluß von ehernen Gesetzen der menschlichen

Natur, von gesellschaftlichen ›Verhältnissen‹, von seelischen Defekten).

Der über Erkenntnis Philosophierende würde zuviel beweisen, wollte er in der Zweischneidigkeit jeder effektiven Methode des Erkennens den Rechtfertigungsgrund für einen epistemologischen Standpunkt erblicken, der sich als skeptischer Perspektivismus kennzeichnen ließe. Demnach wäre es das Elend all unseres Bemühens um Erkenntnis, daß wir, möchten wir überhaupt etwas erkennen, der Welt unter dem Diktat einer Perspektive, einer methodisch oder begrifflich erzeugten, gegenübertreten müssen, ohne zu wissen, ob der einmal eingenommene Standort, wiewohl er den Blick frei macht und zügelt, unsere Erfahrung der Welt nicht doch systematisch verzerrt. Der Methodiker, der solches behauptete, bewiese in dem Maße zuviel, in dem sein Standpunkt, wie jeder radikal skeptische, nicht widerlegbar wäre, weil er als Gegenargument nur gelten ließe, wozu der Mensch nicht fähig ist: Perspektivelosigkeit im erkennenden Umgang mit der Welt. Immer stehen die Sinne, die Begriffe, die Methoden zwischen Subjekt und Objekt, und so ist der Triumph des Skeptikers ein immerwährender. Aber dieser Triumph ist schal. Denn dadurch, daß die Menschen über ihr Verhältnis zur Welt als erkennende Wesen anhand sie bewegender Weltzugänge nachdenken, machen sie den Triumph des Skeptikers *praktisch* zunichte. Sie widerlegen ihn nicht, sondern sie widerstehen ihm, und zwar durch tätige Einlösung des Postulats, wonach man in der Lage sein sollte, einerseits das zu sehen, was man sieht, und andererseits die Art und Weise, wie man sieht, richtig einzuschätzen. Der Skeptiker wird seiner Philosophie gemäß fragen, was dadurch erreicht werde: Ist zur Erhellung der Art und Weise, wie man sieht, was man sieht, nicht unerläßlich, daß zwischen Weltperspektive und Welt unterschieden werden kann? Und setzt eine solche Unterscheidung nicht ihrerseits mit Notwendigkeit wieder eine Erkenntnisperspektive voraus? Auf diese Frage läßt sich immerhin erwidern: Wenn das Ideal der menschlichen Erkenntnis das perspektivelose Auge Gottes wäre, dann wäre es unabdingbar, daß alle menschliche Erkenntnis für immer nichts anderes sein könnte als bloßer Schein; aber Gottes Auge darf vernünftigerweise nicht als Kriterium der Wahrheit *menschlicher* Erkenntnis geltend gemacht werden, denn dieses Auge gehört in den Bereich des Mysteriums - als menschliches Erkenntnisorgan gedacht, wäre es ein Widerspruch in sich selbst.

Jenseits des skeptischen Perspektivismus wird die Frage, unter welchen *konkreten* Bedingungen eine *bestimmte* Erkenntnismethode die überhaupt erfahrbare Wirklichkeit nicht systematisch verfälscht, zu einem Kernstück erkenntnisphilosophischer Überlegungen. Selbst wenn wir auf die Frage, ob Erkenntnis *überhaupt* möglich sei, auch nur mit einem Achselzucken zu antworten vermögen[28], so sind wir doch in der Lage, die erkenntnisvermittelnde oder erkenntnishemmende Rolle einzelner Weltzugänge vernünftig zu diskutieren. Wir können beispielsweise fragen, unter welchen Bedingungen die Strategie der Entsubjektivierung von Lebewesen oder die Dehumanisierung menschlicher Personen dazu führt, die Wirklichkeit der Gegenstände der Betrachtung zu verzerren. Freilich, was die Wirklichkeit der Gegenstände der Betrachtung *ist*, erschließt sich uns niemals außerhalb einer Perspektive: Perspektivenkritik ist stets nur auf perspektivisch gebundene Weise möglich. Wer gegen bestimmte Auffassungen des behavioristischen Physikalismus behauptet, Verhaltensweisen von Tieren seien häufig Wirkungen von Gefühlen, die das Tier bewegen, der ist bereit, gewisse Körper-Ereignisse als legitime Auskunftsmittel über tierische Gefühls-Sachverhalte gelten zu lassen; und diese Bereitschaft ist nicht unabhängig von einer Reihe methodischer und metaphysischer Vorannahmen, die zusammen die antibehavioristische Perspektive konstituieren.

So gelangt man schließlich zur Vorstellung von Erkenntnisprozessen, in denen nicht bloß Informationen angesammelt, sondern die Informationen als perspektivisch gebundene interpretiert und immer wieder mit Informationen verglichen werden, die das Ergebnis der Einnahme *anderer* Perspektiven sind; mit den Worten Nietzsches:

»Hüten wir uns nämlich, meine Herren Philosophen, von nun an besser vor der alten Begriffs-Fabelei, welche ein ›reines, willenloses, schmerzloses, zeitloses Subjekt der Erkenntnis‹ angesetzt hat, hüten wir uns vor den Fangarmen solcher kontradiktorischer Begriffe wie ›reine Vernunft‹, ›absolute Geistigkeit‹, ›Erkenntnis an sich‹; – hier wird immer ein Auge zu denken verlangt, das gar nicht gedacht werden kann, ein Auge, das durchaus keine Richtung haben soll, bei dem die aktiven und interpretierenden Kräfte unterbunden sein sollen, fehlen sollen, durch die doch Sehen erst ein Etwas-Sehen wird, hier wird also immer ein Widersinn und ein Unbegriff vom Auge verlangt. Es gibt *nur* ein perspektivisches Sehen, *nur* ein perspektivisches ›Erkennen‹; und [...] *je mehr* Augen, verschiedne Augen wir uns für dieselbe Sache einzusetzen wissen, um so vollständiger wird unser ›Begriff‹ dieser Sache, unsre ›Objektivität‹ sein« (Nietzsche, Werke II, S. 860 ff.).

In diesem Prozeß des Vergleichens, Abwägens und Aufeinanderbeziehens von Informationen und Perspektiven - wobei es niemals einen epistemologisch privilegierten Anfang und gleichermaßen kein solches Ende geben kann, wie auch keine epistemologische Hierarchisierung von Information und Perspektive - wird in uns, so steht zu hoffen, die Ahnung eines Bildes der Welt entstehen, welches vielleicht nicht vom Wesen der Dinge kündet, dafür aber von der Möglichkeit des Menschen, sich dem überhaupt Erkennbaren gelassen zuzuwenden, ohne den Willen zur Verdrängung all dessen, was mit der eigenen Sicht der Dinge nicht verträglich ist. Der ›Standpunkt‹, auf den man sich eingeschworen hat, ist ja zumeist nicht so sehr das Produkt einer rationalen Einstellung zur Welt und zu sich selbst als Weltbetrachter, ist vielmehr Rationalisierung: ein Panzer gegen die Angst, die Abscheu, den Widerwillen davor, was die Welt *überdies* sein könnte.

Und so ist auch der Methodenpurismus oft mehr als bloß eine intellektuelle Haltung, nämlich der rationalisierende Ausdruck schwelender Angst auf der Seite des Puristen: Angst vor der Unbeherrschbarkeit des Erkenntnisobjekts, seinen Untiefen und Ambivalenzen, Angst auch vor der drohenden symbolischen Übermächtigkeit des Objekts. Schon Francis Bacons Instanzen-Lehre im *Novum Organum* (1620) mutet an wie ein Angstpanzer. Die eine wahre wissenschaftliche Methode, die Bacon entwickelt, normiert jeden Schritt des nach Erkenntnis Suchenden umständlich genau bis ins einzelne. Dies soll dazu dienen, die ›Mittelursachen‹ der Naturphänomene, d.h. die natürlichen Hebelpunkte alles Präventiv- und Veränderungswissens, operativ herauszuschälen. Dabei unterliegt Bacons Methode wie beiläufig dem Diktat, alles, was an der Natur prinzipiell unbeherrschbar ist, für den Blick des Erkennenden erst gar nicht sichtbar werden zu lassen. Der Blick des Naturforschers auf die Dinge der Welt wird durch die Prärogativen der siebenundzwanzig *instantiae* derart perspektiviert, daß das, was der Fall ist, immer zugleich auch das ist, was dem Herrschaftswillen des Menschen über die Natur, möglicher technischer Verfügungsgewalt entgegenkommt.

Der Methodenpurismus in den Humanwissenschaften ist vielfach der kaschierte Ausdruck des Bedürfnisses, irritierende und angstbesetzte Aspekte des Untersuchungsbereiches zu verzerren oder überhaupt nicht in Erscheinung treten zu lassen. Die Frage zum Beispiel, wieso ein Psychologe, der vorgibt, sich für den Menschen zu interessieren, dann doch penibel einer Methode anhängt, die das, was erforscht werden soll, in seinen wesentlichen Zügen verschwinden läßt, ist rechtens wohl eher eine Frage nach seelischer Verfassung und gesellschaftlicher Situation eines derart Verfahrenden, denn eine Frage nach dessen intellektuellen Gründen und nach der Effektivität seiner Methode. Überhaupt ist dort, wo in der Wissenschaft der Mensch auf den Menschen trifft, das Verschanzen hinter einer Methode ein wichtiges Hilfsmittel, um im Forschungsprozeß nicht auf sich selbst zu stoßen. So ist es wohl bedenkenswert, wenn die Psychoanalytiker gerne darauf hinweisen, daß die wissenschaftsmethodische Desavouierung ihrer Wissenschaft, wie sie von deren Gegnern mit bisweilen großer Präpotenz betrieben wird, häufig ein Manöver des Selbstschutzes der Kritiker darstellt. Andererseits läßt sich jedoch kaum übersehen, daß sich die Psychoanalytiker nicht selten hinter *ihrer* Methode verschanzen wie ein Schamanenpriester hinter seinem Zauberwissen, um auf ernsthafte Kritik nicht wirklich ernsthaft eingehen zu müssen; dies ist vor allem dann der Fall, wenn die Kritik bis an das Selbstbild des Analytikers heranreicht, an seine menschliche Integrität oder an seine Untadeligkeit in Erkenntnisbelangen.

Wenn wir einer Überlegung von Devereux über »eine der hauptsächlichen Angstquellen bei der Erforschung des Menschen« folgen, dann zeigt sich uns das Problem des Methodenpurismus in den Humanwissenschaften in einem sehr prinzipiellen Licht:

»Für das Unbewußte ist die unparteiische Beobachtung eines Mitmenschen eine ›Sünde‹ – Voyeurismus und Aufkündigung der Solidarität –, die den Beobachter, zumindest zeitweise, aus dem Kreis der Menschheit exiliert. Dies Gefühl der ›Sünde‹ ist unvermeidbar, einfach weil jedes menschliche Wesen, einschließlich des Verhaltenswissenschaftlers, unsublimierte voyeuristische Impulse und ›a-soziale‹ Tendenzen hat, die eine solche Arbeitsstellung befriedigt, wenn auch nur auf Kosten von Schuldgefühlen, die das Sammeln und Interpretieren von Daten in abträglicher Weise affizieren« (Devereux o.J., S. 186 f.)

Es ist einsichtig, daß die Aufwertung der Methode als eines ›Objektivierungs‹-Vehikels zu einem wissenschaftsethischen Muß geeignet ist, jene Schuldgefühle zu dämpfen, die aus der Distanzierung zum Forschungsobjekt, dem Mitmenschen, resultieren. Das pflichtethische Moment am Methodenpurismus entlastet den Forscher, der seine forschungsinduzierte Beziehungskälte im Unbewußten als Sünde verbucht: nicht *er* ist unmenschlich, die Methode, die Gesetz ist, *erzwingt* sein Verhalten. Die angstreduktive Funktion des Methodenpurismus droht derart allerdings erkauft zu werden mit einer affektiv übersteigerten Bindung an die jeweils favorisierte Methode. So wie Kant, der rigorose Pflichtethiker, meinte, lügen sei unter allen Umständen verboten (selbst dann, wenn meine Ehrlichkeit einem anderen Menschen das Leben kostete), so wird der Purist, der seine Methode gleich einem kategorischen Imperativ als Schutzschild vor der Sünde verwendet, leicht geneigt sein, an ihr selbst unter solchen Bedingungen stur festzuhalten, welche sie bereits kontraproduktiv machen.

Methodenpluralismus und Angstlosigkeit im erkennenden Umgang mit der Welt stehen also, wenn das Gesagte stimmt, in einer mehr als beiläufigen Beziehung. Gerade dieser Umstand jedoch macht es fraglich, was Nietzsches Lob der Perspektiven-Vielfalt bedeuten kann angesichts der Funktion vieler Weltzugänge, durch Datenauswahl und Datenzurichtung beim Weltbetrachter Angst zu reduzieren. Macht nicht die Durchführung des methodenpluralistischen Programms zuallererst die angstreduktive Funktion, die eine Methode des Erkennens haben kann, falls sie puristisch gehandhabt wird, zunichte? Was hilft es, durch Ästhetisierung oder Rationalisierung, durch Humanisierung oder Dehumanisierung das Böse zu kulturalisieren, wenn es gleichzeitig eine Phänomenologie des Bösen gibt, die dessen urtümliche Macht, zu dekulturalisieren, vor Augen führt? Wenn wir das Böse im Interesse der Angstabwehr methodisch, begrifflich, symbolisch vergattern, dann ist das gewöhnlich weniger ein Akt ritueller Bannung, der mit dem Bewußtsein, diese Funktion zu haben, ausgeführt wird; eher schon ein Akt der Verdrängung: der Macht des Bösen wird nicht intentional begegnet, sie wird vielmehr hinter einer perspektivischen Ansicht vom Bösen verborgen.

Auf dieses ›Dilemma‹ des Methodenpluralismus gibt es vielleicht nur eine Antwort: eine Erkenntnis des Bösen ›dort draußen‹, die nicht primär ein Produkt der Abwehrmechanismen des eigenen Ich darstellt, hat stets zur Voraussetzung, daß der Erkennenwollende in der Lage ist, das Böse in sich selbst zu erfahren – daß er also nicht gezwungen ist, sich zu verhalten wie jene Kriminologen, die im Vollzug ihrer saubermännischen Wissenschaft noch die absurdesten Chimären des Bösen kreieren - vom Affenverbrecher bis zum moralisch Schwachsinnigen - bloß, um nicht beim Studium des bösen Draußen einen ungeliebten, angstbesetzten Teil ihrer selbst entdecken zu müssen.

Der Prozeß der Zivilisation wäre nicht möglich gewesen ohne umfassende Entfremdung der Menschen von ihren asozialen und irrationalen Impulsen. Die Menschen durften diese Impulse nicht einmal mehr in sich spüren - geschweige denn sie in die Tat umsetzen -, sollte die zivilisierte Persönlichkeit auf den Plan der Geschichte treten. So tief mußte alles, was wahrhaft asozial am Menschen ist, ins Unbewußte abgesenkt werden, daß es einer ganzen Wissenschaft - der Psychoanalyse - bedurfte, um es wieder ins Licht des Bewußtseins zu heben. Tatsächlich ist die psychoanalytische Kommunikation *die* moderne Form des Erfahrungszutritts zu den nichtkulturalisierten Anteilen des eigenen Selbst. Die Beschränkungen allerdings, denen diese Kommunikation unterliegt, machen deutlich, in welchem Ausmaß der Kontakt mit dem eigenen Unbewußten eine Sache des biologischen und gesellschaftlichen Privilegs ist: der Analysand darf nicht dumm sein und er muß das Geld haben, um seinen Analytiker zu bezahlen. So wenig die eine Beschränkung wegzureformieren ist, so wenig ist es, dem Prinzip nach, die andere. Denn beide verbürgen, auf je ihre Weise, daß der Zutritt zum Unbewußten - indem er von den beiden wichtigsten Zivilisationsmedien, Geld und Verstand, abhängig gemacht wird - nicht zum Prozeß der Dekulturalisierung verwildert.

Soweit aber die Menschen in der zivilisierten Welt der Möglichkeit, ihre Asozialität als einen normalen und unerläßlichen Teil ihres Menschseins zu erleben, beraubt sind, wird ihnen die Macht des Asozialen erst recht zu einer unbeherrschbaren Gewalt im gesellschaftlichen - und nicht bloß im gesellschaftlichen - Organismus. Die Megamaschine des modernen Staates betreibt riesige Submaschinen, die die Aufgabe erfüllen sollen, die Öffentlichkeit vor der Gewalt des Irrationalen und Bösen zu schützen; aber das Irrationale und Böse scheint beständig zu wachsen, ohne daß man, trotz immenser wissenschaftlicher Anstrengungen, sagen könnte, wo der Herd all der Metastasen, die tagtäglich aufbrechen, liegt. Schreitet nicht der Wahnsinn unaufhörlich voran? Und ist es nicht der Fall, daß die Flut des Verbrechens steigt und steigt? - Das sind, jenseits aller Statistikenweisheit, die Fragen der paranoid verängstigten, anständigen Bürger, und also auch vieler Wissenschaftler, die sich Psychiater oder Kriminologen nennen.

Ethisches

Moralistische Kriminologie

Als die kritischen Humanwissenschaftler daran gingen, Max Webers Postulat der Wertfreiheit in den Wissenschaften zu demolieren, geschah dies in der Absicht, den Weg freizumachen für ein soziales Engagement als Verpflichtung und damit auch für ein erweitertes Verantwortlichkeitsbewußtsein der Erkenntnissuchenden im Hinblick auf ihre Denkumtriebe. Jeder Wissenschaftler hätte sich demnach nicht nur vor dem Tribunal der Wahrheit, sondern auch vor dem der gesellschaftlichen Bedeutsamkeit und allfälligen ideologischen Inanspruchnahme seiner Forschungen zu rechtfertigen. Mittlerweile fällt es schwer, die negativen Begleiterscheinungen dieses Programms, wo immer es den Denkstil der Forscher prägte, nicht als gravierend zu bezeichnen. Denn es läßt sich nicht leugnen, daß die intellektuelle Wissenskultur heute gerade dort, wo sie sich als engagiert und fortschrittlich versteht, häufig dilemmatische Züge trägt: sie wird angetrieben durch das Postulat schonungsloser Offenheit (ihre Enthüllungsarbeit soll an die Wurzeln unserer Entfremdung, unseres falschen Bewußtseins und unserer Verlogenheiten vorstoßen); doch gleichzeitig sitzt sie in der Falle des Moralismus fest. Dieser läßt die Wahrheit nur zu, solange sie den ›erkenntnisleitenden Interessen‹ der Wissensbegierigen nicht widerstrebt.

Moralismus in der Wissenschaft ist nicht zu verwechseln mit einer moralischen Einstellung des Wissenschaftlers zu den Gegenständen seiner Forschung und deren Resultaten. Was immer jedoch die Moral eines Wissenschaftlers sein mag, *einem* Postulat wird sie genügen müssen, falls sie nicht Moralismus zur Folge haben soll: dem Postulat, wonach die regulative Wirkung der Wissenschaftlermoral zu keiner systematischen Verzerrung des Erkenntnisgegenstandes und zu keinem systematischen Mißbrauch der Erkenntnismittel führen darf. Die Kathedermoralisten, die Max Weber an den Pranger stellte, mißbrauchten die Wissenschaft als Vehikel ihrer moralischen, politischen und religiösen Ambitionen, doch sie mißbrauchten sie nicht auf prinzipiell andere Weise, als dies z.B. Ned Polskys engagierte Kriminologen im Dienste sozialtechnokratischer Interessen tun:

»Die weitaus meisten Kriminologen sind Sozialwissenschaftler nur bis zu einem gewissen Punkt [...] und darüber hinaus sind sie in Wirklichkeit verkappte Sozialarbeiter oder verhinderte Strafvollzugsbeamte. Für sie ist es eine der wichtigsten Aufgaben der Kriminologie, vielleicht sogar *die* Hauptaufgabe, wirksamere Methoden zur Besserung von Gesetzesbrechern zu finden und andere überhaupt davon abzuhalten, das Gesetz zu brechen«. Polskys Kommentar hierzu lautet: »Wenn sich jemand dies zur Lebensaufgabe machen will, so habe ich nichts dagegen, es ist sein gutes Recht. Ich möchte nur darum bitten, daß er es nicht im Namen der Soziologie, Kriminologie oder irgendeiner anderen Gesellschaftswissenschaft tue. Man sollte doch dann zugeben, daß man an seine Aufgabe nicht als Sozialwissenschaftler herangeht, sondern als Techniker oder ›Moralingenieur‹, und daß man außerwissenschaftliche Ziele verfolgt, nämlich die Beachtung der Bestimmungen des amerikanischen Strafgesetzbuches« (Polsky 1973, S. 73 f.).

Recht verstanden war Webers Forderung nach Wertfreiheit denn auch die Forderung nach Ausrottung des Moralismus in der Wissenschaft und nicht die nach Ausrottung des moralisch denkenden Forschers. Der Glaube allerdings, dieses Ziel erfordere die Eliminierung aller Wertungen aus der Wissenschaftssprache, war nichts weiter als der Anlaß zu einer Reihe von Streitigkeiten, die im wesentlichen davon ablenkten, wie der Moralismus im Wissenschaftsbetrieb tatsächlich funktioniert.

Wenn beispielsweise Max Horkheimer in seinem Aufsatz *Traditionelle und Kritische Theorie* (1968, S. 167) betont, daß in die Grundkategorien des Historischen Materialismus ein parteiisches Interesse für die Unterdrückten und Ausgebeuteten eingegangen sei, so ist dies zwar ein Hinweis darauf, daß eine marxistische Sozialwissenschaft gegen Webers Eliminierungspostulat verstößt; keineswegs jedoch braucht sie deshalb schon dem Moralismus verfallen zu sein. Die Tatsache, daß durch die Wahl einer Begrifflichkeit stets auch eine Erkenntnisperspektive inauguriert wird, muß unterschieden werden von dem Umstand, daß eine Perspektive die Realität nur als entstellte in das Erkenntnissystem Eingang finden läßt. Genau dies aber kann der Fall sein ohne sichtbare Verletzung des Wertfreiheitspostulates, indem bestimmte Dinge *nicht* untersucht, bestimmte Aspekte der Realität *nicht* wahrgenommen, bestimmte Behauptungen *nicht* aufgestellt werden. Derartiges schließt nicht aus, daß dasjenige, was gesagt wird, sachlich, emotionslos, wertfrei gesagt wird. Die Frage ist also weniger, ob in die Marxschen Kategorien ›Klasse, Ausbeutung, Mehrwert, Profit, Verelendung, Zusammenbruch‹ Elemente der Wertung eingegangen sind, sondern viel eher, ob jene Kategorien im Dienste eines moralischen Standpunkts als Instrumente der Wirklichkeitsverstellung zum Einsatz gebracht werden. »Die Gesellschaft ist ganz zufrieden in ihrer ›Unwissenheit‹ über vielerlei unwichtige Dinge«, schrieb Noam Chomsky (1974, S. 98) anläßlich seiner Befassung mit Richard Herrnsteins Auslassungen über den Zusammenhang zwischen IQ und Hautfarbe, und er fügte hinzu, es falle einem beim besten Willen schwer, »den guten Glauben derer nicht anzuzweifeln, die einen angeblichen ›Antiintellektualismus‹ der Kritiker wissenschaftlich trivialer und gesellschaftlich schädlicher Forschungen beklagen«. Dies waren, bezogen auf Herrnsteins Arbeiten, vermutlich treffende Worte. Doch schon in ihnen - das sollte man bei aller Zustimmung im Einzelfall nicht vergessen - ist angezeigt, was sich andernorts als wichtiges Medium des Moralismus entpuppt: nicht das lauthalse Geschrei der Empörung über die Unmoral einzelner Wissenschaftler, sondern die Zensur, von der kaum einer merkt, daß es sie überhaupt gibt. Man ist dann innerhalb eines Wissensmilieus, ohne es noch eigens sagen oder denken zu müssen, davon überzeugt, daß die Untersuchung bestimmter Materien oder die Verteidigung bestimmter Behauptungen wissenschaftlich belanglos oder unsinnig wäre, oder sozial unerwünscht, oder ein Anzeichen dafür, daß ein Ideologe, ein moralisch Verwerflicher, ein geistig Defekter am Werke ist.

Nun läßt sich nicht leugnen, daß Regeln, die als Maximen einer ›freiwilligen‹ und häufig vom Wissenschaftler unbemerkt bleibenden Selbstzensur fungieren, *überall* wirksam sind, wo gedacht und geforscht wird. Dies ist selbstverständlich, wenn man bedenkt, daß Wissenschaft - zumindest als kollektives Unterfangen - nur unter den Bedingungen der Auswahl von Informationen, der Traditionsbildung und der Festlegung von Kompetenzkriterien möglich ist. Was jedoch eine nicht-moralistische Wissenschaft kennzeichnen sollte, das ist die Gewähr, über die Zensur, der man sich temporär unterwirft, angstfrei, weil ohne Gefahr der Desavouierung, nachdenken und sprechen zu dürfen. Nur so läßt sich verhindern, daß das, worüber *nicht* gesprochen wird, zu einem unbeherrschbaren Faktor der Erkenntnisverzerrung pervertiert.

Naturgemäß gilt all das in besonderem Maße für die Verhaltenswissenschaften, und hier ganz speziell für diejenigen Diskurskomplexe, die sich mit dem Bösen, mit Irrationalität und Verbrechen, befassen. Hier ist die Versuchung für den Wissenschaftler, seine theoretischen Überzeugungen am Leitfaden der Rechtfertigung einer ›Praxis‹ zu entwickeln, welche aufgrund eines vorgelagerten ethischen Standpunktes als wünschenswert oder geboten erscheint, gewiß nicht unerheblich. Ein Beispiel von einiger Tragweite für die Kriminologie ist das folgende:

Damit die vor nicht langer Zeit in progressiven Kriminologenkreisen beliebte Ansicht vom Kriminellen als einem Wesen, dessen Selbstbestimmungsfähigkeit ramponiert ist, zur tragenden werden konnte, bedurfte es einer Reihe manipulativer und ihrem Wesen nach zensorischer Vorkehrungen. Deren Zweck bestand darin, alle jene Aspekte des kriminellen Handelns, die dieses als selbstbestimmt auszuweisen in der Lage gewesen wären, entweder überhaupt nicht oder nur derart sichtbar werden zu lassen, daß sie zu Bestätigungsinstanzen des Gegenteils davon wurden, wofür sie eigentlich hätten stehen müssen - dafür nämlich, daß Kriminalität und autonomes Handeln nicht einfach komplementäre Aspekte des menschlichen Lebens sind. Damit also das manipulative Geschäft der Pathologisierung des Kriminellen - vor allem des jugendlichen Delinquenten, des ›Hangtäters‹, des Sexualverbrechers - gelingen konnte, bedurfte es nicht nur eines entsprechenden Engagements auf seiten des Forschers, sondern auch einer systematischen Blindheit dafür, wie jenes Engagement die Tatsachen kognitiv zurichtete. Aus dieser Blindheit heraus resultierte das notorisch gute wissenschaftliche Gewissen der Propagandisten des Pathologisierungs- und Resozialisierungsfeldzuges.

Die Mittel, deren sich der Moralismus bedient, um eine Forschergemeinschaft mit Blindheit zu schlagen, müssen verständlicherweise stets solche sein, die geeignet sind, Angst vor theoretischer Differenzierung und Abweichung zu erzeugen. Im Falle des Pathologisierungssyndroms war ein hervorragendes Preßmittel die Androhung des Verdachtes, der Abweichler kollaboriere, ob er dies wolle oder nicht, wisse oder nicht, mit der strafpolitischen Gegenseite, nämlich den Befürwortern einer generalpräventiven Abschreckungsstrafe oder gar denen eines Vergeltungsstrafrechts.

Nun ist es offenkundig, daß das fortschrittliche kriminologische Lager heute vom kranken Kriminellen und dessen Resozialisierung vielfach nichts mehr hören will. Resozialisierung des Kriminellen setze - so wird nun argumentiert - voraus, daß es in dessen Persönlichkeitsgefüge Triebkräfte gebe, welche ihn zu gesetzesbrecherischem Verhalten wenn schon nicht zwingen, so doch treiben, in Wahrheit sei aber (nach dem berühmten Wort von Howard Becker) Kriminalität keine Eigenschaft der kriminellen Person, sondern die Folge mannigfacher Zuschreibungs- und Etikettierungsprozesse, welche erst aus einem Menschen, der sich so und so verhält, einen Menschen machen, der delinquent handelt. Niemand wird demnach kriminell, weil seine Seele beschädigt oder sein Charakter abnorm ist, sondern weil die Anderen (die Umgebung, die Polizei, die Staatsanwaltschaft und das Gericht, die Gefängnisverwaltung und die Mithäftlinge) aus verschiedenartigen und zumeist dubiosen Gründen *behaupten*, eine Person sei kriminell. Diese Theorie der Kriminalisierung wird im Medium fortschrittlichen Denkens zu einer zentralen Rechtfertigung nicht nur der These vom klassenspezifisch-illegitimen Charakter der Erzeugung von Delinquenz, sondern auch zum ideologiekritischen Rundumschlag gegen alle kriminologischen Ansätze, von denen man annimmt, sie stünden, gewollt oder ungewollt, im Dienste staatlicher Kriminalisierungspolitik - das sind im wesentlichen alle ätiologischen Theorien, welche die Überzeugung nähren, der Kriminelle lasse sich persönlichkeitsdiagnostisch als mehr oder weniger gefährliches Individuum ausweisen. Für die Annahme der *prinzipiellen* Unangemessenheit der persönlichkeitszentrierten Kriminologie gibt es weder triftige theoretische noch triftige empirische Gründe - es gibt im Gegenteil massives Belegmaterial dafür, daß gewisse Arten der Delinquenz auf nicht-arbiträre Weise mit Persönlichkeitsmerkmalen des Rechtsbrechers kausal zusammenhängen -, wohl aber Gründe moralisch-politischer Art. Indem Kriminalität als Produkt einer staatlich organisierten Zuschreibungspraxis entlarvt wird, entlarvt man auch den Staat einmal mehr als Repressionsagentur, welche die Tatsachen, die ihre Machtausübung erst legitimieren, selbst erzeugt. In diesem Sinne heißt es, gegen die Naivität der Ätiologen gerichtet, bei Wolfgang Keckeisen (1974, S. 131) unmißverständlich: »Gemäß dem ätiologischen Paradigma registrieren die Institutionen im wesentlichen nur, was ohnehin der Fall ist. Doch es verhält sich umgekehrt: Was ›der Fall‹ ist, bestimmen die Institutionen, und die Ätiologen gehen davon aus, daß eben das ›ohnehin der Fall‹ wäre. Der Kontrollprozeß wird so *methodologisch* auf die Abbildung vorgegebener Sachverhalte reduziert«. Vor dem Hintergrund dieser Anwürfe tritt die Resozialisierungspolitik, die einst als fortschrittlich galt, nunmehr als wissenschaftlich unhaltbare Praxis in Erscheinung: wo es keine kriminogene Persönlichkeit gibt, dort stützt sich eine täterzentrierte Verbrechensprophylaxe auf ein Phantom.[29] Eine solche Behauptung unterstützt die *gegenwärtig* als fortschrittlich geltende Auffassung, die Resozialisierungsidee und das Pathologisierungsfaible der Sozialtechnokraten seien keineswegs moralisch-politisch legitim, sondern im Gegenteil eine besonders gefährliche, weil mit dem Schein relativer Gewaltlosigkeit und wissenschaftlicher Fundiertheit umgebene Macht- und Kontrollstrategie des Staates sowie seiner intellektuellen Handlanger.

Obwohl diese politische Diagnose korrekt sein mag, wird man ihren Protagonisten doch die Frage zumuten müssen, ob sie nicht eben dabei sind, ihre wissenschaftliche Redlichkeit wieder einmal moralischen Imperativen zu opfern. Indem sie, in Umkehrung vormaliger progressiver Ambitionen, die kriminelle Persönlichkeit überhaupt negieren - obwohl der heutige Wissensstand ein verwickeltes Wenn-und-Aber erzwingt -, fahren sie fort, dem Moralismus Tribut zu zollen. Und wieder werden dort, wo eine methodenpluralistische Haltung die einzig erkenntnisfördernde wäre, durch die Moralisierung methodischer Perspektiven Kampflinien gezogen, deren Funktion darin besteht, denjenigen, der sich zwischen den Fronten bewegt, der ideologischen Zwielichtigkeit, der politischen Naivität, der, wenn auch ungewollten, Kollaboration mit dem kriminalpolitischen Gegner zu zeihen.

Um aber dem Vorwurf der Dramatisierung vorzubeugen, sei noch folgendes erwähnt: Erstens hat es unter den Links-Kriminologen stets auch Wissenschaftler gegeben, deren *moral insanity* soweit ging, es selbst in politisch hochkontroversen Bereichen nicht zuzulassen, daß ihre Wissenschaft unter dem tyrannischen Diktat einer Moral zur Ideologie verkümmerte. Zweitens ist, wie betont, eines der wirksamsten Mittel gegen den anhaltenden Terror eines moralistisch unterbauten Standpunktes der Pluralismus; über einen Mangel an Theorien- und Meinungsvielfalt jedoch können sich die kriminologischen Wissenschaften nicht beklagen. Drittens schließlich wurde gerade dieses Beispiel gewählt, weil jenseits aller zeitgebundenen Inhalte das Fortschrittliche an der fortschrittlichen Kriminologie stets ihr utopischer Impetus war: das Bemühen um einen menschlichen Blick auf den Abweichenden und um eine daraus resultierende menschliche Form des Umgangs mit ihm.

Hieraus wird hoffentlich klar, daß der Moralismus keineswegs die Folge einer schlechten Moral zu sein braucht. Wenn darüber Klarheit besteht, dann wird es vielleicht weniger mühselig sein, sich der Einsicht zu beugen, daß dort, wo das Prinzip Hoffnung, in welcher Ausprägung auch immer, sich zur unerbittlichen Leitidee im kognitiven Umgang mit den Tatsachen aufschwingt, der ›kritische‹ Blick auf die bestehende Welt allzuleicht zur Magd jenes Prinzips verkümmert. Was gegen die Sonne des Hoffnungsdenkens sich als die Nachtseite des Menschen zu behaupten droht - all das Häßliche, Böse, Abgründige an ihm -, muß dann einer Begriffsmaschinerie unterworfen werden, die es schließlich als das erscheinen läßt, als was es der jeweiligen Hoffnung jeweils erträglich ist: als Krankheit der Seele, die es zu heilen gilt; als Produkt einer verworfenen Gesellschaft, die der radikalen Umgestaltung bedarf; als biologisches Erbe, das durch Verhaltenstraining und *social engineering* in die sublimierten Bahnen des Sozialdienlichen zu lenken ist. Nun mag man in der Tat glauben, Psychotherapie, Gesellschaftsreform oder wissenschaftlich angeleitete Verhaltenslenkung seien unsere einzige Hoffnung, den Menschen zu humanisieren. Aber selbst wenn dem so wäre, müßten wir zunächst doch wissen, *wer der Mensch ist*, der Objekt einer ›Behandlung‹ werden soll. Dies aber werden wir, wenn überhaupt, nur wissen, sofern wir den Menschen im Reich der Begriffe und Theorien nicht am Gängelband unserer Ängste vor einer möglichen Vergeblichkeit unseres Hoffens zurechtkonzeptualisieren. Gerade dies jedoch ist das eigentümliche Werk des Moralismus in der Wissenschaft wie auch anderswo.

Die Beccaria-Falle

Webers Postulat der Wertfreiheit ist ein kompromißloses Bekenntnis zu jenem die Episteme der Neuzeit prägenden Prozeß, der sich als ›Dekulturalisierung der Wahrheit‹ charakterisieren ließe. Als dekulturalisierte hat Wahrheit keinen immanenten Bezug mehr zu einem Lebensideal, einem ethischen Standpunkt, dem Glück des Menschen, und eben dies macht nunmehr ihren Wert aus, macht es möglich, daß ihr als Selbstzweck gehuldigt werden kann. Jetzt beginnt der Homo sapiens es als seine Pflicht zu fassen, daß er der Wahrheit diene, obwohl die Wahrheit nicht für ihn ist, sondern gleichgültig gegen ihn, sein Leben, seine Kultur, seine Hoffnung. Doch wo die Wahrheit als dekulturalisierte zum Erkenntnisideal der Erkenntnissuchenden geworden ist, dort ist der Moralismus die Kehrseite der Medaille.

Indem das Ideal der dekulturalisierten Wahrheit den Zusammenschluß von Erkenntnis und lebensweltlicher Orientierung radikal negiert, macht es zwar einerseits den Blick der nach Erkenntnis Strebenden freier, es macht es aber auch schwerer, eine Haltung der Menschlichkeit dort noch zu bewahren, wo eine solche Haltung sich wider das Ressentiment der Vielen ebenso zu bewähren hätte wie wider die Abscheulichkeit von Personen, denen gegenüber trotz allem menschlich zu handeln wäre. Je weniger in die Erkenntnis des Verbrechens und seiner Ursachen noch ein ethisches Engagement, nach welcher Richtung auch immer, eingelassen sein darf, um so unwiderstehlicher wird der Druck, der von außen und von der Affektlage des Forschers her dessen humanitären Impuls belastet. Bei solch nicht hintergehbarem Legitimationsdefizit der Menschlichkeit im Rahmen einer Erkenntnisaktivität, der humanitäres Engagement rational bloß noch als Mittel zum Zweck erscheinen kann, wird der Kriminologe sich zu demonstrieren bemühen, daß jenes Engagement tatsächlich höchst vernünftig, weil tatsächlich Mittel zum allgemein erwünschten Zweck ist: Menschlichkeit gegenüber dem Rechtsbrecher walten zu lassen sei - so wird es nun heißen - die beste Gewähr dafür, daß der Schutz der Gesellschaft vor dem Rechtsbrecher optimiert werde. Dieses Argument jedoch hat zur Folge, daß sich der humanitäre Impuls nicht selten in sein kriminalpolitisches Gegenteil verkehrt.

In seinem Werk *Dei delitti e delle pene* (1764) hat Cesare Beccaria ein denkwürdiges Argument gegen die Todesstrafe vorgebracht. Beccaria sah das grausame Schicksal, welches die Justiz dem Angeklagten wie dem Verurteilten bescherte, und so trat er ein für die Abschaffung der Folter, die Milderung der Strafen sowie die Abschaffung der Todesstrafe - letzteres vor allem auch im Hinblick auf Fehlurteile, die bei der wenig zimperlichen, oft korrupten Rechtsprechung jener Zeit keine Seltenheit waren. Gerade jedoch was die Todesstrafe betrifft, hegte Beccaria offenbar den Verdacht, daß ein Plädoyer für Menschlichkeit allein keine große Überzeugungskraft besäße. Und so bediente er sich zur Plausibilisierung seines humanitären Anliegens eines *pragmatischen* Arguments: Die Abschaffung der Todesstrafe und deren Ersatz durch lebenslange Strafknechtschaft stünden im Dienste der Optimierung des Schutzes der Allgemeinheit; denn, wenn an die Stelle der Hinrichtung des Verbrechers dessen lebenslange Knechtung in Haft träte, würde dies die Leiden des so Gezüchtigten im Vergleich zur kurzen Hinrichtungsqual überaus bedeutend erhöhen - ein Phänomen, dessen Auswirkung auf die Abschreckung der Allgemeinheit Beccaria rühmend hervorhob (Beccaria 1905, S. 110). Das Absurde an dieser Überlegung ist offenkundig. Mit Hilfe des pragmatischen Arguments soll das humanitäre Anliegen listig plausibilisiert werden, aber wenn das pragmatische Argument zum Tragen kommt, dann ist das humanitäre Anliegen nicht realisierbar: an die Stelle milderer Strafen treten härtere, an die Stelle der Todesstrafe tritt die, nach Beccarias eigenen Worten, unendliche Mühsal einer lebenslangen Strafknechtschaft.[30]

Beccarias Argumentation ist kein historisches Unikum. Es läßt sich zeigen, daß der moderne kriminologische Diskurs, soweit er sein humanitäres Anliegen vermittels des ›Therapie-statt-Strafe‹-Arguments zu rechtfertigen bemüht war - also der größte und gewichtigste Teil dieses Diskurses -, in einer Argumentationsfalle vom Typ derjenigen Beccarias festsaß. Dabei ist allerdings zu beachten, daß hinter der Rede von der Pathogenität oder Zwanghaftigkeit kriminellen Verhaltens keineswegs immer humanitäre Motive standen. Kurella z.B. wollte die ›primatoiden‹ Charaktere unter den Verbrechern (Charaktere, die seiner Meinung nach Legion waren) unter das Joch schwerster Zwangsarbeit gespannt und, wenn kein kriminalpädagogischer Eingriff mehr fruchten sollte, durch Hinrichtung unschädlich gemacht wissen. Im Vergleich dazu war Lombroso ein liberaler, reformfreudiger Geist, dem humanitäres Engagement für den Kriminellen keineswegs fremd war. Obwohl er vorschlug, den geborenen Verbrecher auszumerzen, falls dessen Gefährlichkeit als besonders groß nachweisbar wäre, trat er doch dafür ein, die Strafen zu mildern und die soziale Not, die das Verbrechen gebiert, zu lindern, selbst wenn die Erreichung dieses Zieles die Expropriation der Latifundienbesitzer erfordern sollte, denn: »wir lassen Taxen, Rekrutierung, Strafen den Armen treffen, und geben ihm keine Kompensation dafür, außer Seifenblasen unter dem Namen des nationalen Ruhms, der Freiheit und Gleichheit, welche durch ihren Kontrast mit der Realität sein Leid noch vergrößern« (Lombroso 1902, S. 294). Aber auch Lombroso wollte der Beccaria-Falle nicht ausweichen: wie er bereits im *Uomo Delinquente* betont, ist die Sicherheit der Gesellschaft »unser Aller höchstes Ziel« (HD I, S. XXVII); und wie Beccaria versuchte Lombroso, mit Hilfe des pragmatischen Arguments dem Publikum seine humanitären Ideen schmackhaft zu machen. Brutale Gefängnisstrafen sind demnach deshalb abzulehnen, weil sie der Gesellschaft nichts nützen - im Gegenteil: sie machen aus armen Kreaturen verstockte Feinde von Recht und Ordnung. Ferri (1896, S. 403) hat diesen Standpunkt so formuliert: »Die heutige Strafrechtspflege ist nichts anderes als eine ungeheuere Maschinerie, die eine zahllose Menschenmasse verschlingt und sie, nachdem sie in ihren Rädern Ehre, sittliches Gefühl und Gesundheit gelassen haben, wieder ausspeit, um gebrandmarkt zu sein und Mitglieder der wachsenden Verbrecherarmee zu werden.« Aber das pragmatische Argument - die Optimierung des Schutzes der Gesellschaft vor dem Verbrecher - erodiert die humanitären Pläne, zu deren Durchsetzung es *auch* ins Treffen geführt wurde. Dies wird bei Lombroso besonders deutlich in seinen kriminalpolitischen Reflexionen über den Homo delinquens. »Wer sieht nicht ein« - so die rhetorische Frage -, »daß, wenn wir die Verantwortlichkeit einer Gruppe von Verbrechern mindern, wir damit ihr Schicksal keineswegs mildern, sondern eher erschweren wollen, indem wir auf ihre lebenslange Detention dringen?« (HD I, S. XXV) Das lombrosianische Programm impliziert die Reduktion der Schande des geborenen Verbrechers um den Preis einer Erschwerung des Schicksals, das ihm von der Gesellschaft zugedacht wird.

Es wäre irrig anzunehmen, die post-lombrosianische, am Therapiegedanken orientierte Kriminologie hätte hier einen grundlegenden Umdenkungsprozeß eingeleitet. Man hat, nimmt man die entsprechende Literatur zur Kenntnis, sogar den Eindruck, daß das pragmatische Argument immer stärker zum Tragen kommt. Die Psychoanalytiker Alexander und Staub fühlen sich gleich zu Beginn ihres Buches *Der Verbrecher und seine Richter* (1929, S. 7) angehalten zu erklären, warum sie sich um ein Verständnis krimineller Handlungen bemühen: »Es haftet dem Psychologen, der den Verbrecher verstehen will, folglich sich zunächst auf seinen Standpunkt stellt oder, wie wir es in unserer Wissenschaft gerne ausdrücken, sich mit ihm identifiziert, der Verdacht an, dem Kriminellen helfen zu wollen. Und so gerät der Psychologe in den Verdacht der Illoyalität gegenüber der Gesellschaft«. Statt nun aber den Verdacht, dem Kriminellen helfen zu wollen, auf sich beruhen zu lassen, beeilen sich die Autoren, »zunächst zu beweisen, daß das psychologische Verständnis des Kriminellen nicht in erster Reihe dem Kriminellen hilft, sondern dem Interesse der Gemeinschaft dient«.

So wird der humanitäre Elan instrumentalisiert, was ihn nur allzu oft überhaupt zum Verschwinden bringt. An vielen Punkten des Pathologisierungsfeldzuges läßt sich denn auch nachweisen, daß die Ansprüche des Kriminellen auf menschenwürdige Behandlung gering geachtet werden gegenüber dem zumeist unhinterfragt bleibenden Anspruch der Gesellschaft auf Ordnung und Sicherheit. Ein gutes Indiz für diesen Vorgang ist die schon erwähnte Radikalisierung des Verantwortlichkeitsbegriffes, wie sie von Proponenten der therapeutischen Kriminologie vorgenommen wird. Man kann sich des Eindrucks nicht erwehren, daß die Schuld, die auf dem Rechtsbrecher lastet, um so größer wird, je weiter die Erforschung kriminogener Faktoren vordringt: »Jede determinierende Ursache«, schreibt Foucault (1977 b, S. 323), »welche die Verantwortung nur verringern kann, zeichnet den Urheber des Rechtsbruchs mit einer um so ungeheuerlicheren Kriminalität und macht um so strengere Straf- und Besserungsmaßnahmen notwendig«. Diese Entwicklung ist ideengeschichtlich und kriminalpolitisch manifest, sind doch durchgängige Forderungen der Défence sociale *Zwangs*therapie, Internierung auf *unbestimmte* Zeit, *prädeliktische* Sicherungsverwahrung, *lebenslange* Abschließung von unverbesserlichen Kriminellen – wobei es sich hier um die

›humanere‹ Variante des Unschädlichmachens handelt, vergleicht man sie mit dem Vorschlag des Psychoanalytikers Paul Reiwald, nicht behandelbare Asoziale vom Gerichtsarzt schmerzlos töten zu lassen.[31] Man hat daher guten Grund zu vermuten, daß eine mutige Realisierung dieser Ideen die Lage des Rechtsbrechers nicht verbessern, schon eher verschlechtern würde.

Hinzu kommt folgendes: Das pragmatische Argument des Gesellschaftsschutzes beruht auf bestimmten Annahmen über die (erwünschte) general- oder spezialpräventive Wirkung bestimmter kriminalpolitischer Maßnahmen. Wenn sich nun diese Annahmen als falsch herausstellen und wenn die Plausibilität des humanitären Anliegens von der Plausibilität des pragmatischen Arguments abhängt, dann wird das humanitäre Anliegen ebenfalls implausibel. Angenommen, es stimmen jene Diagnosen, die besagen, das vorliegende empirische Material lasse grosso modo nur einen Schluß zu: den nämlich, daß die vielfältigen und zum Teil sehr aufwendigen Resozialisierungsbemühungen der letzten Jahrzehnte, insgesamt betrachtet, keinen nennenswerten Erfolg für sich verbuchen konnten. Unter dieser Voraussetzung gerät das humanitäre Anliegen, welches an den Erfolg der Resozialisierungsoffensive gebunden wurde, durch deren Scheitern in Beweisnotstand. Und so beklagte denn auch Trutz von Trotha (1979, S. 131), »daß man nicht die Strafvollzugsreform allein unter humanitär-emanzipatorischen Perspektiven durchführt, sondern daß man den Erfolg sucht und nur dieser Erfolg das humanitär-emanzipatorische Argument legitimiert. Die Krise der Resozialisierung ist, daß diese Erfolgsbindung zutage tritt und daß sie ihre Wechsel nicht einlösen kann«. Derart wird schließlich die Frage akut: Wozu sich dem Kriminellen gegenüber menschlich verhalten, wenn daraus der Gesellschaft kein Sicherheitsvorteil erwächst?

Ja, wozu eigentlich?

Ambivalenzenherrschaft

»Pferde-Mißhandlung. Sie wird aufhören, bis die Passanten so irritabel-dekadent sein werden, daß sie, ihrer selbst nicht mächtig, in solchen Fällen tobsüchtig und verzweifelt Verbrechen begehen werden und den hündisch-feigen Kutscher niederschießen werden – – –. Pferde-Mißhandlung nicht mehr mitansehen können, ist die Tat des dekadenten nervenschwachen Zukunfts-Menschen! Bisher haben sie eben noch die armselige Kraft gehabt, sich um solche *fremde* Angelegenheiten nicht zu kümmern – – –« (Altenberg 1919, S. 86).

Altenbergs Décadent ist nicht der Gute Mensch. Er nimmt Partei für das geknechtete Individuum weniger, weil die Pflicht ruft, sondern aus Konstitution. Er kann das Leiden der Machtlosen ebensowenig mehr sehen wie die Visagen der Mächtigen. Sie alle schneiden ihm ins Fleisch der Seele, er *muß* sich aufbäumen, und dieser Akt neurasthenischer Notwehr ist seine Menschlichkeit. Wenn Altenbergs Décadent über die Welt, die entmenschte, sich ausläßt, dann tut er dies auf weibische Art: er kann keine rechte Distanz gewinnen. Wenn er argumentiert, mangelt es ihm an Objektivität. Seine Nervenschwäche läßt die Welt immer schon als ungerechte, verrottete, zum Himmel stinkende in die Begriffe, mit deren Hilfe er sie zu fassen sucht, eingehen. Die Menschlichkeit des Altenbergschen Décadent ist also nicht die der Bergpredigt. Der hündisch-feige Kutscher muß ins Gras beißen. Der Décadent liebt seine Feinde nicht, er haßt sie im Gegenteil; das ist die Doktrin seines Nervensystems, der Imperativ seiner Übererregbarkeit im Anblick der Herren, welche die Knechte peinigen. Die Kehrseite seiner Menschlichkeits-Natur ist die zitternde, kreischende Mordlust: umbringen das Herrengesindel, das Ausbeutergesindel, das Tyrannengesindel, umbringen, umbringen! – Wenn hingegen der *Fürvernunftundmenschlichkeit* den Kopf eines Menschen fordert, dann hat er Gründe. Sein Urteil wurzelt nicht im Affekt, sondern in der Überzeugung, daß Humanität und wägende Vernunft in Übereinstimmung zu bringen sind. Beispielsweise: Er ist im allgemeinen gegen die Todesstrafe, weil sich wissenschaftlich nachweisen läßt, daß sie die Mörder der Zukunft nicht abschreckt; hingegen ist er für die Todesstrafe bei Terroristen, weil hier nur die Ausmerzung des Delinquenten sicherstellt, daß nicht zu dessen Freipressung arrangierte Verbrechen weitere Opfer fordern. Immer ist er dafür oder dagegen, weil... Der Fürvernunftundmenschlichkeit ist für Objektivität. Er kann den Tatsachen gelassen ins Auge blicken, denn er ist sich dessen gewiß, daß, wie unmenschlich sie auch sein mögen, die Menschlichkeit die besseren Gründe für sich hat. Beispielsweise: Er ist gegen den bestehenden Strafvollzug – den unvernünftig und inhuman zu nennen er nicht ansteht –, weil vom spezialpräventiven

Standpunkt aus vieles gegen ihn, sonst aber kaum etwas für ihn spricht. Was aber, wenn einmal doch der Fall ist, daß von keinem Standpunkt aus betrachtet etwas für die Sache der Menschlichkeit spricht? Man kann nicht sagen, daß der Fürvernunftundmenschlichkeit unter derart erschwerten Argumentationsbedingungen vollends zum Schweigen verurteilt wäre. Denn er weiß, daß es sogenannte Grundsatzentscheidungen gibt, zu denen man sich bekennen muß, ohne sie noch begründen zu können: ›Es spricht in diesem speziellen Fall nichts für die Sache der Menschlichkeit, tut mir leid, aber es spricht wirklich nichts für sie. Da ich aber immer engagiert für sie eingetreten bin, werde ich auch jetzt keine Ausnahme machen.‹ Damit ist klargestellt: hier hält jemand einer alten Liebe die Treue, auch wenn sie es im Augenblick gar nicht verdient. – Altenbergs Décadent verachtet den Fürvernunftundmenschlichkeit nicht weniger als die für diesen typische Parteinahme für einen liberalen, menschenwürdigen Strafvollzug. Die Tatsache, daß einer glaubt, Gründe finden zu müssen, gute Gründe, um reinen Herzens den hündisch-feigen Kutscher niederzuschießen, ist für den Nervenschwachen bloßes Verrätergezappel. Wer gegen den Unmenschen argumentiert, hat sich ihm schon ergeben. Und was den Strafvollzug, ob menschenwürdig oder nicht, betrifft, so fällt dem Décadent bloß ein: die Tatsache, daß die einen Menschen die anderen hinter Gitter sperren wie wilde Tiere, verursacht ihm Übelkeit; er kennt überhaupt nur eine Politik des Strafvollzugs, an die er denken kann, ohne daß ihm schlecht wird – Zerschlagung der Terrorkäfige, der Seelenvernichtungsorte, wo man Menschen zusammentreibt, um sie zu bessern, zu ›resozialisieren‹, indessen man ihnen einen langsamen Erstickungstod bereitet. Dem widerspricht der *Machtkaputtwaseuchkaputtmacht* nicht dem Inhalt nach, sondern wegen des neurasthenischen Wurzelwerks, das ihn hervortreibt. Er verachtet im Décadent nicht den Haß als solchen, sondern die Schwäche, welcher der Haß entspringt: Sponti-Haß. Im Herzen des Machtkaputtwaseuchkaputtmacht glimmt kein Liebesfunke, der angesichts des unterdrückten und beleidigten *Individuums* zur Empörungsflamme auflodern könnte. Gegenstand seiner nach außen getragenen Humanitätsemphase sind die Unterdrückten-Massen, die Beleidigten-Kollektive. (Der Schmerz, den er solidarisch mit dem leidenden Einzelnen teilt, ist abstrakt: deduzierbar aus seiner Liebe zu den Vielen, ist er vor allem ein Erfordernis der Logik.) Der

Machtkaputtwaseuchkaputtmacht mag kein moralisches Geschwätz. Dieses ist die Waffe der Pfaffen und Kleinbürger, auch die Waffe der naiv Empörten und der ›Make love not war‹-Apostel, die lieber den Geschlechtsverkehr als den Klassenkampf vorantreiben. Die Waffen, die der Machtkaputtwaseuchkaputtmacht für angemessen hält, entsprechen seiner Wesensform: der des nimmermüden Hasses. Während Altenbergs Décadent den Kutscher haßt, weil der Nervenschwache die Qual des mißhandelten Pferdes nicht erträgt, ist der Empörungsgrund des fürs Kollektiv Entflammten nicht Mitleidensbereitschaft, sondern flottierender Haß. Der aber braucht immer wieder ein Objekt, und je gewaltiger das Massiv der Unterdrückten aufragt, um so hassenswerter erscheinen die Unterdrückergestalten. Daher kommt es auch, daß der Machtkaputtwaseuchkaputtmacht um eine Antwort nicht verlegen ist, wo der Fürvernunftundmenschlichkeit schon keine gute mehr weiß: Indem wir uns auf die Seite des Delinquenten - des *Unterschicht*delinquenten - stellen, indem wir dessen Anprüche als Opfer der Gesellschaft zu den unseren machen, auch und gerade dann, wenn für die Gesellschaft, deren Ordnung und Sicherheit, dabei nichts herausspringen sollte, versetzen wir dem Klassenfeind einen Schlag, dem Klassenstaat einen Schlag, dem Klassenrecht einen Schlag!

Möglich, daß zwischen diesen dreien: dem Décadent, dem Rationalisten, dem Hasser, sich heute jeder *humanitäre* Impuls ansiedeln muß, der nicht in purer Verzweiflungsstarre seine Vollendung finden soll. Dies hat gewiß nichts damit zu tun, daß wir Heutigen moralisch blind wären; schon eher damit, daß wir beständig Wissenskomplexen ausgeliefert sind, die keine kognitive und emotionale Konsonanz mehr zulassen. Wollen wir unsere Moral nicht auf Vergessen, Übersehen, Verdrängen, auf das Nicht-mehr-zur-Kenntnis-Nehmen dessen, was auch noch zu bedenken wäre, gründen, dann sind wir der Flut heterogenster, inkommensurabler und auch widersprüchlicher Informationen und der damit verbundenen Stimmungslagen preisgegeben, ohne daß sich absehen ließe, wie eine Synthese ohne Gewalt hier noch statthaben könnte.

Und so mag es überdies der Fall sein, daß die Menschen zunehmend beginnen, nicht nur sich der unhintergehbaren Ambivalenz der Wertungen deutlich bewußt zu werden, sondern darüber hinaus Ambivalenz als Vehikel der Lustproduktion in ihrem Gefühlshaushalt zu installieren. Dieses Phänomen hat Botho Strauß als »Ambivalenzen-Herrschaft des Herzens« beschrieben:

»Der passive Zuschauer-Zeitgenosse entwickelt offenbar ein gesteigertes Bedürfnis, mit heimlichem Gesinnungswechsel beschäftigt zu werden. Gestern noch schlägt sein Herz für den gefaßten, geduckten, gedemütigten Kindsmörder, weil er, natürlich im Fernsehen, sah, wie dieser von den Umstehenden vor dem Gerichtsgebäude auf gemeine Weise beschimpft und besudelt wurde. Heute schlägt sein Herz gegen einen anderen, noch nicht gefaßten Mörder, der die Familie eines Bankdirektors mitsamt den Kindern abgestochen hat. Durch die Überfülle von Identifikationsangeboten müßte er, wäre er noch das Individuum vom alten Schlag, längst spaltungsirre, durch die haltlose Verschleuderung seiner Mitgefühle an die gegensätzlichsten Parteien müßte er längst abgestumpft und gefühllos geworden sein. Doch ist er eben kein Individuum vom alten Schlag mehr« (Strauß 1981, S. 189 f.).

Über diese prekäre Situation hinwegzutäuschen ist heute die Aufgabe des Moralismus nicht zuletzt. Der Wissenschaftler, der dort, wo nur noch ambivalenzentreibende Analyse möglich ist, blockhaft Konstruktives, ›unsere Lösung‹ deponiert, hat sich gewöhnlich schon zum dümmlichen Handlanger eines politischen oder Angst-Szenariums entäußert. Nicht des Engagements, der Erneuerung der moralischen Gesinnung - und wie die Slogans des grundsätzlichen Reformdenkens alle heißen - bedarf der Wissenschaftler, sondern des hartnäckigen Widerstandes gegen das Ansinnen, es sei seine Pflicht, zu etwas gut zu sein. Trägt er diesem Ansinnen Rechnung, macht er sich zum Bannerträger einer Moral, einer Gesinnung, einer Weltanschauung, so ist das, wie die Dinge heute liegen, immer auch gleichbedeutend mit dem Entschluß, Komplexität auf schlechte Weise zu reduzieren. Die Fähigkeit, der Ambivalenz sich zwar nicht zu überantworten, ihr aber auch nicht auszuweichen, ist gegenwärtig eine Bedingung wissenschaftlicher Redlichkeit (falls das große Wort überhaupt noch einen Sinn hat).

Davon noch immer wenig begriffen zu haben, ist ein Charakteristikum auch des kriminologischen Räsonnements. Denn die Kriminologie als Wissenschaft stellt sich seit jeher in den Dienst des Machtdenkens, des etablierten wie desjenigen einer Gegenmachtutopie. Solchem Denken aber gilt das Beharren auf Ambivalenz als Defätismus.

Kains-Natur, und Eichmann sei ein »Schreibtisch-Kain« gewesen, Beruhigendes zur rechten Zeit: das Ganze ist nicht das Böse, dieses vielmehr wie eh und je eine Folge des bösen Tuns Einzelner; das Schicksal, einst zentrales Medium menschlicher Tragik, wird vor dem Zwangsmechanismus der Gesellschaft, die den Völkermord bürokratisiert, zu einem Instrument der Entschreckung.

Und auch die Begrifflichkeit der Strafjustiz ist unter dem Druck solcher Verhältnisse dazu angetan, den schönen Schein zu verbreiten, der Einzelne sei der Verbrecher, wo er in Wahrheit als Einzelner gar nicht mehr zählt. Arendt hat in der Vorrede ihres Berichts die Situation im Jerusalemer Prozeß genau markiert (wenn auch aus verständlichen Gründen in der Absicht, die Vorgehensweise des Gerichts zu rechtfertigen):

»Wir hörten die Beteuerungen der Verteidigung, Eichmann sei doch nur ein ›winziges Rädchen‹ im Getriebe der ›Endlösung‹ gewesen, und die Meinung der Staatsanwaltschaft, die in Eichmann den eigentlichen Motor entdecken zu können glaubte. Ich selbst habe diesen Theorien ebensowenig Bedeutung beigemessen wie das Jerusalemer Gericht der ersten Instanz, da die ganze Rad-Theorie juristisch belanglos ist und es daher ganz gleichgültig war, in welcher Größenordnung man das ›Rädchen‹ Eichmann unterbringen wollte. Das Gericht gab in seiner Urteilsfindung natürlich zu, daß ein solches Verbrechen nur von einer Riesenbürokratie mit staatlichen Mitteln ausgeführt werden kann; sofern es aber ein Verbrechen bleibt – und dies ist ja die Voraussetzung für die Gerichtsverhandlung –, werden alle Räder und Rädchen im Getriebe vor Gericht automatisch wieder in Täter, also in Menschen zurückverwandelt« (Arendt o.J., S. 7).

In diesem juristischen Akt der Ver-Menschlichung jedoch steckt Ideologie. ›Mitmenschlich verantwortbar‹ – nach Haddenbrocks (1972, S. 923) psychiatrischem Kriterium der Selbstbestimmungsfähigkeit – war für Eichmann an seinem Handeln alles das, was *jenseits* des Unvorstellbaren lag, jenseits dessen also, was der für das Gericht zumindest mitintendierte Zweck von Eichmanns Handeln war. Doch schon das Wort ›intendiert‹ ist hier irgendwie fehl am Platz. Eichmann wollte keine Juden umbringen: es war kein Schreibtisch-Kain, sondern einer, von dem der Pfarrer, der ihn regelmäßig im Gefängnis besuchte, sagen konnte, er sei ein »Mann mit sehr positiven Ideen« (Arendt o.J., S. 53).

Mit Eichmanns Sprache, die eine der Phrasen und Klischees war, mag - wie Arendt (ebd., S. 78) nahelegt - die Eichmannsche Unmenschlichkeit zu tun gehabt haben, denn die Sprache, die er sprach, machte es ihm unmöglich, »vom Gesichtspunkt eines anderen Menschen aus sich irgend etwas vorzustellen«: »Verständigung mit Eichmann war unmöglich, nicht weil er log, sondern weil ihn der denkbar zuverlässigste Schutzwall gegen die Worte und gegen die Gegenwart anderer, und daher gegen die Wirklichkeit selbst umgab: absoluter Mangel an Vorstellungskraft.« Aber diese Sprache - während der Verhandlung sagt Eichmann einmal: »Amtssprache ist meine einzige Sprache« - ist nicht einfach das Ergebnis eines Persönlichkeitsdefektes, sondern die Sprache des Systems, des kulturellen und bürokratischen Ganzen, in dem Eichmann funktioniert. Deshalb auch rückt Arendt (ebd., S. 77) ihre Behauptung: »Doch die Amtssprache war eben gerade deshalb seine Sprache geworden, weil er von Haus aus unfähig war, einen einzigen Satz zu sagen, der kein Klischee war« sogleich wieder aus dem individualisierenden Kontext des Aphasie-Verdachtes in den allgemeinen der gesellschaftlich induzierten Erfahrungslähmung durch Sprachdressur: »Waren es die Klischees, die die Psychiater so ›normal‹ und ›vorbildlich‹ fanden? Sind dies die ›positiven Ideen‹, die ein Pfarrer bei denen zu finden hofft, über deren Seelen er wacht?« Worauf diese Fragen zielen, das ist der Einbau des Einzelnen, seiner Erfahrungs- und Artikulationsmöglichkeiten, in eine Sprache, die Redlichkeit und Völkermord auf einen Nenner bringt. Unter dem Bann dieser Sprache sind ›Endlösung‹, ›Sonderbehandlung‹ usf. spezielle verwaltungstechnische Termini, die sich semantisch an die systeminduzierten Klischees vom Wahren, Guten, Schönen, aber auch von dem, was not tut und folglich getan werden muß, anschließen lassen, ohne daß dem auf der ›subjektiven‹ Seite, der Seite der Erfahrungssubjekte-im-System, eine schmerzhafte Dissonanz der Inhalte entsprechen müßte. Eichmann ist weder eine Bestie, noch taugt er so recht als Psychopath von Psychiaters Gnaden; er ist etwas viel Entsetzlicheres: die Symbiose des Individuums, das grosso modo normal ist und grosso modo moralisch empfindet, mit dem Ganzen als dem radikal Bösen.

Es wird hier nicht behauptet, das Ganze existiere unabhängig von seinen Elementen. Eine solche Behauptung taugte bloß dazu, einer weiteren Form der Dämonisierung - nicht der des Individuums, sondern der der Gesellschaft - Vorschub zu leisten. Wohl aber existiert - und dies ist eine triviale Wahrheit - das Ganze der Gesellschaft, sobald überhaupt eine Gesellschaft existiert, schon immer *vor* jedem Einzelnen. Deshalb ist es unerläßlich, zwischen der Gesamtheit der Gesellschaftsmitglieder und dem Ganzen der Gesellschaft als der Kultur, der Ansammlung von Regeln und Institutionen, die von jedem Einzelnen übernommen und verinnerlicht werden können und zu einem Teil stets verinnerlicht werden müssen, zu unterscheiden. Weil dem aber so ist, weil das Ganze nicht aufgeht in der Summe seiner Menschenteile, kann es geschehen, daß im bürokratisch organisierten Massenstaat der Gegenwart eine Schicht von bürgerlichen und auf Gutbürgerlichkeit bedachten Beamten, die den Genozid ebenso sauber verwalten wie das Winterhilfswerk, die alte Vorstellung, das Verbrechen gründe im Wesen des verbrecherischen Individuums, in dessen Freiheit oder dessen Bestialität, Lügen straft und auf entsetzliche Weise ins Arsenal der Schauerromantik verweist. Truman, der für die Atombombenabwürfe auf Hiroshima und Nagasaki die Verantwortung trägt, soll einem Journalisten auf dessen Frage, was er, Truman, in seinem Leben am meisten bedaure, geantwortet haben: am meisten bedaure er, so spät in seinem Leben geheiratet zu haben. »Ist Edward Teller schuldig? Ist der Journalist schuldig, der einen Artikel schreibt, um die Ansprüche deutscher Politiker auf das Gerät zu unterstützen? Ist der unbekannte Mechaniker aus Oklahoma oder Magnitogorsk schuldig? Ist Mao-tse-tung schuldig? Ist schuldig, wer an die Chimäre der ›Entspannung‹ glaubt, solange Kandidaten wie Strauß oder Goldwater sich um die Macht zum Tode bewerben können? Ist der Bauunternehmer schuldig, der einen Befehlsbunker baut? Gibt es in Zukunft noch Schuldige? Gibt es Unschuldige? Oder gibt es nur noch Familienväter, Naturfreunde, normale Menschen? Der Glaskasten von Jerusalem steht leer« (Enzensberger 1964, S. 39).

Die Vorstellung, daß nicht der Einzelne, sondern das ihn umfassende gesellschaftliche Ganze böse ist, hat ihren Ursprung im milieutheoretischen Radikalismus des 19. Jahrhunderts. Und es steht wohl außer Zweifel, daß sich an die Vorstellung vom Ganzen als dem Entstehungsort der Menschendämonie Archaik zu haften vermag. So kennt auch das 20. Jahrhundert allerlei kriminologische Ambitionen, das Verbrechen samt und sonders aus der Dämonie der Gesellschaft, dem ›System‹ abzuleiten. Aber alle diese Versuche haben es mit einem Objekt zu tun - der Gesellschaft, dem System -, das ein Abstraktum ist und daher nicht unvermittelt zur Semantisierung taugt. Deshalb ist die Dämonisierung des Ganzen (wie die Dämonisierung der Natur im Lombrosianismus) undurchführbar ohne die Bestialisierung von Individuen, denen die Rolle zufällt, das Ganze zu *repräsentieren*. So stellt sich - um nur ein Beispiel zu geben -, wenn das ›kapitalistische System‹ dämonisiert wird, bislang noch immer verläßlich die feiste, feinbetuchte, durch eine Bulldoggenvisage gezeichnete Haßfigur des Ausbeuterunternehmers ein, der dicke Zigarren raucht.

Das gesellschaftliche System kann zum Logos des Bösen werden, und die Folge davon ist, daß alle seine Repräsentanten zu Bestien werden. Hier hat die Imago des Nazi, die durch Schädelspaltertypen wie Röhm verkörpert wird, ihren Ursprung, und an solchen Gestalten hat das ätiologische Interesse einen legitimen Gegenstand. Doch die Relation zwischen Eichmann und dem System ist eine andere: das Ganze mag das Böse sein, aber Eichmann ist nicht sein Repräsentant. Eichmanns Wesen besteht aus lauter Versatzstücken des kleinbürgerlichen Habitus, der durch und durch auf den regelkonformen Erwerb eines privaten Besitzstandes durch Anpassungswilligkeit, ja Anpassungsfreudigkeit an die Erfordernisse des Arbeits- und öffentlichen Lebens ausgerichtet ist. Eichmann stellt, akzeptiert man das psychiatrische Normalitätskriterium der Neuanpassungsfähigkeit, jenes psychisch intakte Gemeinschaftsmitglied dar, das aufgrund seiner generalisierten Funktionsbereitschaft an die Apparaturen des Ganzen, auch wenn dieses das Böse ist, angeschlossen werden kann, ohne selbst zur Bestie zu werden. Damit ist eine Grenze der Ätiologie erreicht. Die Glaskästen der Kriminologen stehen leer.

Anmerkungen

1 In den Wissenschaften von der Natur gibt es stets das, was Toulmin (1968, Kap. 3 u. 4) »Ideale der Naturordnung« genannt hat. Diese normieren, was als ›natürlich‹ gilt und daher keiner weiteren Erklärung bedarf. Auch im normalen Gesprächsalltag geben wir uns sehr bald zufrieden, wenn uns Gründe für eine menschliche Handlung genannt werden. Aber hinter diesem Sich-zufrieden-Geben steht kein Natürlichkeits-Ideal, das dem der Naturwissenschaften zu einer bestimmten Zeit vergleichbar wäre. Das Ideal der Naturordnung definiert eine *Grenze des sinnvollen Fragens*. Bspw. ist es für Galilei und Newton sinnlos zu fragen, warum ein Körper den Zustand der Ruhe oder Bewegung, in dem er sich befindet, beibehält, solange keine Kraft auf ihn einwirkt. So ist es eben, und das ist alles. Diese prinzipielle, durch die zu einer Zeit als gültig erachteten Grundgesetze der Natur festgelegte und nicht bloß pragmatisch motivierte Grenze des sinnvollen Fragens gibt es bei menschlichen Handlungen nicht.

2 Lombroso 1894 a [= *Der Verbrecher (Homo Delinquens)*, Bd. I] u. Lombroso 1890 [= *Der Verbrecher (Homo Delinquens)*, Bd. II] werden im folgenden stets als »HD I« und »HD II« zitiert.

3 »Ähnlich kann auch der mit psychiatrischen Kliniken befaßte Soziologe mitunter feststellen, daß die dem Geisteskranken zugeschriebene Verrücktheit oder sein ›krankes Verhalten‹ weitgehend ein Produkt der sozialen Distanz des Beobachters zur Situation des Patienten [...] ist.« Goffman 1973, S. 129.

4 Zitiert unter Zuhilfenahme der Übersetzung von Christiansen 1977, S.192; die Quelle der Übersetzung von Christiansen ist vermutlich Wolfgang 1960, S. 184, wo als Quelle genannt wird: Lombroso 1911, S. XIV f.

5 Garofalo 1888, 1. Teil, 1. Kapitel »Le délit naturel«, S. 1 - 45; besonders Abschnitt V, wo begründet wird, warum alle Verbrechen gegen die öffentliche Ordnung keine »wahren Verbrechen (vrais crimes)« sind: »ils sont relatifs aux conditions particulières d'une nation; ils ne révèlent pas dans leurs auteurs une anomalie, le défaut de cette partie du sens moral, que l'évolution a rendu presque universelle« (S. 44 f.).

6 Diese Behauptung gilt allerdings nicht ohne Einschränkung, vor allem was

bestimmte gehirnphysiologische Thesen Galls und Spurzheims betrifft. So zum Beispiel würdigt Benedikt in seinem 1888 in Buchform erschienenen Wiener Vorlesungen über Gehirn- und Schädelmessung die Leistungen Galls wie folgt: »Als Gall eine der epochemachendsten Entdeckungen der Culturgeschichte machte, daß die Gehirnhemisphären die Träger des psychischen Lebens seien und daß der quantitative Sprung von der Thierwelt zum Culturmenschen in dem Sprunge der relativ großen quantitativen Entwicklung der Hirnhemisphäre gegenüber der anderen Gehirnmasse liege, daß ferner die Entwicklung der Schädelwölbung mit dieser relativen Entwicklung der Hemisphären Schritt halte und als Gall den Grundsatz aufstellte, daß einerseits jeder topischen Entwicklung eines jeden Abschnittes der Schädelknochen eine conforme topische Entwicklung eines zugehörigen Gehirnteils entspreche und daß jeder Theil des Gehirns eine locale specifische physiologische Function, ergo eine specifische psychologische Bedeutung haben müßte, lag es nahe, den mächtigen Dreiklang Schädel, Hirn und Psyche anzuschlagen. Es war eine Albernheit der Majorität der zeitgenössischen Gelehrten, daß sie sich die Ohren zuhielten, um ihr Gehirn vor den Vibrationen dieses culturgeschichtlich mächtigen Accordes zu bewahren.« (S. 114) Was die »Albernheit der Majorität der zeitgenössischen Gelehrten« betrifft, so ist zu bemerken: Das von Gall und Spurzheim dem Institut de France 1808 überreichte *Mémoire* wird von Tenon, Portal, Sabatier, Pinel und Cuvier ablehnend begutachtet. Vgl. Gall u. Spurzheim 1809.

7 Die von Baer (1893, S. 12 f.) zitierten Äußerungen gegen die anatomischen Grundlagen der Gallschen Physiognomik stammen alle aus der Zeit nach 1840. Doch aus einem Argument Paul Brocas aus dem Jahre 1876 geht hervor, daß schon Gall und Spurzheim selbst die anatomische Crux ihrer Physiognomik hätten klar erkennen können: »Nur auf der Basis einer kranio-cerebralen Topographie hätten Gall und Spurzheim ihren Bau aufführen müssen, denn sie wollten nicht die Erhabenheiten des Schädels, sondern in die unter diesem liegenden Hirnorgane die Seelenfähigkeit lokalisieren. In diesem Falle begreift man aber nicht, daß sie sich niemals gefragt haben, welche Gehirntheile denn die auf ihren phrenologischen Karten gezogenen Abgrenzungen eigentlich wären.« (Zit. nach Baer 1893, S. 12 f.) Lustig gemacht über die Phrenologie Galls hatte sich bereits Hegel in seiner *Phänomenologie des Geistes* (1807) im Unterabschnitt c des Abschnitts über »Beobachtende Vernunft«.

8 Betreffend das Verhältnis des lombrosianischen Gedankengutes zu dem von Darwin vgl. Ochs 1957, S. 102 – 114. Lombroso war es offensichtlich darum zu tun, seine starke Beeinflussung durch Darwin nicht allzu deutlich sichtbar werden zu lassen, da dies wohl seinem Originalitätsanspruch hätte zum Schaden gereichen können.

9 Lombroso führte die Daten der Verbrecherinnen in zwei Listen, wobei die eine Liste 83, die zweite 122 Individuen umfaßte (vgl. HD I, S. 235). Zwischen den Listen differiert der Häufigkeitsanteil der geborenen Verbrecherinnen um ein Prozent. Aus dem Kommentar Lombrosos geht weder hervor, warum die Aufspaltung in zwei Listen erfolgte, noch, warum der Text (auf S. 234) von 204 untersuchten Verbrecherinnen spricht, während die beiden Listen eine Gesamtzahl von 205 ergeben - in nochmaligem Widerspruch übrigens zu jener Tabelle (auf S. 235), worin die untersuchten Verbrecherinnen nach der Art ihrer Verbrechen gruppiert werden; dort ergibt sich eine Gesamtzahl von 192 Personen.

10 »Lombroso machte über das zahlenmäßige Verhältnis seines geborenen Verbrechers zu den anderen Verbrechern keine einheitlichen Angaben. In seinem Aufsatz ›Pro schola mea‹ spricht er davon, daß bei 30 oder 35 % der Verbrecher alle kraniologischen und physiognomischen Anomalien fehlen, und daß es deshalb naheliegt anzunehmen, daß die negativen Befunde sich auf Gelegenheitsverbrecher und Verbrecher aus Affekt beziehen. In seinem Vorwort zur deutschen Ausgabe seines Werkes ›L'uomo delinquente‹ rechnet er 40 % der Verbrecher zu den geborenen. In der Regel wird für die endgültige Meinung Lombrosos seine Stellungnahme in seinem Werk ›Die Ursachen und die [!] Bekämpfung des Verbrechens‹ herangezogen; darnach weist der Verbrecher ›im Falle des Geborenseins, im Verhältnis bis zu 35 %, zahlreiche vom Normalen abweichende Merkmale auf‹; an einer anderen Stelle schreibt er, daß ›der organische Faktor bis zu 35 %, vielleicht mit 40 % beteiligt ist‹. Als abschließende Ansicht darf demnach angesehen werden, daß er unter den Verbrechern ein starkes Drittel den von ihm geschilderten geborenen Verbrechern zuzählt.« (Hering 1966, S. 51) - »Ursprünglich sah Lombroso in jedem Verbrecher einen delinquente nato. Unter dem Einfluß Ferris revidierte er diese Auffassung zunächst dahin, daß der Anteil der geborenen Verbrecher 60 - 65 % aller Verbrecher betrage, um dann später die Beteiligung der geborenen Verbrecher an der Kriminalität endgültig mit ca. 35 % anzunehmen.« (Ochs 1957, S. 41)

11 Dieses Buch wird im folgenden als »LF« zitiert.

12 Die Erwähnung Weiningers erfolgt hier nicht zuletzt deshalb, weil sich Weiningers Buch *Geschlecht und Charakter* über weite Strecken wie eine philosophisch überhöhte Wiedergabe der Thesen von Lombroso und Ferrero in ihrem Buch *Das Weib als Verbrecherin und Prostituierte* liest. Das mag daran liegen, daß sowohl Weininger als auch die beiden Kriminalanthropologen ein und denselben, in unserer Kultur verankerten Mythos vom ›Weib‹ rationalisieren. Fest steht aber, daß Weininger das Buch von Lombroso und Ferrero sehr genau gelesen haben muß; in *Geschlecht und Charakter*, Ausgabe 1922, wird es jedenfalls ausdrücklich erwähnt auf

den Seiten 500, 512, 541 f., 542, 547, 553.

13 »Diese Gleichstellung des weiblichen Prinzips mit der Finsternis ist einer der wesentlichen, wohl dem Mani selbst entstammenden Grundgedanken der Lehre und für ihre gesamte Haltung von maßgebender Bedeutung.« (Wesendonk 1922, S. 23)

14 Derart stehen die Ausführungen in LF, S. 413 ff. (»Erotismus und Männlichkeit«), in Widerspruch zu den Ausführungen in LF, S. 550, wo ausdrücklich und mehrfach von der Geschlechtskälte der Prostituierten die Rede ist.

15 LF, S. IV. – Es ist nicht leicht zu sehen, wie sich diese Behauptung mit jener anderen, wonach die Sensibilität der Frau gegenüber der des Mannes eine geringere sei, vertragen könnte. Und so ist es auch nicht verwunderlich, daß sich Lombroso und Ferrero widersprechen, indem sie die Frau einmal für unfähig erklären, sich in andere Personen einzufühlen, das andere Mal jedoch die Einfühlungsgabe der Frau als etwas rühmen, das sie vor dem Mann auszeichne (vgl. LF, S. 157 u. S. 177). Dieser Widerspruch resultiert auch daraus, daß Lombroso und Ferrero der Frau das Gerechtigkeitsempfinden, wie es sich beim Mann finden soll, absprechen, *weil* dieses nicht auftreten könne, ohne die Fähigkeit, die Gefühle anderer Menschen nachzuvollziehen, während das Mitleiden, das besonders der Frau eigentümlich und eine ihrer menschlichsten Reaktionsweisen sei, die Fähigkeit zur Einfühlung unabdingbar voraussetzt.

16 HD II, S. 344 f. – Wie Freud in seiner Schrift *Eine Teufelsneurose im siebzehnten Jahrhundert* berichtet, erschien dem Maler Christoph Haitzmann, der sich 1669 dem Teufel verschrieb, dieser zuerst »als ehrsamer älterer Bürgersmann mit braunem Vollbart, in rotem Mantel, schwarzem Hut, die Rechte auf den Stock gestützt, einen schwarzen Hund neben sich. Später wird seine Erscheinung immer schreckhafter, man möchte sagen mythologischer: Hörner, Adlerklauen, Fledermausflügel werden zu ihrer Ausstattung verwendet. Zum Schluß erscheint er in der Kapelle als fliegender Drache« (Freud 1940, S. 330).

17 Eine beliebte Klarstellungsfrage von Psychiatern, die zu erkennen glauben, daß sie anti-psychiatrisch argumentierenden Diskussionsteilnehmern gegenübersitzen, lautet: ›Leugnen Sie die *Tatsache*, daß es Geisteskrankheiten gibt?‹

18 Zitiert nach Haag 1974, S. 414, Anm. 98. Haag, Kritiker des christkirchlichen Teufelsglaubens, bemerkt zu der zitierten Stelle (ebd.): »Hier irrt Zähringer. διαβάλλειν heißt ›anfeinden‹, ›verleumden‹, aber niemals ›durcheinanderwerfen‹. Die Bezeichnung διάβολος definiert den Teufel also keineswegs als Urheber der Unordnung in der Welt.«

19 ›Erzählung‹ steht hier für alles Wissensgut, das auf eine singuläre Erlebnissituation zurückzuführen ist. Hierunter fallen auch Situationen, in de-

nen jemand durch assoziative Imagination ein Zusammenhang ›aufleuchtet‹, über den er dann narrativ oder dogmatisch die Gemeinschaft, in der er lebt, unterrichtet. Da häufig die Erzählungen, die den Ursprung des mythischen Wissens einer Zeit bilden, zu dieser Zeit bereits vergessen sein werden, bilden das Material des mythischen Denkens die oft vielschichtigen Überbleibsel und Restbestände einstiger Erzählungen, die *odds and ends*, von denen Lévi-Strauss spricht.

20 Gegen Hans Göppinger und Günter Kaiser, die es ablehnten, »in einer philosophischen Anthropologie die sinngebende Mitte für die Kriminologie zu finden‹«, betont Lange (1970, S. 345): »Hier zeigt sich ein Mißverständnis: als ob die philosophische Anthropologie ein neues spekulatives Moment in die Kriminologie hineintragen wollte. Das müßten auch wir ablehnen. Exakte, streng empirisch orientierte Forschungsrichtungen und stoffadäquate Methoden mit dem Blick auf die spezifischen Phänomene und Entwicklungen der Gegenwartskriminalität erzwingen von ›unten‹ her die Revision des Menschenbildes der Kriminologie.«

21 Schneider stellt dieselbe Behauptung auch auf für die Überprüfung einer Frage der Art ›War N. N. zur Tatzeit fähig, das Unrecht seines Handelns einzusehen?‹. – Mit Schneider im Prinzip einig, jedenfalls was das Problem der Dispositionsfähigkeit betrifft, sind sich die ›Agnostiker‹ unter den forensischen Psychiatern der Gegenwart, wie S. Haddenbrock, H. Göppinger, W. de Boor. Sie alle jedoch versuchen ihren ›Agnostizismus‹ in der Freiheitsfrage gleich wieder zu hintergehen, indem sie unisono behaupten, der Gutachter sei selbstverständlich in der Lage, das Vorliegen der Fähigkeit zur Selbstbestimmung des Handelns (= Dispositionsfähigkeit) empirisch zu ermitteln, weil diese Ermittlung keinesfalls eine der ›Willensfreiheit‹ (= Dispositionsfähigkeit, oder was?) sei. Das ist eine sehr, sehr dunkle Lehre, und sie wird nicht lichtvoller durch Ausführungen wie die folgende: »die theoretische Fundierung des Schuldstrafrechts auf dem Prinzip der Willensfreiheit und die Konkretisierung dieses Prinzips in der praktischen Rechtsprechung sind etwas toto coelo Verschiedenes!« (Haddenbrock 1963, S. 474) Das ist entweder purer Blödsinn oder eine infam-ideologische Ermunterung zu babylonischer Sprachenverwirrung; jedenfalls dürfte es mittlerweile die herrschende Lehre sein.

22 Eine der Eigentümlichkeiten des Zusammenspiels von Psychiatrie und Justiz ist die permanente Unklarheit über die Kompetenzverteilung zwischen den ungleichen Partnern. Wenn man mit dem naiven Blick des Logikers an die Tätigkeit des forensischen Psychiaters im Begutachtungsverfahren herantritt, so scheint es zwingend, daß es dieser ist, der über die Zurechnungsfähigkeit eines Kriminellen *sachlich* entscheidet. Zurechnungsfähig ist ein Täter dann und nur dann, wenn er zur Tatzeit aufgrund eines der im Gesetz bezeichneten psychischen Defekte das Un-

recht seiner Tat nicht einsehen oder nicht einsichtsmäßig handeln konnte. Indem der Psychiater nun feststellt, ob der Täter zur Tatzeit wegen eines gesetzlich qualifizierten psychischen Defekts nicht imstande war, das Unrecht seiner Tat einzusehen oder einsichtsgemäß zu handeln, stellt er damit *definitionsgemäß* auch fest, ob der Täter zur Tatzeit zurechnungsunfähig war. Man sollte meinen, die simple Logik dieses Arguments müßte einleuchten. Sie tut es aber nicht. So verwahrt sich Lange gegen Richter, die meinen, »mit dem empirischen Befund sei der Sachverständige auch zum Urteil über die Verantwortlichkeit berufen« (Vorwort zu Stumpfl 1961, S. V). Haddenbrock (1963, S. 467) konstatiert: »Über die Schuld- bzw. Zurechnungsfähigkeit als solche kann und soll nicht der Sachverständige kompetent urteilen, sondern der Richter.« Auch Stumpfl (1961, S. 33, 56, 6) vertritt diesen Standpunkt, und zwar auf eine äußerst undurchsichtige Weise: Es sei die Aufgabe des Psychiaters, empirische Bedingungen der Schuldfähigkeit anzugeben und Grade der Schuldfähigkeit zu eruieren, gleichwohl bleibe das Bemessen der Schuld dem Gesetzgeber und dem Richter allein vorbehalten. Nach Ansicht von Hans-Heinrich Jescheck (1962, S. 218) verhält sich die Sachlage folgendermaßen: »Wir persönlich haben den Eindruck, daß in den Merkmalen der Einsichts- und Hemmungsfähigkeit empirische und wertende Gesichtspunkte zusammenkommen: Die Auswirkungen der Störung auf das Steuerungsvermögen im Hinblick auf die ganz bestimmte Tat muß der Gutachter darlegen, der Jurist muß dagegen entscheiden, ob die Rechtsordnung unter den festgestellten Bedingungen des Einzelfalls vom Täter noch Selbstbeherrschung verlangte.« Hier wird nun vollends verdunkelt, wer eigentlich was feststellt. Wenn der Psychiater über die Steuerungsfähigkeit spricht, worüber spricht dann der Richter, wenn er von der Fähigkeit zur Selbstbeherrschung redet? Sprechen da nicht beide gleichermaßen über die Fähigkeit, gemäß der Unrechtseinsicht zu handeln? Langelüddeke (1971, S. 20) vertritt in dieser Diskussion die Ansicht, die der Realität der gutachterlichen Praxis wohl am nächsten kommt. Demnach liegt zwar die letzte Entscheidung über die Zurechnungsfähigkeit beim Gericht, dennoch ist es die Aufgabe des Sachverständigen, »seiner Meinung auch über die Zurechnungsfähigkeit ›aus ärztlicher Sicht‹ klar Ausdruck« zu geben. Allgemein läßt sich sagen, daß die gerichtspsychiatrische Literatur einerseits voll ist mit dezidierten Aussagen, unter welchen Bedingungen Zurechnungsfähigkeit vorliege, andererseits aber vielfach behauptet wird, der Gutachter sei zur Feststellung über die Zurechnungsfähigkeit nicht berechtigt. In Zusammenhang mit der hier vorliegenden Unsicherheit steht auch die Ad-hoc-Differenzierung zwischen einem medizinischen und einem juristischen Krankheitsbegriff, wie sie schon von H. Binswanger 1941 (S. 127) mit Nachdruck verfochten wird. Haddenbrock schlägt

20 Jahre später in die gleiche Kerbe, wenn er feststellt: »Die strafjuristische Unterscheidung zwischen ›Charakter‹ einerseits und psychischer ›Krankheit‹, ›Störung‹, ›Anomalie‹ andererseits steht nur in sehr lockerer Beziehung zu der medizinisch-theoretischen und ärztlich-praktischen Unterscheidung zwischen gesund und krank« (1963, S. 468). Die Folge davon ist, daß auch der Zurechnungsbegriff als juristischer nur noch in einer ›sehr lockeren Beziehung‹ steht mit den Ausführungen des Psychiaters über die Möglichkeit der Unrechtseinsicht und Selbstbestimmung beim Täter zur Zeit der Tat – ein Umstand, der, wie z.B. eine Reihe von Entscheidungen des Bundesgerichtshofes der BRD beweist, von juristischer Seite aus durchaus goutiert wird. Von dieser Seite aus wollte man sich wohl seit jeher nicht vollends auf den engen psychiatrischen Krankheitsbegriff festlegen, wollte aber gleichzeitig nach außen hin den psychiatrischen Rahmen, in dem sich die Beurteilung der Zurechnungsfähigkeit bewegt, nicht explizit durchbrechen. Die Befürwortung eines solch merkwürdigen Verfahrens in einem großen Teil der gerichtspsychiatrischen Literatur läßt natürlich den Gedanken aufkommen, daß der ganze Komplex ›Aufgabenteilung‹ zwischen Richter und Psychiater auch in hohem Maße dem Bedürfnis des letzteren Rechnung trägt, gutachterliche Macht zu maximieren, die daraus resultierende Verantwortung aber zu minimieren. Dies ist eine zweifellos kritikwürdige rechtspolitische Tendenz. An der strafrechtlichen Behandlung des ›Psychopathen‹ (und dessen Einschätzung in der Öffentlichkeit) im allgemeinen sowie des als psychopathisch klassifizierten einzelnen Rechtsbrechers im besonderen sind die Gerichtspsychiater – deren Pathologisierungspolitik und deren Gutachten – wesentlich mitbeteiligt.

23 Zur angesprochenen Legitimatorenrolle ist folgendes zu sagen: Beständig wird von den forensischen Psychiatern darauf hingewiesen, daß ihre Stellung gegenüber der Gerichtsbarkeit nur die eines *Gehilfen* sein könne. Dieser Hinweis hat im vorliegenden Kontext in der Regel eine spezifische Bedeutung, nämlich die, daß der jeweilige Gutachter auf dem Boden der geltenden Auffassung der Strafe als einer Schuldstrafe zu stehen habe, ansonsten er für die Gutachtertätigkeit ungeeignet sei. Dabei wird gerne auf die Lehre von Eberhard Schmidt verwiesen, wonach ein Sachverständiger, der aus welchen Gründen auch immer Begriffe wie Schuld, Schuldfähigkeit, Vorwerfbarkeit, persönliche Verantwortlichkeit als wissenschaftswidrig verwerfe, von Gesetzes wegen nicht die Gehilfenrolle spielen könne, die ihm durch die Strafprozeßordnung zugewiesen werde. Daher bestanden für de Boor noch 1966 (S. 80) »weiterhin Bedenken, Psychoanalytiker, die sich *nicht* mit dem das deutsche Strafrecht kennzeichnenden Schuldprinzip identifizieren, als Sachverständige im Strafprozeß zuzulassen«. – Derlei Auslassungen stehen eindeutig im Widerspruch zu

der von den forensischen Psychiatern geteilten Auffassung, ihre Tätigkeit im Begutachtungsverfahren sei eine ausschließlich wissenschaftliche. Inwiefern ist es für die Erstellung wissenschaftlicher Befunde von Relevanz, welcher Strafkonzeption der Gutachter zuneigt? Diese Frage stellt sich überhaupt nur, weil in die Gutachtertätigkeit offenbar Orientierungsgesichtspunkte eingehen, die dort nichts zu suchen haben, weil sie wissenschaftlich nicht abdeckbar sind. (Zur ›Überidentifikation‹ der Gerichtspsychiater mit der Justiz und der von dieser vertretenen Strafkonzeption vgl. Maisch 1973, S. 190 ff.)

24 Die folgende Skizze entwirft eine Idealanstalt mit sozialtherapeutischem Charakter, wie sie sich ergäbe, realisierte man an einem einzigen Ort die affirmativen Vorschläge der in ›klassischer‹ Manier therapeutisch engagierten Artikelschreiber mit Praxiserfahrung. Natürlich sind sich die Autoren nicht in allen Detailfragen einig, aber es gibt doch einen harten Kern des als sozialtherapeutisch wünschbar Geltenden und nur auf diesen nehmen die folgenden Zitate Bezug.

25 »... jedoch zum Lichte kommt dies Leid sogleich,/Freiwillig, nicht gezwungen...« (Sophokles, *Die Tragödien*, S. 170).

26 Zwei renommierte Linksintellektuelle der BRD, Verkörperungen hoher moralischer Autorität, sollen daran gedacht haben, gegen den Verlag, der sowohl sie als auch Sobota unter Vertrag genommen hatte, Schritte des Boykotts zu setzen, falls dieser den *Minus-Mann* auf den Markt brächte.

27 Mit ›Methode‹ ist hier nicht ein bloß formales Darstellungsinstrumentarium gemeint. Rationalisierung, Humanisierung, Dehumanisierung zielen immer auch auf einen Umkreis von Inhalten. Und dies gilt in bestimmter Weise selbst noch für die ›Methode‹ der Ästhetisierung, wiewohl offenkundig ist, daß in der Moderne ästhetische Regulative einen Umkreis möglicher Inhalte (inhaltlicher Konstellationen) bloß noch indirekt zu bestimmen vermögen, nämlich über das *Wie* der Präsentation affektiv bedeutsamer Materien. Auch wo alles gesagt und alles gezeigt werden darf, dort darf es in der Regel nicht auf jede mögliche Weise gesagt und gezeigt werden; der Ausschluß möglicher Perspektiven läuft aber auf den Ausschluß möglicher Ansichten und damit möglicher Inhalte hinaus.

28 Dies hat damit zu tun, daß die Frage nach inhaltlicher Erkenntnis *überhaupt* sich zumeist versteht als eine Frage, deren Beantwortung keine inhaltliche Erkenntnis voraussetzen dürfe, es sei denn um den Preis einer petitio principii. Da sich aber aus rein formalen (logischen, analytischen) Wahrheiten keine inhaltlichen ableiten lassen, führt die Frage wegen der in ihr beschlossenen Voraussetzung niemals zu der gewünschten Antwort, d.h. einer solchen, die nicht jeden Inhalts ermangelte. Und dies verbucht der Skeptiker als Erfolg für sich.

29 Vgl. hierzu die Kontroverse voller moralisch-politischer Untertöne in

den Jahrgängen 1977, 1978 und 1979 des *Kriminologischen Journals*. Trutz v. Trotha: Ethnomethodologie und abweichendes Verhalten, Anmerkung zum Konzept des ›Reaktionsdeppen‹, *KrimJ* 9 (1977), S. 98 - 115. Micha Brumlik u. Wolfgang Keckeisen: Über Sinn und Sinnloses - Zu T. v. Trothas Rezeption der Ethnomethodologie, *KrimJ* 10 (1978), S.58 - 65. Christa Fengler-Kargler u. Thomas Fengler: Jagd auf eine Chimäre, *KrimJ* 10 (1978), S. 65 - 69. Trutz v. Trotha: Halali und die Hypostasierung der juristischen Wahrheitsfindung, *KrimJ* 11 (1979), S. 75 - 80. - Zu differenzierenden Überlegungen im Rahmen des *labeling approach* vgl. Irmgard Eisenbach-Stangl u. Wolfgang Stangl: Strukturen von Definitionen und Definitionen von Strukturen, *KrimJ* 11 (1979), S. 306-319.

30 Allerdings war Beccaria bemüht, sein Argument, dessen Zynismus ihn offenbar beunruhigte, nicht bloß pragmatisch, sondern überdies auch moralisch annehmbar zu machen, und zwar durch die folgende Perspektivendiskussion: »Wer behauptet, daß lebenslängliche Freiheitsstrafe ebenso schmerzlich wie die Todesstrafe sei und deshalb ebenso grausam wie diese, so antworte ich hierauf, daß, wenn man alle traurigen Augenblicke dieser Freiheitsstrafe zusammenzählt, sie sogar noch grausamer sein würde; allein diese erstrecken sich auf die ganze Lebensdauer, während jene ihre ganze Wirkung in einem Augenblick erschöpft. Dies ist aber gerade der Vorteil der Freiheitsstrafe, daß sie dem Zuschauer weit schrecklicher vorkommt als dem, der sie erduldet. Denn der erstere faßt die ganze Summe der unglücklichen Augenblicke ins Auge, während der letztere durch die Mißlichkeit des gegenwärtigen Augenblicks von dem Gedanken an die Zukunft abgelenkt wird.« (Beccaria 1905, S. 111)

31 Reiwald 1973, S. 261. Die Stelle ist in mehrfacher Hinsicht aufschlußreich. Nicht nur wird empfohlen, die Frage der schmerzlosen Tötung blutrünstiger Charaktermonster durch den Gerichtsarzt zu prüfen; auch werden gleich die sozialpsychologischen Bedingungen, unter denen solcher Mord keine ›unbewußten‹ Schuldgefühle bei ›der Gesellschaft‹ mehr auslösen würde, angegeben. Und schließlich findet das Vergeltungsdenken, das Reiwald nimmermüde bekämpft, in dem von ihm empfohlenen Umgang mit unverbesserlichen Gesellschaftsschädlingen eine bequeme Nische: die lebenslängliche Abschließung der Schädlinge hat einherzugehen mit *Arbeitszwang*.

Literatur

Adorno, Theodor W.: Negative Dialektik, in: ders., *Gesammelte Schriften*, Bd. 6, Frankfurt am Main 1973, S. 7 - 412.

-: Sexualleben und Recht heute, in: ders., *Gesammelte Schriften*, Bd. 10/2, Frankfurt am Main 1977, S. 533 - 554.

Alexander, Franz u. Staub, Hugo: *Der Verbrecher und seine Richter. Ein psychoanalytischer Einblick in die Welt der Paragraphen*, Wien 1929.

Altenberg, Peter: *Pròdrŏmŏs*, 4. u. 5. Aufl., Berlin 1919.

Ancel, Marc: *Die neue Sozialverteidigung (La défence sociale nouvelle). Eine Bewegung humanistischer Kriminalpolitik*, a. d. Frz. v. Michael Melzer, Stuttgart 1970 (Orig.: 2. Aufl., Paris 1966)

Arendt, Hannah: *Eichmann in Jerusalem. Ein Bericht von der Banalität des Bösen*, a. d. Amerik. v. Brigitte Granzow, München o.J.

Baer, A.: *Der Verbrecher in anthropologischer Beziehung*, Leipzig 1893.

Bataille, Georges: *Das obszöne Werk*, a. d. Frz. u. Nachwort v. Marion Luckow, Reinbek bei Hamburg 1977.

Beccaria, Cesare: *Über Verbrechen und Strafen*, übers., mit biogr. Einl. u. Anm. versehen v. Karl Esselborn, Leipzig 1905.

Becker, Howard S.: *Außenseiter. Zur Soziologie abweichenden Verhaltens*, übers. v. Norbert Schultze, Frankfurt am Main 1973 (Orig.: Outsiders, New York 1963).

Benedikt, Moriz: *Kraniometrie und Kephalometrie. Vorlesungen*, gehalten an der Wiener Allgemeinen Poliklinik, Wien und Leipzig 1888.

Binswanger, Herbert: *Zur forensischen Psychiatrie der nicht geisteskranken Personen. Für Mediziner und Juristen unter besonderer Berücksichtigung des Neuen Schweiz. Strafgesetzbuches*, Bern 1941.

Burkhardt, Björn: Charaktermängel und Charakterschuld. Überlegungen zu BGH NJW 1966, 1871, in: *Vom Nutzen und Nachteil der Sozialwissenschaften für das Strafrecht. Prinzipien der strafrechtlichen Zurechnung und Sanktionsprobleme - Strafe im Übergang*, Bd. 1, hg. v. Klaus Lüderssen u. Fritz Sack, Frankfurt am Main 1980, S. 87 - 142.

Chesler, Phyllis: *Über Männer*, Reinbek bei Hamburg 1979.
Chomsky, Noam: *Aus Staatsraison*, a. d. Amerik. v. Burkhart Kroeber, Frankfurt am Main 1974 (Orig.: New York 1973).
Christiansen, Karl O.: Kriminologie (Grundlagen) I, in: *Handwörterbuch der Kriminologie*, Bd. 2, hg. v. Rudolf Sieverts u. Hans Joachim Schneider, 2., völlig neubearb. Aufl., Berlin 1977, S. 187 - 220.
Cohen, Albert K.: Mehr-Faktoren-Ansätze, in: *Kriminalsoziologie*, hg. v. Fritz Sack u. René König, 2. Aufl., Frankfurt am Main 1974, S. 219 - 225.
Cohen, Stanley u. Taylor, Laurie: *Ausbruchsversuche. Identität und Widerstand in der modernen Lebenswelt*, a. d. Engl. v. Thomas Lindquist, Frankfurt am Main 1977 (Orig.: Escape Attempts, London 1976).

Danto, Arthur C.: *Analytische Philosophie der Geschichte*, a. d. Engl. v . Jürgen Behrens, Frankfurt am Main 1974 (Orig.: Cambridge 1965).
Darwin, Charles: *Die Abstammung des Menschen und die geschlechtliche Zuchtwahl*, a. d. Engl. v. J. Victor Carus, 2 Bde, 3., ganzlich umgearbeitete Aufl., Stuttgart 1875.
-: *Insectenfressende Pflanzen*, a. d. Engl. v. J. Victor Carus, Stuttgart 1876.
De Boor, Wolfgang: *Bewußtsein und Bewußtseinsstörungen. Ein II. Beitrag zur Strafrechtsreform*, Berlin-Heidelberg-New York 1966.
Devereux, Georges: *Angst und Methode in den Verhaltenswissenschaften*, a. d. Engl. v. Caroline Neubaur u. Karin Kersten, München o.J. (Orig.: From Anxiety to Method in the Behavioral Sciences, Den Haag - Paris 1967).
-: *Normal und anormal. Aufsätze zur allgemeinen Ethnopsychiatrie*, Einleitung v. Erich Wulff, a. d. Frz. v. Thomas Lindquist, Frankfurt am Main 1974.
Dodds, E. R.: Über Mißverständnisse des Oedipus Rex, in: ders., *Der Fortschrittsgedanke in der Antike und andere Aufsätze zu Literatur und Glauben der Griechen*, übers. v. Kristine Morgenthaler, Zürich u. München 1977, S. 79 - 96.
Dörner, Klaus: *Bürger und Irre. Zur Sozialgeschichte und Wissenschaftssoziologie der Psychiatrie*, Frankfurt am Main 1969.

Elias, Norbert: *Über den Prozeß der Zivilisation. Soziogenetische und psychogenetische Untersuchungen*, 2 Bde, 2. Aufl., Bern 1969.
Engisch, Karl: *Die Lehre von der Willensfreiheit in der strafrechtsphilosophischen Doktrin der Gegenwart*, Berlin 1963 (Schriftenreihe der Juristischen Gesellschaft e.V., Bd. 10).
-: Um die Charakterschuld, in: *Monatsschrift für Kriminologie und Strafrechtsreform* 50 (1967), S. 108 - 122.
Enzensberger, Christian: *Größerer Versuch über den Schmutz*, Frankfurt am Main - Berlin - Wien 1980.

Enzensberger, Hans Magnus: Reflexionen vor einem Glaskasten, in: *Politik und Verbrechen. Neun Beiträge*, Frankfurt am Main 1964, S. 7 - 39.

Eser, Albin: Resozialisierung in der Krise? Gedanken zum Sozialisationsziel des Strafvollzugs, in: *Seminar: Abweichendes Verhalten III: Die gesellschaftliche Reaktion auf Kriminalität*, Bd. 2: Strafprozeß und Strafvollzug, hg. v. Klaus Lüddersen u. Fritz Sack, Frankfurt am Main 1977, S. 276 - 290.

Eysenck, Hans-Jürgen: *Die Ungleichheit der Menschen*, a. d. Engl. v. Horst Dieter Rosacker, München 1975 (Orig.: London 1973).

-: *Kriminalität und Persönlichkeit*, übers. v. Liesl Nürenberger, Wien 1977 (Orig.: Crime and Personality, London 1964).

Ferri, Enrico: *Das Verbrechen als sociale Erscheinung. Grundzüge der Kriminal-Sociologie*, autorisierte dt. Ausg. v. Hans Kurella, Leipzig 1896.

Feyerabend, Paul: *Wider den Methodenzwang. Skizze einer anarchistischen Erkenntnistheorie*, übers. v. H. Vetter, Frankfurt am Main 1976 (Orig.: Against Method, 1975).

Foucault, Michel (Hg.): *Der Fall Rivière. Materialien zum Verhältnis von Psychiatrie und Strafjustiz*, a. d. Frz. v. W. H. Leube, Frankfurt am Main 1975 (Orig.: Moi, Pierre Rivière, ayant égorgé ma mère, ma soeur et ma frère, Paris 1973).

-: *Sexualität und Wahrheit. Bd. 1: Der Wille zum Wissen*, übers. v. Ulrich Raulf u. Walter Seitter, Frankfurt am Main 1977 a (Orig.: Histoire de la sexualité, Paris 1976).

-: *Überwachen und Strafen. Die Geburt des Gefängnisses*, übers. v. Walter Seitter, Frankfurt am Main 1977 b (Orig.: Surveiller et punir, Paris 1975).

Freud, Sigmund: Eine Teufelsneurose im siebzehnten Jahrhundert, in: *Gesammelte Werke*, hg. v. Anna Freud, Bd. 13, London 1940.

Frey, Erwin R.: *Heilen statt strafen? Zur Frage der strafrechtlichen Verantwortung und Behandlung von Sexualdelinquenten*, Zürich 1962.

[Gall]: *Darstellung der neuen auf Untersuchungen der Verrichtungen des Gehirns gegründeten Theorie der Physiognomik des Herrn Dr. Gall in Wien*, dritte, sehr vermehrte Aufl., Wien 1802.

Gall u. Spurzheim: *Untersuchungen über die Anatomie des Nervensystems überhaupt und des Gehirns insbesondere*, Ein dem Französischen Institute überreichtes Mémoire, Nebst dem Berichte der H. H. Commissaire des Institutes und den Bemerkungen der Verfasser über diesen Bericht, Paris u. Strasburg 1809.

Garofalo, R.: *La Criminologie. Étude sur la nature du crime et la théorie de la pénalité*, Ouvrage traduit de l'italien et entièrement refondu par l'auteur, Paris 1888 (Ital. Orig.: Criminologia, Turin 1885).

Goffman, Erving: *Asyle. Über die soziale Situation psychiatrischer Patienten und anderer Insassen*, a. d. Amerik. v. Nils Lindquist, Frankfurt am Main 1973 (Orig.: Asylums, New York 1961).

Gramatica, Filippo: *Grundlagen der Défence Sociale (Gesellschaftsschutz)*, 2 Teile, Vorwort v. René König, a. d. Ital. v. A. Mergen u. G. Herbig, Hamburg 1965 (Orig.: Principi di Difesa Sociale, Padova - Cedam 1961).

Haag, Herbert: *Teufelsglaube. Mit Beiträgen v. Katharina Elliger, Bernhard Lang u. Meinrad Limbeck*, Tübingen 1974.

Haddenbrock, Siegfried: Die juristisch-psychiatrische Kompetenzgrenze bei Beurteilung der Zurechnungsfähigkeit im Lichte der neueren Rechtsprechung, in: *Zeitschrift für die gesamte Strafrechtswissenschaft* 75 (1963), S. 460 - 477.

-: Strafrechtliche Handlungsfähigkeit und ›Schuldfähigkeit‹ (Verantwortlichkeit); auch Schuldformen, in: *Handbuch der forensischen Psychiatrie II*, hg. v. H. Göppinger u. H. Witter, Berlin - Heidelberg - New York 1972, S. 863 - 916.

Hakeem, Michael: Eine Kritik des psychiatrischen Ansatzes, in: *Kriminalsoziologie*, hg. v. F. Sack u. R. König, 2. Aufl., Frankfurt am Main 1974, S. 244 - 282.

HD I, II siehe Lombroso 1894 a, 1890.

Hentig, Hans von: *Das Verbrechen I (Der kriminelle Mensch im Kräftespiel von Zeit und Raum)*, Berlin - Göttingen - Heidelberg 1961.

Hering, Karl-Heinz: *Der Weg der Kriminologie zur selbständigen Wissenschaft. Ein Materialbeitrag zur Geschichte der Kriminologie*, Hamburg 1966 (Kriminologische Schriftenreihe, Bd. 23).

Herren, Rüdiger: *Freud und die Kriminologie. Einführung in die psychoanalytische Kriminologie*, Stuttgart 1973.

Horkheimer, Max: *Kritische Theorie. Eine Dokumentation*, hg. v. Alfred Schmidt, Bd. 2, Frankfurt am Main 1968.

Huizinga, Johan: *Herbst des Mittelalters. Studien über die Lebens- und Geistesformen des 14. und 15. Jahrhunderts in Frankreich und in den Niederlanden*, hg. v. Kurt Köster, 11. Aufl., Stuttgart 1975.

Jescheck, Hans-Heinrich: Die Bedeutung nicht-krankhafter Bewußtseinsstörungen und seelischer Ausnahmeerscheinungen für die Zurechnungsfähigkeit aus der Sicht des Juristen, in: *Gerichtliche Psychologie. Aufgabe und Stellung des Psychologen in der Rechtspflege*, hg. v. G. Blau u. E. Müller-Luckmann, Neuwied am Rhein 1962, S. 208 - 222.

Kargl, Walter: Krankheit, Charakter, Schuld. Beitrag zu einem kritischen Dialog zwischen Strafrecht und Kriminalpsychiatrie, in: *Neue Juristische Wochenschrift* 13 (1975), S. 558 - 563.

-: *Kritik des Schuldprinzips*, Frankfurt am Main 1983.
Katschnig, H. u. Steinert, H.: Über die soziale Konstruktion der Psychopathie. Soziopathische Handlung und soziopathische Strategie I, in: *Neurose, Charakter, soziale Umwelt. Beiträge zu einer speziellen Neurosenlehre*, hg. v. H. Strotzka, München 1973, S. 104 - 118.
Keckeisen, Wolfgang: *Die gesellschaftliche Definition abweichenden Verhaltens. Perspektiven und Grenzen des labeling approach*, München 1974.
Kirn: Über den gegenwärtigen Stand der Criminal-Anthropologie, in: *Allgemeine Zeitschrift für Psychiatrie und psychisch-gerichtliche Medizin* 50 (1894), S. 705 - 713.
Koller, Peter: Probleme der utilitaristischen Strafrechtfertigung, in: *Zeitschrift für die gesamte Strafrechtswissenschaft* 91 (1979), S. 45 - 95.
Kurella, H.: *Naturgeschichte des Verbrechers. Grundzüge der Criminellen Anthropologie und Criminalpsychologie. Für Gerichtsärzte, Psychiater, Juristen und Verwaltungsbeamte*, Stuttgart 1893.
-: *Die Grenzen der Zurechnungsfähigkeit und die Kriminal-Anthropologie. Für Juristen, Ärzte und gebildete Laien*, Halle a. S. 1903.
-: *Anthropologie und Strafrecht. Zwei Vorträge* (I. Cesare Lombroso, Ein Nachruf, S. 1 - 16; II. Kriminal-Anthropologie und Strafrecht im Lichte der Verhandlungen des VII. Internationalen Kongresses für Kriminal-Anthropologie in Köln, 9. - 13. Oktober 1911, S. 17 - 84), Würzburg 1912.

Lange, Richard: *Das Rätsel Kriminalität. Was wissen wir vom Verbrechen?*, Frankfurt am Main - Berlin 1970.
Langelüddeke, Albrecht: *Gerichtliche Psychiatrie*, 3., vollst. neubearb. Aufl., Berlin 1971.
Lautréamont: *Das Gesamtwerk*, a. d. Frz. mit einem Nachwort u. Bibliographie v. Ré Soupault, Reinbek bei Hamburg 1963.
Lenz, Adolf: *Mörder. Die Untersuchung der Persönlichkeit als Beitrag zur kriminalbiologischen Kasuistik und Methodik*, Graz 1931.
Lesky, Albin: Göttliche und menschliche Motivation im homerischen Epos, in: *Sitzungsberichte der Heidelberger Akademie der Wissenschaften*, Phil.-hist. Klasse, Heidelberg 1961, 4. Abhandlung.
Lévi-Strauss, Claude: *Das wilde Denken*, a. d. Frz. v. Hans Naumann, Frankfurt am Main 1973 (Orig.: La pensée sauvage, Paris 1962).
LF siehe Lombroso u. Ferrero 1894.
Lombroso, Cesare: *Der Verbrecher (Homo Delinquens) in anthropologischer, ärztlicher und juristischer Beziehung*, übers. v. M. O. Fraenkel, Erster Band, mit Vorwort v. von Kirchenheim, zweiter Abdruck, Hamburg 1894 a (= HD I); Zweiter Band Hamburg 1890 (= HD II).
-: *Neue Fortschritte in den Verbrecherstudien*, übers. v. Hans Merian, Leipzig 1894 b.

-: *Die Ursachen und Bekämpfung des Verbrechens*, Berlin 1902.
-: *Neue Verbrecherstudien*, übers. v. Ernst Jentsch, Halle a. S. 1907.
-: »Introduction« to Gina Lombroso-Ferrero: *Criminal Man According to the Classification of Cesare Lombroso*, New York 1911.
Lombroso, C. u. Ferrero, G.: *Das Weib als Verbrecherin und Prostituierte. Anthropologische Studien. Gegründet auf eine Darstellung der Biologie und Psychologie des normalen Weibes*, übers. v. H. Kurella, Hamburg 1894 (= LF).

Mailer, Norman: *Gnadenlos*, a. d. Amerik. v. Edith Walter u. Lore Strassl, München 1979 (Orig.: The Executioner's Song, 1979).
Maisch, H.: Methodische Aspekte psychologisch-psychiatrischer Täterbegutachtung - Zur Rolle des Sachverständigen im Strafprozeß, in: *Monatsschrift für Kriminologie und Strafrechtsreform* 56 (1973) , S. 189 - 198.
Matza, David: *Abweichendes Verhalten. Untersuchungen zur Genese abweichender Identität*, übers. v. Tobias Rülcker, Heidelberg 1973 (Orig.: Becoming Deviant, Englewood Cliffs, N.J. 1969).
Mauch, Gerhard u. Mauch, Roland: Sozialtherapie in der Strafanstalt. Möglichkeiten und Grenzen, in: *Verbrechen - Schuld oder Schicksal? Zur Reform des Strafwesens*, Tagungsbericht, hg. v. Wilhelm Bitter, Stuttgart 1969, S. 158 - 176.
Mauriac, François: *Die Tat der Thérèse Desqueyroux*, a. d. Frz. v. Maria Dessauer, Frankfurt am Main 1980 (Orig.: Thérèse Desqueyroux, Paris 1927).
Menninger, Karl: Therapie statt Strafe, in: *Recht und Moral. Texte zur Rechtsphilosophie*, hgg. v. Norbert Hoerster, München 1977, S. 195 - 208 (Orig.: Verdict Guilty. Now What?, in: Harper's Magazine, August 1959).
Mergen, Armand: *Tat und Täter. Das Verbrechen in der Gesellschaft*, München 1971.
Mittelstädt, Otto: *Gegen die Freiheitsstrafen. Ein Beitrag zur Kritik des heutigen Strafensystems*, 2. Aufl., Leipzig 1879.
Moser, Tilmann: *Jugendkriminalität und Gesellschaftsstruktur. Zum Verhältnis von soziologischen, psychologischen und psychoanalytischen Theorien des Verbrechens*, Frankfurt am Main 1970.
-: *Repressive Kriminalpsychiatrie. Vom Elend einer Wissenschaft. Eine Streitschrift*, Frankfurt am Main 1971.

[Nestle]: *Die Nachsokratiker*, dt. in Auswahl mit Einleitungen v. Wilhelm Nestle, Bd. 2, Jena 1923.
Nietzsche, Friedrich: *Werke*, Ausgabe Karl Schlechta, 3 Bde.

Ochs, Gerd: *Die Lehre Lombrosos. Darstellung, Genealogie und Kritik der positiven Strafrechtslehre* (Dissertation), Frankfurt am Main 1957.

Oettingen, Alexander von: Über die methodische Erhebung und Beurteilung kriminalstatistischer Daten, in: *Zeitschrift für die gesamte Strafrechtswissenschaft* 1 (1881), S. 414 - 438.
[Orelli]: *Johann Kaspar Lavater's ausgewählte Schriften*, hg. v. Johann Kaspar Orelli, Bd. 4, Zürich 1842.

Papini, Giovanni: *Der Teufel. Anmerkung für eine zukünftige Teufelslehre*, a. d. Ital. v. Anna von Nostitz u. Tonio Kalle, Stuttgart o.J.
Plack, Arno: *Plädoyer für die Abschaffung des Strafrechts*, München 1974.
Polsky, Ned: Forschungsmethode, Moral und Kriminologie, in: *Teilnehmende Beobachtung abweichenden Verhaltens*, hg. v. Jürgen Friedrichs, Stuttgart 1973, S. 51 - 82.
Pothast, Ulrich: *Die Unzulänglichkeit der Freiheitsbeweise. Zu einigen Lehrstücken aus der neueren Geschichte von Philosophie und Recht*, Frankfurt am Main 1980.

Rasch, W.: Schuldfähigkeit, in: *Lehrbuch der Gerichtlichen Medizin. Für Mediziner und Juristen*, hg. v. A. Ponsold, Stuttgart 1967, S. 55 - 89.
Rasch, Wilfried u. Kühl, Klaus-Peter: Subjektives Leiden als sozialtherapeutisches Behandlungskriterium - FPI-Ergebnisse bei Tätergruppen des § 65 Abs. 1 2. StrRG, in: *Monatsschrift für Kriminologie und Strafrechtsreform* 56 (1973), S. 237 - 245.
Rehn, Gerhard: Sozialtherapie und sozialtherapeutische Anstalt. Ansätze zu einer theoretischen und methodischen Begründung, in: *Monatsschrift für Kriminologie und Strafrechtsreform* 58 (1975), S. 69 - 82.
Reiwald, Paul: *Die Gesellschaft und ihre Verbrecher* (Zürich 1948), neu hg. mit Beiträgen v. Herbert Jäger u. Tilmann Moser, Frankfurt am Main 1973.
Reps, Albert: *Einführung in die praktische Kriminalpsychologie*, mit einem Geleitwort v. R. Sieverts, 2., vollst. umgearb. Aufl., Stuttgart 1967 (1. Aufl. 1932).
Ricoeur, Paul: *Symbolik des Bösen. Phänomenologie der Schuld II*, Freiburg/ München 1972 (Orig.: Paris 1960).
Roosenburg, A. M.: Psychotherapeutische Erfahrungen an Strafgefangenen, in: *Verbrechen - Schuld oder Schicksal? Zur Reform des Strafwesens*, hg. v. Wilhelm Bitter, Stuttgart 1969, S. 88 - 101.
Rotthaus, Karl Peter: Sozialtherapie in der Dr.-van-der-Hoeven-Kliniek in Utrecht, in: *Monatsschrift für Kriminologie und Strafrechtsreform* 58 (1975), S. 83 - 94.

Sartre, Jean-Paul: *Das Sein und das Nichts. Versuch einer phänomenologischen Ontologie*, Reinbek bei Hamburg 1962 (Orig.: Paris 1943).
Schlick, Moritz: When Is a Man Responsible?, in: *A Modern Introduction to*

Philosophy, ed. by Paul Edwards and Arthur Pap, 3rd ed., New York - London 1973, S. 59 - 66 (vgl. Schlick: Fragen der Ethik, Wien 1930, Kap. 7).

Schneider, Kurt: *Die Beurteilung der Zurechnungsfähigkeit. Ein Vortrag*, Stuttgart 1948.

Seelig, Ernst: *Lehrbuch der Kriminologie*, Graz 1951.

Simson, G.: *Einer gegen alle*, München 1960.

Skinner, B. F.: *Futurum Zwei. Die Vision einer aggressionsfreien Gesellschaft*, a. d. Amerik. v. Martin Beheim-Schwarzbach, Reinbek bei Hamburg 1972 (Orig.: Walden Two, New York 1948).

-: *Jenseits von Freiheit und Würde*, dt. v. Edwin Ortmann, Reinbek bei Hamburg 1973 (Orig.: Beyond Freedom and Dignity, New York 1971).

Sobota, Heinz: *Der Minus-Mann. Ein Romanbericht*, Köln 1978.

Sophokles: *Die Tragödien*, Übertragung v. K. W. F. Solger (Berlin 1808), mit einem Nachwort v. Wolfgang Schadewaldt u. Anmerkungen v. Klaus Ries, München 1977.

Stratenwerth, Günther: Strafrecht und Sozialtherapie, in: *Festschrift für Paul Bockelmann zum 70. Geburtstag*, hg. v. A. Kaufmann u.a., München 1979.

Strauß, Botho: *Paare, Passanten*, München - Wien 1981.

Strawson, Peter Frederick: *Einzelding und logisches Subjekt (Individuals). Ein Beitrag zur deskriptiven Metaphysik*, Stuttgart 1972 (Orig.: London 1959).

-: Freiheit und Übelnehmen, in: *Seminar: Freies Handeln und Determinismus*, hg. u. eingeleitet v. Ulrich Pothast, Frankfurt am Main 1978, S. 201 - 233.

Stürup, Georg K.: Fünfundzwanzig Jahre Erfahrungen in der Behandlung von Rückfallverbrechern, in: *Verbrechen - Schuld oder Schicksal? Zur Reform des Strafwesens*, hg. v. Wilhelm Bitter, Stuttgart 1969, S. 228 - 241.

Stumpfl, Friedrich: *Motiv und Schuld. Eine psychiatrische Studie über den Handlungsaufbau bei kriminellem Verhalten*, mit einem Vorwort v. R. Lange, Wien 1961.

Szondi, L.: *Kain. Gestalten des Bösen*, Bern - Stuttgart - Wien 1969.

Toulmin, Stephen: *Voraussicht und Verstehen. Ein Versuch über die Ziele der Wissenschaft*, Frankfurt am Main 1968 (Orig.: Foresight and Understanding, London 1961).

Trotha, Trutz v.: Perspektiven der Strafvollzugsreform oder ein kritischer Bericht über die Errungenschaften des Landes Balnibarbi, in: *Kritische Justiz* 12 (1979), S. 117 - 136.

Weininger, Otto: *Geschlecht und Charakter. Eine prinzipielle Untersuchung*, 23. unveränd. Aufl., Wien u. Leipzig 1922.

Wilmanns, Karl: *Die sogenannte verminderte Zurechnungsfähigkeit als zentrales Problem der Entwürfe zu einem Deutschen Strafgesetzbuch. Dreißig Vorlesungen über die sogenannten geistig Minderwertigen im geltenden und künftigen Recht im Strafvollzuge und in der Irrenanstalt*, Berlin 1927.
Wolfgang, Marvin E.: Cesare Lombroso, 1835 - 1909, in: *Pioneers in Criminology*, ed. by Hermann Mannheim, London 1960, S. 168 - 227.
Wesendonk, O. G. von: *Die Lehre des Mani*, Leipzig 1922.

Bibliographische Notiz

In die vorliegende Studie sind eine Reihe von Materialien eingegangen, die auf bereits publizierten Arbeiten des Autors basieren. Namentlich sind die folgenden Aufsätze zu erwähnen: Krankheit und Verbrechen, in: *Kritische Justiz* 11 (1978), S. 1 - 19; Unschädlichmachen, in: *Kriminalsoziologische Bibliographie* Jg. 5, H. 18 (1978), S. 33 - 57; Verbrechenserklärungen und Strafkonzeptionen, in: *Kriminologisches Journal* 11 (1979), S. 1 - 21; Die Beccaria-Falle, in: *Bewährungshilfe* 26 (1979), S. 288 - 301; Sich beherrschen können, in: *Vom Nutzen und Nachteil der Sozialwissenschaften für das Strafrecht*, hg. v. K. Lüderssen u. F. Sack, Bd. 1, Frankfurt am Main 1980, S. 143 - 168.

Sachregister

Personenregister

Das neue Kontrolldenken in der Kriminologie

Nachwort zur Neuausgabe 2005

Ein kurzer Rückblick in die Geschichte der Kriminologie seit den 1960er Jahren zeigt uns einen Wandel, wie er sich drastischer kaum denken ließe. Auf zwei Aspekte sei nachdrücklich hingewiesen.

1972 erschien von Tilmann Moser eine Kampfschrift mit dem Titel *Repressive Kriminalpsychiatrie*. In ihr werden die Vorwürfe gegen die Gerichtspsychiatrie klassischen Zuschnitts – Vorwürfe, die damals bei Psychoanalytikern und Soziologen gang und gäbe waren – zusammengefasst. An den Pranger gestellt wird vor allem die biologistische Tendenz, die praktisch zu folgendem Ergebnis führt: Als nicht verantwortlich für ihr Tun gelten nur solche Straftäter, die an einer echten Geistes- oder Gemütskrankheit leiden, also klinisch gesprochen an einer Psychose. Demgegenüber werden die so genannten kriminellen Psychopathen zwar einerseits für genetisch defekt erklärt – sie leiden ja, so heißt es, an einem angeborenen Mangel des Gewissens und der Hemmungsfähigkeit –, andererseits jedoch sollen sie für ihre Taten im Großen und Ganzen verantwortlich sein, da ihr Leiden als Persönlichkeitskonstitution und nicht als Psychose eingestuft wird. Tilmann Moser und andere Autoren sind dagegen Sturm gelaufen. Sie bezweifelten von Grund auf die These von der Angeborenheit der Psychopathie. An ihre Stelle setzten sie Vermutungen über frühkindliche Schädigungen tiefenpsychologischer Art, deren Fortwirken im späteren Alter zu ebenjenen Verhaltensweisen führen sollte, die für den psychopathischen Menschen typisch sind. Besonders für sexuelle Triebtäter, die das öffentliche Strafbedürfnis am allermeisten mobilisierten, wurde die psychoanalytische These bemüht, da hier der Zusammenhang mit der Freudschen Theorie der Triebstörungen auf der Hand zu liegen schien.

Parallel zur psychoanalytischen Offensive in der Kriminologie lief der Kampf der fortschrittlichen Soziologen. Mit den Psychoanalytikern, deren Erklärungsansatz ja durchaus täterzentriert war, verband sie wenig Theoretisches, wohl aber der Affekt gegen den Biologismus in der Kriminologie sowie die Forderung nach einer Humanisierung des Strafsystems. Ansonsten hatte man andere Sorgen. Man machte sich für ein neues – wie das Wort hieß – Paradigma stark, dessen Grundgedanke darin bestand, das Verbrechen nicht als eine Emanation oder Eigenschaft des Verbrechers zu betrachten, sondern als ein Resultat vielfältiger Zuschreibungsprozesse, die von der Gesellschaft und ihren Institutionen ausgingen. In seinem Nachwort zu dem von ihm mitbetreuten Sammelband *Kriminalsoziologie*, der 1968 erschienen war, sprach Fritz Sack von »Neuen Perspektiven in der Kriminologie«. Er machte unmissverständlich klar, dass Schluss sein müsse mit den überkommenen Versuchen, seien sie nun biologischer oder sozialwissenschaftlicher Art, das »delinquente Verhalten« zu erklären, als ob es sich dabei um einen schlichten empirischen Tatbestand handelte: »Die Frage nach dem Warum eines ›delinquenten Verhaltens‹ verleugnet die Tatsache, dass die Gesellschaft einen beträchtlichen Rechtsapparat in finanzieller, personeller und institutioneller Hinsicht aufwendet, der erst die Frage zu entscheiden hat, welches konkrete Verhalten als delinquent oder kriminell zu gelten hat.« (Sack 1968: 442) Konsequent verstanden bedeutete die neue Perspektive, dass sich die täterzentrierten Ansätze buchstäblich in einen Mythos verrannt hatten – den Mythos von der Vorrangigkeit des kriminellen Verhaltens, das es kausal zu erklären gelte. Demgegenüber sehen die Neuen Kriminologen jenes Verhalten als ein soziales Konstrukt, das es nur gibt, weil die Gesellschaft auf bestimmte Handlungsweisen mit vielerlei Maßnahmen reagiert, die zusammen erst dazu führen, dass so etwas wie Kriminalität und Verbrechen entsteht. Kurz gesagt: Dass ein Mensch kriminell ist, liegt nicht in ihm selbst begründet, weder in seinen Genen noch darin, dass sich seine Persönlichkeit in einem bestimmten Milieu entfaltet; vielmehr ist ein Mensch kriminell, weil er durch seine Umwelt, die Behörden und das Recht als kriminell etikettiert wird.

Es wäre naiv, wollte man nicht sehen, dass hinter beiden Bewegungen, sowohl der psychoanalytischen als auch konstruktivistischen Kriminologie, von Anfang an kriminalpolitische Motive standen. Natürlich wurde in den Reihen der Psychoanalytiker viel über effektivere Formen der Delinquententherapie gesprochen, und insofern konnte man argumentieren, mehr für den Schutz der Öffentlichkeit erreichen zu wollen. Doch zumindest im soziologischen Lager war das ganz gewiss nicht das dominierende Anliegen. Dieses bestand vielmehr darin, die Ausgrenzungsmechanismen unserer Gesellschaft bloßzulegen, die bei Autoren wie Fritz Sack einen Klassenaspekt mittransportierten und insofern hoch politisch waren. Damit verband sich klarerweise die Forderung nach einer Umgestaltung der sozialen Verhältnisse und ihrer Kriminalisierungsmechanismen. Man geht nicht fehl, wenn man darin das Weiterwirken eines älteren humanitären Engagements für gesellschaftlich gebrandmarkte Individuen und Gruppen sieht, die ja kaum jemals in den oberen Mittel- und Oberschichten beheimatet waren. Außerdem galt es, gegen die unersättlichen Kontrollambitionen eines zunehmend omnipotenter werdenden Staates anzugehen, der sich selbst immer mehr durch Sittenverfall, Familienzerfall, Ausländerzustrom, Drogenkonsum und Terror bedroht fühlte.

Heute ist das alles bereits Geschichte. Soziologie, Psychiatrie, Kriminologie – sie haben samt und sonders aufgehört, in der Öffentlichkeit als kritische Wissenschaften in Erscheinung zu treten. Das ist nicht nur die Folge einer Ermüdung des Theorieeifers, wie er insbesondere in den Gesellschaftswissenschaften seit den 1980er Jahren massiv bemerkbar wurde. Zwei andere Faktoren scheinen mindestens ebenso wichtig. Erstens erreichten die Kritiker von einst nach Jahrzehnten der Agitation tatsächlich mehr, als sie zunächst vielleicht erwarten durften: Die europäischen Rechtsordnungen humanisierten in vielen Aspekten die nationalen Strafordnungen, ob es sich nun um den Strafvollzug selbst, die Behandlung jugendlicher Rechtsbrecher, die Bereitstellung therapeutischer Hilfeleistungen oder allgemein den Ausbau resozialisierender Maßnahmen handelte. Zweitens jedoch – und damit zusammenhängend – verflachte schließlich der humanitäre Elan, während gleichzeitig wieder stärker die verschiedenen Bedrohungen, denen unsere freizügigen, liberalen, multikulturellen Gesellschaften durch verbrecherische Elemente ausgesetzt sind, in den Vordergrund gerückt wurden. Die Kriminologie begann erneut, das zu werden, was sie schon einmal war: eine Wissenschaft zur Erforschung des Verbrechens und des asozialen Menschen, auch der kriminellen Subkulturen aus dem Bereich des organisierten Diebstahls, des Drogen- und Frauenhandels, des Menschenschmuggels inmitten anwachsender Asylantenströme.

Eine symptomatische Entwicklung stellt die Gestalt und Popularität des so genannten Profilers dar – offizielle Bezeichnung: »criminal investigative analyst«, eine seit 1978 beim FBI formal anerkannte Position. Diese neuere Gestalt des kriminologischen Betriebs benützt teils empirische, teils intuitive Methoden der Einfühlung in einen Verbrecher, nicht, um ihm gegenüber mitmenschliche Anteilnahme zu entwickeln, sondern um seine nächsten Schritte voraussehen zu lernen, damit die Polizei seiner habhaft werden kann. Als der FBI-Agent John Douglas zusammen mit Robert Ressler Ende 1970 eine Spezialeinheit für Serienverbrecher übernahm, musste er gegen ein eingefleischtes Vorurteil seiner Kollegen ankämpfen. Allgemein hielt man Psychologie und Verhaltensforschung für nutzlosen Quatsch. Deshalb änderte Douglas den Namen der FBI-Einheit, die er übernahm, von BSU, »Behavioral Science Unit«, zu ISU – »Investigative Support Unit«. »Und wenn mich jemand fragte, wieso, erklärte ich ihm ganz offen, ich wolle die BSU von dem BS befreien, dem bullshit.« (Douglas 1996: 103) In den Hochsicherheitstrakten der amerikanischen Gefängnisse führen Douglas und Ressler lange Gespräche mit verurteilten Mördern, Vergewaltigern und anderen Gewaltverbrechern. Doch das Verstehen, nach dem sie suchen, hat mit der alten humanitären Devise *Tout comprendre est tout pardonner* gar nichts mehr zu tun. Die Profiler versuchen weder, den Gefangenen zu verstehen, um den Rachegelüsten einer aufgebrachten öffentlichen Meinung entgegenzuwirken, noch liegt ihnen irgendetwas an der Möglichkeit von Resozialisierung und Therapie. Stattdessen werden sie nicht müde zu betonen, man müsse sich bei der Täterausforschung noch in die Psyche des schrecklichsten Monsters einleben können, weil man nur so lerne, ihm Fallen zu stellen. Das Original des Buches von Douglas trug den Titel *Mindhunter*, ein Spiel mit dem Wort »Manhunter«, dem simplen Verbrecherjäger, der nun dem erfolgreicheren Psychojäger gegenübergestellt wurde.

In der Geschichte des Profiling, dessen Popularität seit den 1980er Jahren unvermindert anhält – und das, obwohl es weder Beweise für die Seriosität der Methoden noch für die hohen Erfolgsraten der *criminal investigative analysts* gibt –, drückt sich eine reaktionäre

Tendenz aus: eine Art Lombrosianisierung des Blicks auf den kriminellen Menschen. Verbrecher sind eben nicht Menschen wie du und ich, sie sind grundsätzlich anders. Diese Andersheit hatte Cesare Lombroso durch den Begriff des Homo Delinquens – in ausdrücklicher Abgrenzung zum Homo Sapiens – markiert. Doch die Frage der biologischen im Gegensatz zur psychologischen Andersartigkeit stellt sich erst auf einer zweiten Ebene. Auf der ersten Ebene geht es darum, der Öffentlichkeit klar zu machen, dass der Gewohnheits- und Schwerverbrecher »anders« ist, weil er die Welt anders sieht und erlebt als wir normale Menschen. Der Profiler muss also über die Fähigkeit verfügen, sich in den Geist des Monsters wie in das Innenleben eines Aliens einzuklinken. Die beliebte TV-Serie *Profiler* hat dazu eine Gerichtspsychologin mit geradezu übersinnlichen Fähigkeiten ausgestattet. Diese fiktive Figur namens Dr. Samantha Waters, die für die FBI Violent Crime Task Force arbeitet, besitzt das Vermögen, in Bildern zu »denken«. Sie visualisiert ein Verbrechen durch die Augen des Mörders ebenso wie durch die Augen des Opfers. Hier wird handfest einem breiten Publikum weltweit nahegebracht, dass die Intuition eines Profilers auf einem Quantensprung des Verstehens basiert: Mit den Mitteln der normalen Einfühlung lässt sich das Seelenschloss des Monsters nicht knacken.

Betreten wir nun die zweite Ebene, auf der sich dem Kriminologen die biologische Tiefenstruktur des Verbrechens enthüllt. Seit in den letzten Jahrzehnten die Erforschung des Gehirns durch eine Reihe von neuen Techniken einen ungeheuren Aufschwung genommen hat, ist auch die Frage wieder ins Zentrum gerückt, ob Psychopathie angeboren ist oder, wenn nicht angeboren, auf erworbene Fehlfunktionen des Gehirns zurückgeführt werden kann. Aus einer Unzahl von Studien seien hier einige – nach typischen Gesichtspunkten ausgewählte – kurz referiert.

Lange Zeit waren Zwillingsstudien zur Erforschung angeborener Kriminalitätsneigungen als nicht aussagekräftig abgetan worden. Nun wurden sie erneut aufgenommen. So behauptet eine Studie aus dem Jahre 1997, die von Wendy Slutske und Mitarbeitern an 2.682 erwachsenen Zwillingspaaren in den USA und in Australien durchgeführt wurde, dass ein maßgeblicher genetischer Einfluss beim Risiko, Verhaltensstörungen zu entwickeln, besteht. Dabei werden unter »Verhaltensgestörtheit« – englisch *conduct disorder*, abgekürzt CD –

gewöhnlich bereits in der Kindheit vorkommende asoziale Handlungen subsumiert: Stehlen, Lügen, Rowdytum, Brandstiftung, Vernichtung von Eigentum, Waffengebrauch, Quälen von Tieren und Menschen, Schlägereien, Aggressionen, Schulschwänzen und/oder Weglaufen von zu Hause. Der Erblichkeitsfaktor soll, verglichen mit den Umweltfaktoren, bei sagenhaften 71 Prozent liegen.

Damit nicht genug. In neueren Untersuchungen wird behauptet, dass unabhängig davon, ob bei Kindern CD nachgewiesen werden kann, der Umstand, dass Kinder hyperaktiv sind, jedenfalls einen Risikofaktor für die Entwicklung von Verhaltenspathologien im Erwachsenenalter darstellt. Donald R. Lynam von der University of Kentucky argumentiert (1996), dass das Zusammentreffen von Hyperaktivität und CD ein allgemeines Verhaltensmuster generiert, das auch bei Tieren beobachtet werden kann, deren Gehirn eine zu niedrige Menge des Neurotransmitters Serotonin produziert. Dabei wird als empirisch stichhaltig vorausgesetzt, dass sowohl bei Tieren wie bei Menschen niedrige Serotonin-Werte mit Impulsivität und Aggressivität verknüpft sind.

Auch in anderen Studien wird Serotonin eine Schlüsselrolle bei der Entstehung der psychopathischen Persönlichkeit zugeschrieben. Der schwedische Forscher Henrik Soderstrom und Mitarbeiter veröffentlichten 2003 eine Arbeit, die sich auf die Untersuchung von 28 Gewalt- und Sexualverbrechern (darunter eine Frau) stützt, wobei die Probanden im Alter von 18 bis 45 Jahren waren. Das Forscherteam fand, wie es sagt, eine starke empirische Evidenz für biochemische Anomalien bei aggressiven Psychopathen. Die Ergebnisse belegen einen hohen Umsatz des Neurotransmitters Dopamin in den Gehirnen solcher Menschen, verbunden mit einer Fehlregulation von Serotonin. Dopamin spielt bekanntlich eine Rolle bei der Entstehung von Parkinson, bei Suchterkrankungen und Psychosen.

Um Lombrosos These vom »moralischen Schwachsinn«, der *moral insanity* des geborenen Verbrechers zu bestätigen, ist es notwendig, empirische Beweise direkt an der gehirnphysiologischen Basis der Entstehung moralischer Gefühle zu gewinnen. Dieses Ziel wurde, schenken wir den Überbringern der Erfolgsmeldung Glauben, mit Hilfe moderner Bildgebungsverfahren unterdessen erreicht. Kent Kiel, Andra M. Smith, Robert D. Hare und Mitarbeiter haben sich des limbischen Systems der Psychopathen angenommen. Ihre Ergebnisse veröffentlichten sie im Jahre 2001. Während demnach psychopathische Kriminelle bei der Verarbeitung affektauslösender Stimuli eine Überaktivierung gewisser Bereiche des Vorderhirns zeigen, produzieren sie im limbischen System, von dem die gefühlsmäßigen Reaktionen auf Umweltreize ausgehen, eine signifikant niedrigere Reaktion als die Gehirne normaler Menschen oder jene von Patienten, die an einer psychopathisch indifferenten Geistesstörung leiden: »Alles in allem haben wir gezeigt, dass die Stimulierung mit affektauslösenden Reizen bei kriminellen Psychopathen zu einer niedrigeren Aktivität des limbischen Systems führt als bei kriminellen Nichtpsychopathen und nicht kriminellen Testpersonen ohne Psychopathie. Wir konnten ebenso zeigen, dass psychopathische Gewalttäter alternative neuronale Systeme benutzen, um die affektiven Stimuli zu verarbeiten.« (Kiel 2001: 683; dt. P.S.)

Wenn also die These stimmt, dass wir zurzeit einen Neolombrosianismus in der Kriminologie erleben, dann ist zu erwarten, dass auch in der Anatomie des Gehirns massive pathologische Grundlagen für das Entstehen psychopathischer Persönlichkeiten gefunden werden. Und in der Tat, mittlerweile gibt es bereits eine Fülle von Untersuchungen, die Folgendes beweisen sollen: Menschen, die an einer Psychopathie bzw. an APD (Antisocial Personality Disorder) leiden und daher zur Entwicklung eines moralischen Sinns schlecht begabt sind, haben kein normales Gehirn. In einer Studie, die im Jahre 2000 publiziert wurde, beanspruchen Adrian Raine und Mitarbeiter, herausgefunden zu haben, dass Menschen mit einem APD-Profil pathologische Veränderungen in der grauen Substanz des Vorderhirns erkennen lassen.

Den Hintergrund dieser Untersuchung bildete die Entdeckung, dass normale Menschen, die eine Verletzung der Vorderhirnrinde erlitten hatten, sich zu einer pseudo-pychopathischen Persönlichkeit mit neurologischen Störungen entwickelten. So wurde eine APD-Gruppe gebildet und mit Hilfe eines Magnetresonanzverfahrens bewiesen, dass die Mitglieder dieser Gruppe – verglichen mit zwei Kontrollgruppen, bestehend aus nichtpsychopathischen Testpersonen – eine elfprozentige Reduktion der grauen Vorderhirnsubstanz aufwiesen. Gefunden wurde auch, dass APD mit einer erheblich reduzierten Ansprechbarkeit auf Fragen der eigenen Schuld korreliert, ausgedrückt in geringerem Hautwiderstand und niedrigerer Herzfrequenz. Die stolze Schlussfolgerung der Autoren lautet daher: »Unseres Wissens stellen die vorliegenden Entdeckungen die erste empirische Evidenz dafür dar, dass das Auftreten von APD mit einem strukturellen Gehirndefizit bei den betroffenen Personen einhergeht. Dieses Defizit in der Struktur des Vorderhirns mag der geringen Erregbarkeit, der schlechten Konditionierbarkeit durch angstauslösende Stimuli, dem Mangel an Gewissen und der Entscheidungsschwäche der Betroffenen zugrunde liegen, lauter Merkmale, von denen sich herausgestellt hat, dass sie das antisoziale, psychopathische Verhalten charakterisieren.« (Raine 2000: 119; dt. P.S.)

2001 berichten der finnische Forscher Mikko Laakso und Mitarbeiter, dass sie mittels MRI (magnetic resonance imaging) den Hippocampus, eine der ältesten Strukturen des Gehirns im limbischen System, bei 18 antisozialen, kriminellen Alkoholikern gemessen haben. Ihre Ergebnisse: Die hohen Psychopathiewerte bei den Probanden waren – im Vergleich zum nichtpathologischen Durchschnitt – massiv korreliert mit einem reduzierten Volumen des hinteren Teils des Hippocampus. Da diese Gehirnregion am Gedächtnis, Lernen und dem Regulieren von Gefühlen beteiligt ist, und da Untersuchungen bei Nagetieren zeigten, dass Verletzungen im dorsalen Bereich des Hippocampus die Angstkonditionierung der Tiere beeinträchtigen, schließen Laakso und Mitarbeiter, dass darin auch beim Menschen ein biologischer Schlüssel für die Entstehung von Psychopathien liegt: Psychopathen entwickeln auf negative Stimuli kaum anhaltende Reaktionen der Furcht; sie können nicht abgeschreckt werden, erweisen sich als sanktionsresistent.

Die meisten der zitierten Untersuchungen werden in der Internetzeitschrift *Crime Times* (http://www.crime-times.org) penibel aufgelistet und referiert. Die Politik dieser Zeitschrift lautet: »Linking Brain Dysfunktion to Disorderd/Criminal/Psychopathic Behavior«. Im Editorial zum Jahrgang 2, Nummer 1 aus 1996 wird auf der ersten Seite die Titelfrage gestellt: »Why Crime Times?« Die Antwort lautet folgendermaßen: Vor mehr als 20 Jahren habe der amerikanische Kongress die Law Enforcement Assistance Administration innerhalb des Justizministeriums eingerichtet. Gelder wurden flüssig gemacht, um mehr Gefängnisse zu bauen, mehr Polizisten und mehr Polizeiautos auf die Straße zu schicken, die Straßenbeleuchtungen zu verbessern, den Verbrechensopfern zu helfen usw. Aber nach Jahren der Reform und Hunderten von Millionen Dollar Kosten sei das Programm gestoppt worden. Denn das Verbrechen und die Gewalt seien weiter gewachsen. Noch immer – so die Herausgeber von *Crime Times* – glaubten viele Gutmeinende, die Schuld dafür trage schlechte Erziehung, schlechter Unterricht, ein zerrüttetes Elternhaus, Armut oder sogar das Fernsehen. Demgegenüber bilde mit größter Wahrscheinlichkeit die Hauptursache der Kriminalität, jedenfalls im Bereich der »hard-core offenders«, der Gewalt- und Gewohnheitsverbrecher, ein falsch funktionierendes Gehirn.

Solche Ansichten, die vorgeben, sich gänzlich auf wissenschaftliche Beweise zu stützen, formieren rasch ein Weltbild. Jan Volavka hat die neolombrosianische Sicht der Dinge am Ende seines Beitrags *The Neurobiology of Violence*, einem Update älterer Resultate anhand jüngerer und jüngster kriminalbiologischer Studien, charakterisiert: »Bis vor kurzem war unser Urteil über die biosozialen Wechselwirkungen, die zu gewaltsamem Verhalten führen, weitgehend auf unser Wissen über ihre Existenz beschränkt. Nun sind wir zur formalisierten statistischen Demonstration dieser Interaktionen fortgeschritten. Die *nature or nurture*-Kontroverse, die wir von Francis Galton geerbt hatten, war eine philosophische Basis, die hinter zahlreichen Problemen stand, welche den Bereich der Gewaltforschung in den letzten Jahrzehnten belasteten. Die gegenwärtigen Studien haben diese Kontroverse belanglos gemacht: nature *is* nurture.« (Volavka 1999: 313; dt. P.S.)

Die Natur, nicht die Umwelt, ist demnach die große Ordnungsmacht. Damit verbindet sich die dringende Empfehlung, die Hebelpunkte zukünftiger Sozialreformen aus dem Bereich pädagogischer und normativ-politischer (einschließlich demokratischer) Beeinflussungsstrategien auszulagern. Denn diese Bereiche unterstellen eine Art von Autonomie, die es nicht gibt. Jeder tut tendenziell das, was in seinen Genen und, auf abgeleiteter Stufe, in seinem Zentralnervensystem grundgelegt ist. Das gilt für normale Persönlichkeiten ebenso wie für abweichende, seien sie nun psychiatrisch auffällig oder psychopathisch konstituiert. Denkt man sich zu der Weltbildlosung »nature is nurture« eine umfassende Marschrichtung dazu, dann hat man es mit einer ordnungspolitischen Tendenz zu tun, der gegenüber sich die Kriminologie unserer Tage keineswegs als resistent erweist, im Gegenteil: Sie definiert sich wieder selbst als eine Ordnungswissenschaft par excellence.

Einer ihrer Hauptpropagandisten in den letzten Jahrzehnten war der international erfolgreiche Psychologe Robert D. Hare von der University of British Columbia in Vancouver, Kanada. Er entwickelte die Psychopathy Checklist PCL, die inzwischen vielerorts als Standardinstrument eingesetzt wird. In Deutschland erfolgt die Rezeption, wie Huchzermeier und Mitarbeiter vom Universitätsklinikum Schleswig-Holstein meinen, nur zögerlich; doch glauben die Wissenschaftler in einer Studie an 34 inhaftierten Gewaltstraftätern zeigen zu können, dass der PCL das Verdienst zukomme, den psychopathischen Menschen aus dem relativ unspezifischen Feld der antisozialen Persönlichkeiten herauszuisolieren: »Vielmehr scheint es sich bei den Psychopathen um eine besondere Unterform der antisozialen Persönlichkeitsstörung zu handeln, die durch narzisstische Persönlichkeitsanteile eine charismatische und gleichzeitig besonders egozentrische Attitüde erhält.« (Huchzermeier 2003, 213) Obwohl dieses Ergebnis aufgrund der kleinen Stichprobe »nicht als generalisierbar« gelten dürfe, erscheine es »sowohl bedeutsam für die Vorhersage späterer Gewaltdelinquenz als auch für die Auswahl von Behandlungsstrategien« (ebd).

Hare selbst betreibt ein exzellentes Werbeprogramm für sein Forschungsgebiet. Er präsentiert das Phänomen des Psychopathen als eine schleichende Bedrohung unserer gesamten sozialen Existenz. In seinem Buch *Without Conscience*, das zum ersten Mal 1999 erschien, schätzt er die Zahl der Psychopathen, die allein in Nordamerika ihr Unwesen treiben, auf zwei Millionen, davon 100.000 in New York City. 20 Prozent aller Gefängnisinsassen seien Psychopathen, wobei diese mehr als die Hälfte aller Verbrechen begingen. Ihre Rückfallsrate sei doppelt so hoch wie bei nicht-psychopathischen Rechtsbrechern, im Falle von Gewaltdelikten liege sie noch höher (Hare 1999: 2, 87, 96).

Hare lässt im Übrigen keinen Zweifel daran, dass das Ausmaß der Bedrohung durch Psychopathen unter anderem deshalb unterschätzt werde, weil viele von ihnen – ja vielleicht sogar die meisten – gar nicht mit dem Gesetz in Konflikt kämen. Vielmehr zählten sie zu den gerade Erfolgreichen in allen Berufszweigen der freien Marktwirtschaft, in denen die skrupellose Übervorteilung anderer unter Ausnützung persönlicher Schwächen und moralischer Hemmungen zum Arbeitsalltag gehört. Hare beklagt, dass nach wie vor falsche humanitäre Hoffnungen gehegt würden. Während man die Psychopathen resozialisieren möchte, vermehrten sie sich rasch, da sie überdurchschnittlich promisk lebten und sexuell überdurchschnittlich aktiv seien, wobei nicht wenige ihrer Nachkommen selbst wieder eine psychopathische Neigung zeigten. Auch sollte nach Hare endlich mit den Versuchen Schluss gemacht werden, Psychopathen in Gesprächs- und interaktive Therapien einzubinden. Statt sie nämlich zu besseren Menschen zu erziehen, perfektioniere man bloß unwillentlich ihre Fähigkeit, andere Menschen zu manipulieren. Genüsslich zitiert Hare einen Therapierten: »These programs are like finishing schools. They teach you how to put the squeeze on people.« (Hare 1999: 199)

Ohne die bisher geschilderten Entwicklungen und Ergebnisse einer Detailkritik unterziehen zu können, soll doch kurz auf einige sensible Punkte hingewiesen werden. Der Historiker der Kriminologie erinnert sich natürlich daran, dass Lombroso und seine Mitarbeiter Tausende und Abertausende von Messungen und Experimenten durchführten und dass sie Zehntausende Daten verarbeitet hatten, die, wie die Forscher stolz behaupteten, methodisch korrekt gewonnen und daher empirisch wasserdicht seien. Lombrosos Hauptwerk, *L'Uomo Delinquente*, war rasch auf drei Bände angewachsen, andere Bände, voll mit Empirie, so über das »Weib« als Verbrecherin und Prostituierte oder über Revolutionäre und Anarchisten, kamen hinzu. Das konnte nichts daran ändern, dass schon viele kompetente Zeitgenossen und erst recht die wissenschaftliche Nachwelt kaum eines der Ergebnisse, zu denen die Lombrosianer gelangt waren, ernst nehmen wollten. Heute ist das anders. Erstens, so versichert man uns aus dem Kreise der Fachleute, werden die Forschungen unter strengeren und methodisch tatsächlich korrekten Bedingungen durchgeführt. Zweitens, so wird erklärt, sucht man nach konvergierender Evidenz, das heißt nach unabhängigen Bestätigungen des einen Bereichs durch Ergebnisse in einem anderen. Laut *Crime Times* (vol. 3, nr. 4, 1997:1-3) wurden von Roger D. Masters, Brian Hone und Anil Doshe typische Armutsumwelten und schädliche Lebensgewohnheiten mit langfristigen toxischen Effekten korreliert, die ihrerseits Störungen im Gehirn hervorrufen, wie sie für Psychopathien typisch seien.

Soweit die eine Seite, nun aber, drittens, die andere: Es fehlt heute im Kreise der qualifizierten Beobachter, zu denen die Soziologen jedenfalls zu rechnen wären, eine massive und tief dringende Analyse der Biorenaissance in der Kriminologie. Dabei gäbe es allen Grund, Fragen zu stellen. Denn die Phänomene, die der biologische Modetrend unter den Terminus »Psychopathie« zusammenfasst, haben vom einen Pol zum anderen ungefähr so viel miteinander zu tun wie die Aggressivität des Künstlers beim Malen eines Blumenstilllebens mit jener des Frontkämpfers beim Abschlachten des Feindes. Methodisch liegt hier vieles im Argen und das reflexive Niveau ist zum Teil erschütternd. Kein Geringerer als Robert D. Hare sagt in einem Atemzug, die Psychopathen seien in der Lage, ihr Verhalten zu kontrollieren, bloß sei ihr Wissen um mögliche Konsequenzen nicht in der Lage, sie von asozialen Handlungen abzuhalten. Deshalb, so Hares unbeirrte Folgerung, dürfe auf Psychopathen die Todesstrafe angewendet werden (Hare 1999: 143). Angesichts von Menschen, die zum Tode verurteilt werden für Taten, die sie – wäre Hares Standpunkt ernst zu nehmen – zugleich unterlassen und nicht unterlassen hätten können, wäre die kritische Intelligenz dringend gefordert.

Warum gibt es eine keine solche Intelligenz mehr, verglichen mit den Tagen der Antipsychiatrie und der Kritischen Kriminologie? Und falls es sie doch geben sollte: Warum meldet sie sich nicht öffentlichkeitswirksam zu Wort? Die Antwort auf diese Fragen lautet: Es gibt ein neues Ordnungsdenken, hinter dem ein neues Bild der Welt und des Menschen steckt. Zunächst ist evident, dass die geistige Landschaft mit dem späten Humanismus, der noch in den Devianzdebatten der 1960er/70er Jahre wirksam war, weitgehend abgeschlossen hat. Heute dominieren naturalistische und posthumanistische Ansätze. Beide haben, bei aller Verschiedenheit im Detail, zwei miteinander verzahnte Aspekte gemeinsam: Erstens begreifen die Naturalisten Menschen als Biomaschinen und Biocomputer. Zweitens setzen die Posthumanisten an die Stelle des autonomen Subjekts eine Ontologie des Netzwerks, in dem der Einzelne als Knotenpunkt oder Transformator von Energie- und Informationsflüssen erscheint und nicht mehr als eine Substanz, deren Würde daraus folgt, dass sie weder auf die Naturmechanismen noch die operativen Prinzipien der Künstlichen Intelligenz reduzierbar ist.

Es kann kein Zweifel daran bestehen, dass die Zeit der Erkenntnisdualismen einer vergangenen Epoche angehört. Das mag sich wieder ändern, vorerst jedoch dominiert an den exponierten Stellen des wissenschaftlichen Fortschritts eine klare Tendenz zum Reduktionismus. Erinnern wir uns: Noch bis weit hinein in das 20. Jahrhundert wurde die Trennung zwischen Natur- und Geisteswissenschaften (wobei zu Letzteren auch die Psychologie und über weite Strecken die Soziologie zählten) für unübersteigbar gehalten. Menschliches Bewusstsein hatte wesentlich mit Bedeutungsverstehen zu tun und bedeutungsgeleitete Aktivitäten – so das geisteswissenschaftliche Dogma – ließen sich nicht in den Begriffen der reinen Kausalwissenschaften ausdrücken. Hinzu kam der psychoanalytische Vorbehalt. Er bestand darin, dass das komplexe Zusammenspiel von Triebleben und Zivilisationsdiktat, dem alles menschliche Handeln unter der rational vermittelnden Instanz des Ich folgen sollte, sich den Darstellungsformen der reinen Naturwissenschaft entzog. Mittlerweile sind die Fortschritte in der Genetik, der Gehirnwissenschaft und der Theorie der intelligenten Maschinen so groß, dass das geisteswissenschaftliche und psychoanalytische Beharren auf relativer Methoden- und Erkenntnisautonomie verdächtig wirkt. Die Frage, ob ein solches Beharren nicht das Überdauern verkappter religiöser oder ideologischer Tendenzen verrate, wird offen gestellt.

In seinem Buch *The Fourth Discontinuity* (1993) spricht Bruce Mazlish von der vierten Kränkung, die dem Menschen des 20. Jahrhunderts zugefügt wurde. Die These von Mazlish besagt, dass der Mensch sich die längste Zeit in Abgrenzung von der ihn umgebenden Welt definierte. Sein Selbstbild schloss stets eine Diskontinuität ein, die zugleich seine Sonderstellung begründete. Erstens die Sonderstellung seines Platzes im Kosmos: Die Erde galt als Mittelpunkt des Universums. Zweitens die Sonderstellung unter den Lebewesen: Der Mensch erschien nicht als ein Produkt der Evolution, sondern als von Gott eigens geschaffene Krone der Schöpfung. Drittens jene Sonderstellung, die dem Menschen als Vernunftwesen zukam: Er war Herr im eigenen Bewusstseinshause. Dagegen standen Kopernikus, Darwin und Freud, von denen jeder auf seine Weise den Menschen in die Kontinuität der Naturentwicklung einbaute, sei es in die des Universums, der Lebewesen oder der Triebschicksale. Und nun folgte, laut Mazlish, die Aufhebung der letzten Differenz: Bisher sah sich der Mensch als Schöpfer seiner Maschinen, ohne selbst eine zu sein. Dagegen stehen heute die Thesen der Gehirnforschung und der Informationswissenschaft, wobei es üblich geworden ist, das Gehirn funktional mit einem Computer und den Menschen als Person substanziell mit seinem Gehirn gleichzusetzen. Da indessen aus der Kränkung darüber, dass Menschen auch nur Maschinen sind – der vierten Kränkung –, ein positiv besetztes Weltbild, nämlich der universelle Naturalismus geworden ist, beginnen sich die sozialtechnologischen Phantasien zu erweitern. Denn in der Welt der Biomaschinen befinden wir uns jenseits von Freiheit und Würde. Es gibt nun keine prinzipiellen Bedenken mehr dagegen, direkt über Eingriffe in das Gehirn, seien sie neurochemischer, chirurgischer oder – im Falle von Erbrisiken – eugenischer Art, Konformitätsmaximierung zu betreiben.

In seinem hochkontroversen *Menschenpark*-Vortrag hat Peter Sloterdijk offen die Möglichkeit erörtert, die menschliche Aggressivität in Zukunft durch genetische Selektionen so weit abzuschwächen, dass nur noch ihre konstruktiven Sozialfunktionen erhalten bleiben. Das Stichwort lautet Domestikation. Dass Sloterdijk seine Regeln für den Menschenpark als ein Antwortschreiben auf Heideggers Brief über den Humanismus konzipierte, ist kein Zufall. Denn Heidegger wandte gegen den Humanismus ein, dass er den Menschen als ein *animal rationale* denke und ihn dadurch, bei aller Abgrenzung gegen Pflanze, Tier und Gott, doch »endgültig in den Wesensbereich der Animalitas verstoßen« habe (Heidegger 1976: 323). Für Sloterdijk hingegen ist Heideggers Anti-Animalismus mit Bezug auf den Menschen geradezu hysterisch. Denn von Plato bis zu Nietzsche sei mit der Reflexion des Menschen auf seine eigene abgründige Natur auch ein Bewusstsein humaner Selbstzerstörungspotentiale einhergegangen. Deshalb, so Sloterdijk, liegen philosophische Anthropologie und Züchtungsgedanke gerade bei denen eng zusammen, die sich keinen Illusionen über den Naturzustand des menschlichen Geschlechts hingeben: »Was Plato [...] vortragen lässt, ist das Programm einer humanistischen Gesellschaft, die sich in einem einzigen Voll-Humanisten, dem Herrn der königlichen Hirtenkunst, verkörpert. Die Aufgabe dieses Humanisten wäre keine andere als die Eigenschaftsplanung bei einer Elite, die eigens um des Ganzen willen gezüchtet werden muss.« (Sloterdijk 1999: 54) Sloterdijk räumt unumwunden ein, dass die Züchtungsutopien politisch eine Voraussetzung machen, die keine realmenschliche Entsprechung hat: »Ohne das Leitbild des Weisen bleibt die Pflege des Menschen durch den Menschen eine vergebliche Leidenschaft«; doch zugleich wird orakelnd daran festgehalten, dass für »den modernen Leser – der zurückblickt auf die humanistischen Gymnasien der Bürgerzeit und auf die faschistische Eugenik, zugleich schon vorausschaut ins biotechnologische Zeitalter – die Explosivität dieser Überlegungen unmöglich zu verkennen« sei (Sloterdijk 1999: 55).

Ergänzen wir die erwähnten Tendenzen im geistigen Feld der Postmoderne um die explizit posthumanistischen Glaubenssätze, dann vollendet sich, um es mit Michel Foucault zu sagen, das »Machtdispositiv« des 21. Jahrhunderts – eine Ordnungsidee, zu der, nebenbei gesagt, der Autor von *Les mots et les choses* einen nicht unwesentlichen Beitrag geleistet hat. Denn er selbst war es, der das Ende des klassischen Menschen verkündete, der angeblich schon bald verschwunden sein wird »wie am Meeresufer ein Gesicht im Sand« (Foucault 1974: 462). Und was wird an die Stelle des Menschen treten, der seit dem 16. Jahrhundert immer stärker auf die Autonomie seines Ichs, die Freiheit seines Handelns und die Universalität seiner ethischen Prinzipien setzte? Obwohl das niemand genau sagen kann, scheint in den verschiedenen Versionen des Posthumanismus als Leitmetapher das Netzwerk zu fungieren. Das Internet, der globalisierte Markt, das menschliche Gehirn, die Organisation des weltweiten Terrors und der Geheimdienste: Sie alle bilden vernetzte Strukturen, in denen es nicht mehr um die Identität einzelner Kreuzungspunkte geht, seien diese nun Institutionen, Silikonchips, Neuronen oder menschliche Personen. Vielmehr geht es um Transport, Modulation und Umwandlung von Energien, Impulsen, Empfindungen, Informationen. Die Systeme haben sich verselbständigt, sie definieren ihre eigenen Ziele und Balancen. Es geht um Autopoiese, also die fortwährende Selbsterzeugung, und zwar unter der Bedingung einer ständig gefährdeten Homöostase, das heißt der Aufrechterhaltung aller Systemwerte, jenseits derer das System zusammenbricht, »chaotisiert«, oder von einem anderen System assimiliert – man könnte mit einem Begriff aus der Wirtschaft auch sagen: »feindlich übernommen« – wird.

Fazit (vgl. Strasser 2004): Es gab eine Zeit, da gehörte es zur Standardausrüstung des kritischen Bewusstseins, sich gegen das vermutete oder tatsächliche Eindringen biologischer Theorien in den Bereich der Humanwissenschaften zu wehren. Diese Zeit – die Zeit der Kritischen Kriminologie – ist bis auf weiteres vorbei, nehmen wir die zitierten Untersuchungen und den hinter ihnen stehenden Geist gebührend ernst. In den akademisch aussichtsreichen Aktionsfeldern ist man stolz darauf, sich nicht mehr mit alten metaphysischen Theoremen oder anthropologischen Spekulationen herumschlagen zu müssen. Man ist wieder Biologist. Das bedeutet unter anderem, dass man auf eine immer bessere Feinsteuerung sozialer Verhaltensweisen durch biowissenschaftliche Fortschritte setzt, gleichgültig ob verhaltenstechnologischer, pharmakologischer oder – als Fernziel – eugenischer Art. Bei all dem ist es gar nicht so wichtig, wie wirklichkeitsnah die naturalistischen und posthumanistischen Leitideen sind. Viel wichtiger ist die Stimmung, aus der heraus ein scheinbar enttabuisiertes Bild vom asozialen Menschen sozial implementiert wird. Denn rund um ein solches Bild können sich neue Kontrollstrategien inmitten der Unkontrollierbarkeit des neokapitalistischen Systems durchsetzen und verfestigen.

Es gibt, so lässt sich vermuten, ein psychosoziales Ausgleichsbedürfnis: Je weniger die politischen Kräfte noch in der Lage sind, die Eigendynamik des globalisierten Marktes und seiner sozial bedrohlichen Turbulenzen in den Griff zu bekommen, um so heftiger wird der Ruf nach Technologien, die versprechen, antisoziale Verhaltensweisen punktgenau zu isolieren und auszumerzen. In der Sciencefiction, die von den Massen weltweit konsumiert wird, steht das Zusammenspiel von Elektronik und Biomaschine im Zentrum der Phantasien. Der Cyborg ist, im Guten wie im Schlechten, der Held dieses Geschehens. Auch wenn es die Menschmaschine in der phantasierten übermenschartigen Form niemals geben sollte, so ist ihre virtuelle Dauerpräsenz für die kollektive Stimmungslage doch nicht unerheblich. Und obwohl die großen Science-Fiction-Spektakel – man denke nur an die Terminator- oder Matrix-Filme – düstere Sozialgemälde präsentieren, lassen sie nichtsdestoweniger in den Köpfen des Publikums totalitäre Lösungsmuster als immer natürlicher erscheinen.

Von hier aus können sich über kurz oder lang vielerlei Maßnahmen nahe legen, die unter der klassisch humanitären Perspektive potentiell enthumanisierend und jedenfalls freiheitsbedrohend wirken. Schon heute wird die Bereitschaft zum Abbau von Bürgerrechten gegenüber Arbeitslosen, Terrorismusverdächtigen und Sexualpsychopathen deutlich spürbar. So gesehen ist das neue Ordnungsdenken in der Kriminologie bloß der Ausdruck einer viel umfassenderen Tendenz –

und eben deshalb hochsymptomatisch. Angesichts der in den westlichen Demokratien immer hilfloser agierenden Politik, der immer rascher zerfallenden Familien- und Wohlfahrtsstrukturen, der immer rabiater werdenden Angst vor blutigen Anschlägen, Gewaltverbrechen und Ausländerkriminalität, wird die Öffentlichkeit auf Dauer immer weniger dagegen einzuwenden haben, dass eine gemeinwohlorientierte »Orwellisierung« unserer Gesellschaft betrieben wird. Alle, die an den dazu notwendigen Mitteln aus der Elektronik, Neurochemie und Biotechnologie arbeiten, können darauf zählen, von den Humanwissenschaften unbehelligt zu bleiben, es sei denn, diese nehmen ihre Rolle als Aufklärungs- und Emanzipationswissenschaften wieder ernst.

Literatur

Douglas, John/Olshaker, Mark (1996): *Die Seele des Mörders. 25 Jahre in der FBI-Spezialeinheit für Serienverbrechen*, 3. Aufl., Hamburg.

Foucault, Michel (1974): *Die Ordnung der Dinge. Eine Archäologie der Humanwissenschaften*, Frankfurt a. M.

Hare, Robert D. (1999): *Without Conscience. The Disturbing World of the Psychopaths Among Us*, New York/London.

Heidegger, Martin (1976): »Brief über den ›Humanismus‹« [1946], in: *Gesamtausgabe*, Bd. 9: Wegmarken, Frankfurt a. M., 313-364.

Huchzermeier, Christian et al. (2003): »Psychopathie und Persönlichkeitsstörungen. Beziehungen der ›Psychopathie-Checkliste‹ nach Hare zu der Klassifikation der DSM-IV bei Gewaltstraftätern«, in: *Monatsschrift für Kriminologie und Strafrechtsreform* (MschrKrim) 86/3, 206-215.

Kiehl, Kent A./Smith, Andra M./Hare, Robert D. u.a. (2001): »Limbic Abnormalities in Affective Processing by Criminal Psychopaths as Revealed by Functional Magnetic Resonance Imaging«, in: *Biological Psychiatry* 50, 677-684.

Laakso, Mikko P. et al. (2001): »Psychopathy and the posterior hippocampus«, in: *Behavioral Brain Research* 118/2, 187-193.

Lynam, Donald R. (1996): »Early identification of chronic offenders: who is the fledgling psychopath?«, in: *Psychological Bulletin* 120/2, 209-234.

Mazlish, Bruce (1993): *The Fourth Discontinuity. The Co-Evolution of Humans and Machines*, New Haven/London.

Raine, Adrian/Lencz, Todd/ Bihrle, Susan u.a. (2000): »Reduced Prefrontal Gray Matter Volume and Reduced Autonomic Activity in Antisocial Personality Disorder«, in *Archives of General Psychiatry* 57, 119-127.

Sack, Fritz (1968): »Neue Perspektiven in der Kriminologie«, in: Fritz Sack/René König (Hg.): *Kriminalsoziologie*, Frankfurt a. M.

Sloterdijk, Peter (1999): *Regeln für den Menschenpark. Ein Antwortschreiben zu Heideggers Brief über den Humanismus*, Frankfurt a. M.

Slutske, Wendy S. et al. (1997): »Modeling genetic and environmental influences in etiology of conduct disorder: a study of 2,682 adult twin pairs, in: *Journal of Abnormal Psychology*, 106/2, 266-279.

Soderstrom, Hendrik et al. (2003): »New evidence for an association between the CSF HVA:5-HIAA ratio and psychopathic traits«, in: *Journal of Neurology, Neurosurgery and Psychiatry* 74, 918-921.

Strasser, Peter (2004): »Die Rückkehr der Biowissenschaften in die Kriminologie«, in: Pilgram, Arno/ Prittwitz, Cornelius (Hg.): *Kriminologie – Akteurin und Kritikerin gesellschaftlicher Entwicklung, Jahrbuch für Rechts- und Kriminalsoziologie*, Baden-Baden, im Erscheinen.
Volavka, Jan (1999): »The Neurobiology of Violence: An Update«, in: *The Journal of Neuropsychiatry and Clinical Neurosciences* 11, 307-314.